地域インキュベーションと
産業集積・企業間連携

起業家形成と地域イノベーションシステムの国際比較

三井逸友 編著

御茶の水書房

まえがき

　本書は以下のようなねらいと問題意識のもとに、共同作業としてまとめられた。

　成熟と停滞の日本経済の現状を打開し、新たな環境のもとでの経済社会の活性化を期待して、「創業支援」への政策的対応が本格化してから、すでに15年近くが過ぎた。とりわけ、地域間の不均衡の拡大ととまらない大都市一極集中の一方で、疲弊し、経済的基盤が衰退し、展望を失った多くの地域の問題を抱える我が国の現状に対する危機感は誰もが共有するものである。この間、全国レベルのみならず、各地域で、地域振興や地域経済再生、新産業創造などを意図しての公私さまざまなレベルでのインキュベーション（起業推進）活動、大学・研究機関からのビジネスベンチャー起業、さらには、新たな技術シーズや市場ニーズを基礎とし、新事業創出をめざす、「異業種交流・連携」の経験にもとづく企業間ネットワーク推進活動などが数々試みられてきている。そしてこうしたこころみはいまや、ハイテク新産業創造を期待しての産業クラスター政策の推進に、あるいは地域社会と密接に関連し、支え合うコミュニティビジネス起業への期待にそれぞれ分岐してきているとも言える。他方ではまた、創業と新事業展開をになうべき「主体」としての、「企業家」人格の創成、それを支えるべき「起業文化」(enterprise culture)の環境醸成も、あらためてその必要性が共通して認識され、地道な取り組みが図られている。

　しかも注目すべきは、こうしたインキュベーションとネットワーキングへ

の取り組みは我が国だけでなく、欧米諸国、さらには東アジア諸国などにおいても数々実践され、豊富な経験が蓄積され、活用可能な教訓が幅広く存在している点である。その動きはいまや新たに「市場経済化」を図る国々にも急速に及んでいる。

　本書はこうしたインキュベーションとネットワーク推進、イノベーション実践の数々の経験とその実態を通じ、それらの動きをあらためて調査検証し、今後の政策展開への重要な示唆を得るべくすすめられた、多くの実態調査を基礎とする共同研究という性格をもつ。とりわけ「企業家」主体形成の環境と過程、地域社会・学校等の「学習」機能との関わり、また新事業創出と発展を支える各関係機関や公共政策の諸機能の発揮状況も射程に入れ、内外比較を含め、詳細な比較実証研究を図ろうという意図である。わけても重要な視点は、一方では近年の欧米で特に強調されている地域振興と地域からの産業創造、研究開発成果の事業化、これを牽引する「地域イノベーション戦略」(RIS)の実行であり、「学習地域」と「集団的学習過程」を基盤とした地域のイノベーション能力のありようである。今日世界各地で注目され、取り組まれている産学連携、大学からの起業、産業クラスター政策等の実態が問われる。他方では、個別の起業家形成と企業家経営の発展にとどまらず、地域を基盤とする企業間ネットワークの展開とこれにもとづく産業システムの形成、企業間の分業と協働、連携と協力、競争と協調の関係のありようである。戦後日本の産業システムが経験してきた、中小企業を軸とする効率的な分業生産体制の意義、産業集積の意義もグローバルスケールで問われる。そうした日本の経験はいま、国外でも新たな反応と応用展開を招いている。しかも地域を基盤とする産業システムは、一方では絶えざるイノベーションと新技術の応用、経営発展の道筋の追求に支えられ、他方では狭義の経済性効率性の原理を越えた、企業家主体間の信頼と協創のパートナーシップのうえに再構築されていくのである。

まえがき

　本書第一部では、起業家主体の形成に向けた最近の「起業(家)教育」の動きを、欧州オランダおよび日本のケースに関して検討している。うち第1章では、オランダで近年活発である起業教育の内容やしくみに即し、産業界による必要な職業能力や知識の明示、教育機関と企業の連携が生む利点の認識、教育の場の柔軟性の発揮、現場での職業経験の活用などがポイントとして指摘される。さらに、起業教育のための産学連携が新たなビジネスチャンスを生む可能性、異なる機関同士が連携しベネフィットを得るための制度設計も望まれる。

　第2章では、産業クラスターの概念などにもとづき、幅広い産学連携と知的創造の機会が広がっていることを確認しながら、日本での起業家教育の隆盛が必ずしも成果につながっていないことを指摘する。これに対し学生自らが地域社会と連携して事業機会を築き上げている東大阪、広島などでの経験を踏まえると、望まれるものは、起業する主体を形成していくような幅広くかつ長期的な取り組みであり、地域社会との連携、学習地域の形成である。本来の意味での仲介と連携、自立化への契機、能動的に現実と経験から学ぶ学習機会を築くことこそが重要である。

　第二部では、我が国における新たな都市的産業集積の発展、その中での新技術導入や新分野への展開、さらには新クラスター形成への戦略と政策、共同事業展開などの実情に即し、企業経営と企業間連携の今日的なありようを検討している。うち第3章では、都市型機械工業集積の代表的な地域である東大阪の中堅企業での新技術導入とこれにもとづく進化の過程を検討し、技術の深化、自社開発の実践、新分野進出などの実践過程を解明する。中堅規模であっても「自立」は容易ではなく、成長発展の原動力となる中核技術の意義は大きい。しかもこうした中堅企業化は地域内連携と深く関わっており、地場産業集積を欠いては容易になしえなかったことが指摘される。

　第4章では、大都市型集積のいまひとつの類型である情報サービス業の近年の成長拡大をとりあげ、その態様・技術・市場・取引・経営・労働などを

踏まえ、企業存立の条件を確認している。かつてめざましい成長を示し、また東京への顕著な集中にあったソフトウェア業、情報処理・サービス業においても、事業所数は減少するという厳しい経営環境を迎え、個々には自社製品開発や受注先の確保に結びつくコア技術の競争力を支える技術力と、それを支えている人材の確保・育成がこれまでの企業存続の要因となっている。ただし今後を展望すれば、グローバル化の荒波が及ぼす影響は避けがたい。

　第5章では、イノベーションの展開と事業化、産業クラスター発展の見地から、ニューバイオテクノロジー関連のクラスター形成とこれをめぐる政策動向、そしてハイテク産業クラスターゆえの地域への求心力・集積の傾向と、その発展と成熟段階における立地変化と分散化の可能性を指摘する。知的創造の場たる高度な研究を担う大学・研究機関への空間的近接、その周辺でのスピンオフ企業を含めたハイテク中小企業の集積、バリューチェーン形成とスピルオーバーの発揮は重要な意味を持つが、形式知から形式知への連結化を迎え、ルーティン化がすすめば、形成されたクラスターはグローバルなスケールで再編されていく。ただし研究支援型中小企業がかなり存在すれば、既存工業集積との橋渡し役をつとめ、地域のクラスターを存続させる可能性もある。

　第6章では、中小企業が新たな事業展開をめざして共同事業を組んでいく実例を京浜の航空・宇宙関連部品製造業の連携プロジェクトについて取りあげ、狭義の経済性収益性の追求を越えた、共同事業を形成発展させる構造、わけてもその紐帯をかたちづくる企業家同士の精神的なつながり、共有される価値観や相互理解に踏み込んで、その論理化を行っている。これをコーディネータを含む当事者自身の言説、事業経験、行動のうちから解明し、「非合理性」と裏腹の「経験」の意義、「短期」と「長期」、「全体」と「個」のあいだ、また「一体感」と「違い」とのあいだのアンビバレントな関係、そして結集と共同への過程を貫く「意」の普遍的な役割として示すものである。

　第三部では、諸外国での経験を主に取りあげる。うち第7章では市場経済

化と外資導入を進めてきた中東欧諸国の1つであるハンガリーでの自動車工業の形成発展、その中心となってきた日本のスズキ自動車の子会社・マジャールスズキおよびサプライヤーネットワークの状況を現地で調査研究している。スズキ関連の日系サプライヤー企業がすでに現地での生産を行っているものの、その進出自体も未だ限定されている。ハンガリーでのローカルサプライヤーへの取引関係の広がりはない。元来自動車工業が未成熟であったうえ、マジャールスズキの生産規模が非常に限定され、サプライヤーが経営効率を発揮できる状況になく、サプライヤー育成の必要性も可能性も乏しい。EU加盟も周辺国からの部品供給拡大、国境を越えたサプライヤーネットワーク形成を予想させる。ただし歴史の古いローカルサプライヤー企業は日系・ドイツ系メーカーの信頼を得て事業を拡大しており、独自のサプライヤーネットワークを築いている。

第8章では中国浙江省義烏市における「小商品市場」形成という、ユニークにして非常に急速な地域経済発展のメカニズムと地方政府の政策の果たした役割を取りあげる。浙江省にあっても蘇南モデルや珠江モデルとは異なり、温州モデルとも違った特徴を有する義烏市の場合は、鶏毛換糖という伝統的な地域産品の行商の文化と活動を起点に、改革開放政策をいち早く取り入れ、「興商建県」の理念を掲げ、総合的な自由市場を旧県政府が率先して構築整備していった。積極的な投資とインフラ整備に加え、民間資本の誘導と導入、管理の民営化を図ってきたことも特徴的である。わずか20年足らずで現義烏市は中国有数の卸売市場都市に変貌し、日々10万人以上が数万の店舗を訪れる国際的な流通センターとなっている。しかもこれは必ずしも周辺の産品の取引が中心ではない。ここに「市場経済化」における地域経済政策と企業集積の新たなモデルが描き出されている。

第9章では、最近の地域と産業をめぐる諸議論に依拠した、「RIS地域イノベーション戦略」の形成と展開をEU欧州連合の取り組みに追い、これを手がかりに90年代以降めざましい地域経済の再生と新産業発展を迎えている英国のかつての産業地域・スコットランドストラスクライド地方、イングランド

ウェストミッドランズ地方の実例を取りあげている。これらの地域では、政府の地方分権化政策の一方で、強力な地方開発機関が重要な役割を演じ、産学連携、創業支援、産業活性化や新産業創造を推進している。しかしそこでは地域政策・産業政策・企業政策が一体的戦略的に展開されているのみならず、地域問題、社会問題、雇用問題、都市問題などへの総合的な取り組みを、自治体、産業界、大学・教育機関、地域住民などのパートナーシップで推進していく体制ができている。都市再生を住民参加で達成している実例は大きな意味を持つ。地域経済にとっての決め手は「学習地域」であり、ヒトの創造性の発揮とヒトのコミュニティの活性化にある。

　このように本書においては、国内外の豊富な実例を取りあげ、既存の議論をこえて地域産業の再活性化と発展の可能性をさまざまな側面から明らかにしているのである。

　本書は平成14・15年度科学研究費基盤研究((B)(1))「地域インキュベーションと企業間ネットワーク推進の総合的研究——「企業家」主体形成とコーディネーションの役割を中心に」(課題番号14330011、研究代表者三井逸友、研究分担者大島卓・堀潔・遠山恭司・粂野博行・川名和美)の研究成果を公にするものである。二度にわたる研究にあたっては、各研究分担者および協力者が全国および世界各地を直接訪問調査し、企業経営者、経営幹部、政府・行政機関関係者、諸団体関係者、学校関係者などに対して膨大な数のインタビューと資料収集を実施した。国内調査としては、東京都、神奈川県、大阪府、兵庫県、滋賀県、愛知県、広島県、高知県、沖縄県、北海道、山形県、岩手県などが含まれる。国外調査としては、中国、オランダ、英国、アイルランド、ハンガリー、チェコなどが含まれる。そしてこれらを持ち寄っての研究会、討論を重ねて本書の執筆完成に至った。

　なお、当該科研費共同研究においては、大島卓・城西大学教授が重要な役割を果たしてきたが、今回の研究書の刊行には都合により参加していない。

まえがき

同教授の分担研究成果については、別途公にされている。

　本書の刊行に際しては、御茶の水書房の小堺章夫氏に大変にお世話になった。出版事情とみに厳しい折り、このような研究書の刊行をお引き受け下さり、多々ご協力をいただき、完成にこぎ着けることができたことに、記して感謝を申し上げるものである。

　本書は、独立行政法人日本学術振興会平成17年度科学研究費補助金（研究成果公開促進費　課題番号175258）による出版助成をうけている。

　　2005年9月10日

　　　　　　　　　　　　　　　　　　　　　　　　　　　三井逸友

地域インキュベーションと
産業集積・企業間連携

目　　次

目　次

まえがき……………………………………………………………三井逸友

第一部　起業家主体形成と「起業教育」

第1章　「起業教育のための産学連携」の必要性……堀　　潔　5
——オランダの起業教育事例に学ぶ——

1. はじめに——本稿の趣旨　5
2. "起業家精神"が求められる背景　6
   - ① リスキーな事業機会へのチャレンジ　6
     ——創業・市場創造成功の条件？——
   - ② 「起業家」「起業家精神」の時代　8
   - ③ 専門性とプロフェッショナリズムの時代　9
     ——我が国労働市場の動向——
3. 起業教育のための産学連携に向けて　11
   - ① 「起業教育」の概念と必要性　12
   - ② 「産学連携」に関するこれまでの議論　13
     ——起業教育への関心は薄い——
4. オランダにおける起業教育　14
   ——「インターンシップ」を中心に——
   - ① オランダ企業社会の"教育"への期待　14
   - ② Trade Management aimed at Asia　15
   - ③ 教育に果たす産業界の役割　18
   - ④ オランダ高等教育における「インターンシップ」　19
     ——教育から職業への架け橋——
   - ⑤ 産学連携の新ステージに向けての努力を　20
     ——まとめにかえて——

第2章　産学連携と大学発の起業家育成……………川名和美　25
——大学での起業家教育は可能か？——

1. はじめに　25

2. 産学連携機運の高まりの中で期待される大学の役割　26
　　　① 産業クラスターと産学連携研究の進展　26
　　　② 多様性を増す大学の機能と産学連携活動　27
　　3. 産学連携による起業家主体形成への期待　29
　　　① 地域産業政策としても注目される起業家教育　29
　　　② 起業家教育研究の進展　31
　　　③ 教育カリキュラムとしての起業家主体形成の限界　32
　　　④ 学習地域の形成　34
　　4. 起業家主体形成のための産学連携事例　35
　　5. おわりに　40

第二部　産業集積の活性化と新産業創造・ネットワーク展開・企業発展〈1〉
──日本の経験から──

第3章　中堅企業における中核技術の導入と進化・進展
──東大阪地域集積を事例として──　粂野博行　47

　　1. はじめに　47
　　2. 中堅企業の現状　48
　　3. 東大阪地域の現状と産業集積　52
　　　① 東大阪地域の現状　52
　　　② 東大阪地域における産業集積の特徴　52
　　4. 東大阪の中堅企業と技術　53
　　　① F社：ナット専門メーカーとして確固たる地位を築く中堅企業　53
　　　② Y社：スポーツ用ゴーグル市場のトップメーカー　55
　　　③ DI社：樹脂専門メーカーとして大手と取引をする中堅企業　56
　　5. 東大阪の中堅企業における技術進化・進展　57
　　　① F社の技術進化──技術の「深化」による展開　58
　　　② Y社の技術進化──「自社開発」を製品化に反映　58
　　　③ DI社の技術進化──中核技術を活かし、他分野への進出　59
　　　④ 中堅企業における技術導入と進化・進展の意味　59

6. まとめにかえて　61
   ① 地域内連携の重要性　61
   ② 地場産業の影響　62

第4章　大都市における情報サービス業の存立と発展
　　　　　　　　　　　　　　　　　　　　　　　　　山本篤民　67

1. はじめに　67
2. 情報サービス業の概要と先行研究の整理　69
   ① 情報サービス業の構成　69
   ② 産業構造の分析　70
   ③ ソフトウェア技術者の分析　72
   ④ ソフトウェア業の立地分析　74
3. 情報サービス業の動向　75
   ① 停滞する情報サービス業　75
   ② 東京への集中と分散　77
4. 東京の情報サービス業の実態　78
   ① 実態調査の目的　78
   ② 販売・受注先の確保　80
   ③ 人材育成の試み　86
5. おわりに　89

第5章　地域におけるニューバイオ関連産業
　　　　　クラスターの形成と発展のメカニズム
　　　　　　　　　　　　　　　　　　　　　　　　　長山宗広　95

1. はじめに　95
2. バイオテクノロジーおよびニューバイオ関連産業の特徴　96
   ① 定義　96
   ② 市場規模　97
   ③ ニューバイオ関連産業のイノベーション　98
3. ニューバイオ関連産業のハイテク中小企業の特徴　99
   ① 横浜国立大学大学院三井研究室のアンケート調査の概要　99

②　経営上の特性　99
③　取引関係、情報交流、地域との関係　100
④　アンケート調査での事実発見
　　──ニューバイオの中小企業の存立基盤──　102
4．欧米におけるニューバイオ関連産業クラスター　103
①　アメリカ　103
②　ヨーロッパ　105
5．日本におけるニューバイオ関連産業クラスター　106
　　──北海道の事例を中心に──
①　日本のクラスター構想　106
②　北海道のクラスター構想　106
③　北海道のニューバイオ関連産業クラスターの担い手　107
6．地域のニューバイオ関連産業クラスターの形成・発展のメカニズム　110
①　形成段階　110
②　発展段階　112
③　成熟段階　112

第6章　中小企業間における共同事業の構造　……山崎　淳　121
　　──航空・宇宙関連部品調達支援プロジェクトを事例として──

1．はじめに　121
①　研究設問　121
②　本論における研究の範囲　123
2．研究方法と調査対象　124
①　研究方法　124
②　調査対象　128
3．分析及び結果　130
①　まんてんプロジェクト設立の経緯と背景　131
②　JASPA株式会社設立の経緯と背景　133
③　本調査の対象者のまんてんプロジェクト参加
　　及びJASPA(株)取締役就任の経緯　134
④　解釈　141

4．結びと展望　149
　　　① まとめ　149
　　　② 今後の課題、展望　150

第三部　産業集積の活性化と新産業創造・ネットワーク展開・企業発展〈2〉
——諸外国の経験から——

第7章　中欧・ハンガリーの自動車産業サプライヤー・ネットワーク
——マジャール・スズキとその1次サプライヤーを中心に——
　　　　　　　　　　　　　　　　　　　　　　　　　　　遠山　恭司　157

　　1．はじめに　157
　　2．ハンガリー自動車産業の概要　159
　　　① 外資完成車メーカーと輸出入　160
　　　② 中欧諸国の生産台数　161
　　　③ 部品産業と日系企業の直接投資　163
　　　④ 自動車産業政策の不在　165
　　3．マジャール・スズキの現地経営——調達と生産　166
　　　① 低価格・スモールカーの投入と市場　167
　　　② 調達・購買政策　169
　　4．部品サプライヤーの現地経営とサプライヤー・ネットワーク　172
　　　① MT用クラッチ部品加工メーカー：A社　173
　　　② 自動車用ワイヤーハーネス製造企業：B社　175
　　　③ イグニッションコイル製造企業：C社　177
　　　④ 民族系大手メーカー：BA社　181
　　5．まとめ——中東欧サプライヤー・ネットワークの可能性——　187

第8章　中国「小商品市場」の形成と義烏市の発展経路
——義烏市の地方政策の視点から——　………　張　　茜　193

　　1．はじめに　193
　　2．中国の社会主義経済理論に関する論争への回顧　195

3. 中国の産業政策の転換と地域への権限委譲　197
　4. 地域経済発展の典型的モデルと浙江モデル　199
　　① 中国の地域経済発展における三大モデル　199
　　② 浙江モデルに関して　199
　5. 中国「小商品市場」の発展と義烏モデル　200
　　① 浙江省の専門市場と義烏モデル　200
　　② 義烏地域および「小商品市場」の実態　201
　　③ 「小商品市場」に関する先行研究　203
　　④ 義烏の伝統的産業と行商　205
　　⑤ 義烏の「小商品市場」の形成と発展要素　207
　6. 専門市場と自由市場との相違点　207
　7. 「小商品市場」の形成における政府行動　209
　8. 義烏の地方政策　210
　　① 都市の経済発展に対する政策　211
　　② 専門市場に対する政策　211
　　③ 企業に対する政策　212
　9. おわりに　213

第9章　地域再生と地域イノベーション戦略の意義
　　　　──英国ストラスクライド・ウェストミッドランズ地方の経験から──
　　　　　　　　　　　　　　　　　　　　　　　　　三井逸友　217

　1. 問題の所在　217
　2. 欧州における地域と政策　220
　　① 欧州統合と地域政策・産業政策・企業政策　220
　　② 地域政策改革とRIS地域イノベーション戦略　221
　3. 英国での地域問題と地域政策＜1＞
　　　──英国各政権と地域政策・産業政策展開、RDAの設置──　223
　4. 英国での地域問題と地域政策＜2＞
　　　──ストラスクライド地方とグラスゴー市の場合──　226
　　① スコットランドグラスゴーでの産業戦略の展開　226
　　② SEGとJES共同経済戦略、クラスターアプローチ　228

③ 新産業創造と大学の事業化・起業推進　230
            ④ 大学からの起業事例の研究　233
    5．英国での地域問題と地域政策＜3＞
                ——ウェストミッドランズ地方とバーミンガム市の場合——　236
            ① AWMとウェストミッドランズの産業振興・都市再生　236
            ② ウェストミッドランズ経済戦略の立案実施　239
            ③ 大学の事業化・産学連携と地域貢献活動　245
            ④ バーミンガムにおける都市再生と
                ローカルパートナーシップ、コミュニティ運動　248
    6．結び　255

索　引　273

執筆者紹介　279

地域インキュベーションと
産業集積・企業間連携

起業家形成と地域イノベーションシステムの国際比較

第一部
起業家主体形成と「起業教育」

第 1 章

「起業教育のための産学連携」の必要性

オランダの起業教育事例に学ぶ[*1]

堀　潔

1. はじめに——本稿の趣旨

本稿の第1の目的は、以下の2点を指摘することにある。
① 起業文化（enterprise culture）醸成のために、起業家精神の育成を目的とした起業教育の充実が必要であり、そのための産業界と教育界との連携がいっそう重要になってきていること。
② しかし、我が国の起業教育への取り組みはまだ始まったばかりで試行錯誤の状態が続いており、産業界と教育界との連携について「誰が何をすべきか」等の議論も検討もほとんど行われていないこと。

本稿の第2の目的は、オランダの起業教育の事例を示して、それとの比較で、我が国における"起業家精神育成のための産学連携"の問題点や可能性、政策課題等を提示することである。

結論的に、本稿では、我が国企業社会が①主要な職種について"必要な職業能力"を記述し明示すべきこと、および②学生を積極的に職場に受け入れ

て教育すべきこと、そして、③教育機関が企業社会からの提案を積極的に受け入れること、の3つを提起している。

2. "起業家精神"が求められる背景

　変化の激しい時代は将来への不確実性が高いから、何らかの経済的活動に伴うリスクもまた大きくなる。しかし、そうした変化の激しい時代には新たなビジネスチャンスも多く生まれる。「新しいチャンスを的確に捉え、自らの能力を最大限に生かして社会に貢献し、その結果として利潤と経済的自立、名誉を得る」という起業家的ビヘイビアはいまや起業家・経営者のみならずすべての人々に必要とされている。国や地域の経済活性化のために、専門性とプロフェッショナリズムをベースにした起業家精神の育成は、我が国のみならず世界的に高い関心を集めている。

1　リスキーな事業機会へのチャレンジ——創業・市場創造成功の条件？——

　最近10年以上にわたって、我が国の中小企業政策の重要課題の1つは「創業促進」にあった。長年にわたる開業率の低下と開廃業率の逆転現象に対処すべく、様々な創業支援策が展開されてきた。しかし現実には、『中小企業白書(2003年版)』によれば、毎年100万人を超える創業希望者がいるにもかかわらず創業実現率は3割程度にとどまり、とくに若年層の起業が相当難しいという状況が報告されている。

　具体的な創業意思あるいは創業計画があるのに実現に至らない人々にとって、創業への最大の障壁は資金不足である、との調査結果などもあって、創業希望者に対する資金面での支援措置は相当に充実してきている。最低資本金特例制度を利用して設立された会社は10,000社を超えた[*2]が、それでもなお、多くの人々は、大なり小なり創業を希望していても、「では、どういうビジネスを始めればいいのか？」とか「今後成長が期待されるビジネス分野はどこにあるのか？」といったことについてのアイディアがなく、将来の不

第1章 「起業教育のための産学連携」の必要性

確実性やリスクを覚悟してまで創業に踏み切ることをためらっているように思われる（藤井孝一（2003））。2000年前後に"ITベンチャー"と呼ばれる新規創業企業が大量に発生し、その多くがいわゆる"ITバブルの崩壊"とともに消滅したのを見ると、創業の"リスク感"はかなり大きくなる。

創業希望者だけでなく、すでに創業している中小企業にとっても既存事業以外の新事業開拓は容易なことではない。将来の不確実性があまりにも大きいがゆえに、他の追随を許さない独自技術やノウハウ、または独創的なアイディアを保有する"優秀な"個人あるいは企業のみが、創業あるいは新市場創造で成功するのではないか、とも思える。

しかし、成功の鍵は、意外にももっと日常的なところにあるのかもしれない。同じ業種で同じ規模の企業でも業績に格差があるのは珍しいことではなく、新製品開発や新市場開拓など、何か新しいことに積極的にチャレンジする企業ほど業績もよくなる傾向にあること（中小企業庁編（1999））[*3]や、いわゆる成長産業と目されるIT・バイオ等先端技術産業でなくても高成長企業が存在することは外国におけるいくつかの調査でも明らかにされている（Ministry of Economic Affairs, The Netherlands（1999））。また、経済産業省・厚生労働省・文部科学省（2003）によれば、いわゆる「ニッチトップ企業」の多くが「国内企業・顧客からの個別相談・要望」からヒントを得て「経営者自身の着想・発想」によって新製品を誕生させている。特殊な成功要因があるわけではなく、これらを契機に、「従来からとりくんでいた事業分野から派生」して新製品を生み出し、市場開拓を進めていく、というのがニッチトップ企業の典型的な姿である、と指摘している。また、「顧客・企業の要望に対する的確な対応」や「製品の不断の改善・改良」を重視した経営を行っており、市場拡大の好機を生かすためにも、顧客ニーズに応え、製品の改良を進めていくという地道な対応が重要である、という[*4]。そうだとすれば、ビジネスチャンスをつかめるかどうかは、「顧客の相談・要望」などという極めて日常的な情報源からいかに経営者自身が着想・発想できるか、にかかってくる。その上に、リスクを背負って新しいことにチャレンジする勇気や、自ら先頭

に立って新しいビジネスの成功に邁進するイニシアティブなどがビジネスの成功を促進する要因となるのであろう。

2　「起業家」「起業家精神」の時代

　Audretsch and Thurik（2001）は、近年の世界的な経済環境の変化を「管理経済（managed economy）」から「起業家経済（entrepreneurial economy）」への移行、と呼んでいる。経済のグローバリゼーションが進行するなかで、①アジアや中・東欧地域に膨大な低コストの熟練労働力が出現しており、さらに②ME（＝Microelectronics：マイクロエレクトロニクス）とICT（情報通信技術）が発展したことによって、日常的な標準化された経済活動の多くが高賃金地域から低賃金地域にシフトしている。こうした状況の下で高い賃金が維持されるためには、標準化されていない知識に基づいた（knowledge-based）経済活動が必要である。標準化されていない知識は移転されにくいからである。こうした知識ベースの経済活動の多くは以前に誰も挑戦したことのない、従ってリスクの大きなものであるが、その反面、成功者には大きなリターンや名声・自信などがもたらされるであろう。現代のような不確実性と変化の時代には、「起業家（entrepreneur）」が経済の主たるプレーヤーのひとつとなるのである。

　「起業家」の定義について詳細な議論をしている余裕はない[*5]が、上述したように、既存企業の経営者にも、新製品開発や新市場創造を成功させるために、リスクを背負いながらも新しいことにチャレンジする前向きのマインド、すなわち創業者と同様の"起業家精神"が必要である。

　我が国における「起業家精神」や「起業文化」は、中小企業の大量開業が続いてきた戦後社会では相当に高く、広く存在していたのだろうが、豊かな社会を享受した高度成長期以降にあっては、生活水準の向上と社会秩序の安定化の中で"断絶"してしまったように見える（三井逸友（2001）第1章）。我が国における創業促進と経済再活性化のためにも、多様な起業家が数多く生み出される社会的なしくみの構築が急務である。

　さらに、今日、「起業家」という概念は、その文字通りの意味（＝企業を起

こす人）を超えているように思われる。「"起業家精神"を持っている人」と表現したほうがいいかもしれない。いまや「社会起業家」という概念まで登場しているが、利潤を追求するかどうかを別にしても、創造力やチャレンジ精神、リスクに挑戦する姿勢、リーダーシップ、独立心、責任感などといった能力・性格や行動様式はいろいろな立場の人々が持っているもので、こうしたマインド（＝起業家精神）を持った人々が現状を打破する様々な活動を行うことによって経済・社会が活性化されていくのだ、と考える人々が多くなってきている[*6]。

　こうしたなかで、具体的な起業方法や経営ノウハウを育成する講座・セミナーとは違った、"内的"起業家精神を育成する必要性が高まっているのである（大濱信宏（2003））。

3　専門性とプロフェッショナリズムの時代——我が国労働市場の動向——

　起業家精神の育成が必要とされる理由は、いわゆるグローバリゼーションやIT化を中心とする経済環境の変化だけではない。我が国の労働市場・雇用慣行の変化がもたらす若年層の失業問題の深刻化と、就業前の教育現場における様々な問題が起業家精神育成の必要性をいっそう高めている。

　労働市場では、終身雇用・年功序列に代表される日本的雇用慣行が次第に一般的ではなくなるなかで、人々には勤務経験（何をどれだけやってきたか？）よりもむしろ専門性（いま、何ができるか？）が問われるようになってきた。ひとつの企業で長く勤務したことによって獲得される企業特殊的な知識は、その企業を解雇されれば役に立たなくなる。代わって、どの企業でも通用する一般的な雇用能力（employability）が重要視されるようになり、我が国の企業は、企業に所属しながらも企業組織に従属しない"専門的能力を持った個人"によって構成される組織に変貌しつつある。自分の持てる能力を使って他人と協力しながら組織全体の成功に責任を持って貢献する、という現代的な働き方のスタイルは、自社のコア・コンピタンスを持ちつつ他社と協力しながら新たなビジネスチャンスに挑む現代の中小企業経営者のあり

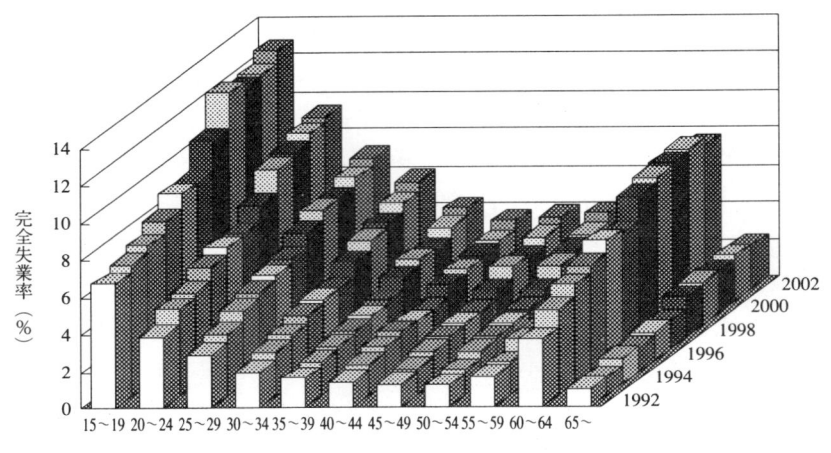

図1-1　年齢階層別完全失業率の推移

出所：総務省統計局『労働力調査』。

ようとよく似ている。起業家であれ一般従業員であれ、"専門性"に加えて、組織のなかでの自分の役割を責任を持って果たすという"プロフェッショナリズム (professionalism:「専門家気質」「プロ意識」)が求められているのである。

　これから労働市場に参入しようとする学生にとっては、現下の状況はかなり厳しい。終身雇用・年功序列が一般的でなくなってきたとはいえ、長年雇用し続けてきた従業員をそう簡単に解雇するわけにもいかないから、人件費抑制のために企業が選択するとりあえずの対応策は新規採用を控えることである。この結果、景気後退期を通して若年層(24歳以下)の完全失業率は他の年齢層に比べても大きく上昇を続けている(図1-1)。

　この若年層の失業・無業問題[*7]は、若者の学習およびその他の生活一般についてのモティベーションを大きく下げている。勉学に努力して学校を卒業しても就職するのは難しいとなれば、勉強する意欲を失ってしまうだろうし、有名大企業の相次ぐ経営破たんは、「頑張って勉強して大学を出て大企業に就職しても、その大企業がつぶれてしまえば従業員の末路は哀れなものだ」との短絡的なイメージを若者に与えてしまっている。もはや若者にとって終

身雇用と大企業信仰、そして人生成功のための準備段階として勉学に励むことのいずれもが過去のものでしかなく、さりとてそれに代わる人生成功のひな型を見出すこともできず、非常に不安な気持ちのなかで漫然と日常生活を送っているに過ぎない。

漫然と日常を過ごす若者の傾向は、単に就職や雇用状況が厳しいことだけに起因するわけではない。(大学で教鞭をとる筆者の目から見ると、)近年の少子化傾向とそれによる受験競争の緩和がこれに拍車をかけているように見える。18歳人口の減少による受験生市場の縮小と一方での大学の収容定員増は、大学受験競争の状況を大きく変えた。現在、多くの大学がいわゆる"定員割れ"の危機にあり、学生の側からすれば、どこの大学でもよければ何の苦労もなく入れる時代がもはや現実のものとなっている。岡部・戸瀬・西村(1999)の指摘に代表されるように、大学の教育現場では現在大学生の基礎学力低下が顕著である。高校生という強制的に学習を求められる高校生時代にもあまり勉強せず、ましてや大学生から社会人という、どれだけ勉強するかが個々人のやる気に任される年代になってしまえば本当に勉強しなくなるかもしれない。勉強しないから職業能力が高まらず、生産性が上がらない。そうした若年層が我が国社会の中核を構成するようになると、日本経済・産業・企業の国際競争力が低下してしまう恐れにもつながりかねない。

したがって、ここに専門性とプロフェッショナリズムの育成を主眼とする職業教育あるいは"起業教育"が社会的に求められることとなり、そのための教育界と実業界との連携が重要な政策課題として浮かび上がることとなるのである。

3. 起業教育のための産学連携に向けて

起業家精神の育成を教育機関だけで行うのには限界がある。何らかの形での企業社会との連携が必要である。しかし、「産学連携」に関する多くの研究者の関心は専ら新製品・新技術開発に向けられており、人材育成や起業家精

神養成のために誰が何をなすべきか、連携によって学校と企業にどのようなメリットがもたらされるか、等に関する研究はほとんどなされていない。

1　「起業教育」の概念と必要性

　起業家精神の育成が必要であることは理解できても、では「何を、誰に、どのように教えるのか」という中身の問題になると、我が国においてはまだ試行錯誤の状態と言わざるを得ない。実践例で言えば、例えば米国に本部を置くNPOであるジュニア・アチーブメント（www.ja-japan.org）の活動や、大江建早稲田大学教授が中心となって進められている「ワセダ・ベンチャーキッズ」の活動などが有名である[*8]。両者に共通するのは、体験学習を通じて子供たちに"金銭感覚"を実感させることや、工夫次第でパフォーマンスが大きく変化することを通じて"創造性"や"努力"の重要性を認識させる、というところだろうか。こうした感覚は一朝一夕には育成できないので、なるべく早い機会に、できれば初等教育の段階から行われるのが望ましい、と言われているが、一方で、金儲け中心主義の教育や競争原理を学校に持ち込むのはいかがなものか、という批判もあるようだ[*9]。

　経済産業省・中小企業庁（2003）は、起業家精神を培う教育の内容として、次の3つの側面があることを指摘している。

　①起業家精神の醸成をはかる側面……自立と協調・連携意識の醸成
　②経済的なものの見方・考え方を養う経済教育的側面……社会経済の仕組みについての教育
　③起業に必要な知識・技術等のスキル習得育成を図る側面……法律や計数管理能力等の専門知識と、専門科目の知識を縦横に駆使するシミュレーション学習等の総合学習

　こうした教育を行う目的は、経済活動の当事者として、「自分の選択」を「自分の決断」において「活動すること」を学ぶことであり、「経済活動を教材としながら座学（教科）学習と体験学習を一体とした総合教育となることが一般的」だとしている。

第1章 「起業教育のための産学連携」の必要性

だとすれば、起業教育は学校だけで行うことはできない。地域や産業界の協力が不可欠であり、起業家精神育成のための"産学連携"が必要となってくる。

2　「産学連携」に関するこれまでの議論──起業教育への関心は薄い──

　これまでの「産学連携」に関する諸議論は、新製品開発や新技術開発などの場面での大学と企業との間の関係に注目するものがほとんどであった。主な論点となるのは、新産業の創出や企業の新事業創造、あるいは創業支援のために大学内にある知的資産を企業のために役立てるための制度設計の問題（原山優子（2003））とか、営利企業の所有する研究所やそこで行われる研究開発活動はどういう意味を持っているのか（西村吉雄（2003））、産学協同で行われた研究開発への両者の関わり方や利益配分問題・利益相反問題（宮田由紀夫（2002））、などであった。また最近の『中小企業白書』（例えば、2003年版）でも、中小企業が大学の研究室などと共同で行う研究開発活動の現状や問題点、可能性について指摘している。

　しかし、起業家精神育成のための産学連携について、大学と企業との関わり方や制度設計などに関する研究はほとんどない、と言ってよいであろう。大学は研究機関である一方で教育機関でもある。すでに我が国では大学進学率が50％に近づき、国公立・私立を合わせて600校以上存在する状況からして、現在、大学や大学教育が我が国の国民にとって特別なものでなくなっていることは明らかである。大学はいまや非常に大衆化した教育機関であり、しかも事実上、人々が労働市場に本格的に参入する直前の最後の教育段階である。社会人となる準備段階であるはずの大学教育での起業家精神育成に関する大学と企業との関係がどうあるべきか、起業教育のための「産学連携」の大学・企業それぞれのメリット・デメリットに関する検討が行われる必要はあるだろう。

4. オランダにおける起業教育
──「インターンシップ」を中心に──

　起業教育の先進事例をオランダに求め、我が国での起業教育と起業家精神の普及のための検討課題を探ってみた。

1　オランダ企業社会の"教育"への期待

　オランダは「ポルダーモデル」と呼ばれる独特な雇用制度改革で有名である。とくに1996年の労働時間差差別を禁止する法律の導入によって、フルタイム労働とパートタイム労働が社会保障や昇進・昇給などの面で平等になり、人々は多様な働き方の選択をすることが可能になった。労働形態の選択の自由を得たことによって、人々は労働時間を含めた全体の生活時間設計をかなり自由にできるようになった（長坂寿久（2000）、堀潔（2001））。

　「ポルダーモデル」と呼ばれる独自の雇用制度改革の結果、パートタイム雇用が大幅に増加し、オランダでは非常に流動性の高い労働市場が実現した、と言われる。しかしその一方で様々な問題点も指摘されている。例えば、①パートタイム労働が増加しているのはサービス業や行政サービス部門などでの単純労働や低賃金労働の部分が中心であり、雇用増加は女性やマイノリティの部分にとどまっているという指摘や、②依然として手厚い社会保障制度の下で非労働力化する「インアクティビティ（労働不可能者）」のなかに事実上失業者と解釈できるような人々が多く含まれているのではないかという指摘、③労働市場流動化の負の側面として人々の勤労倫理が低下し、会社への愛着心がなくなり会社内での器物損壊や放火、窃盗が増えているという指摘、④パートタイム労働やフレキシブル労働といった継続性に欠ける勤務形態のなかで、労働者の「熟練技能」や経験の蓄積に基づく「問題発見能力」がうまく育成されない、という問題などが提起されている（西澤隆（2000））。

　現に、オランダでは熟練技能者の確保難が大きな問題となっているし、オ

第1章 「起業教育のための産学連携」の必要性

ランダ経済省の調査(Ministry of Economic Affairs(1999))では、オランダの高成長中小企業の多くがパートタイム雇用よりもフルタイム雇用を増加させる傾向にある、と報告されている。流動性の高まったオランダの労働市場でいま求められている労働力は、近年増加してきた労働力とは異なる質のものとなってきているのである。急速に進展する技術革新、経済のグローバル化、そして人々の価値観の多様化に対応したemployabilityを高めるために、オランダ企業社会は次第に「教育」への期待を高めつつある。

2 Trade Management aimed at Asia

そうしたなかで、最近創設されたロッテルダム大学[*10]（Hogeschool Rotterdam）の"Trade Management aimed at Asia(TMA)"という教育コースは非常に興味深い。近隣に立地する企業の意見を取り入れて、アジア関連ビジネスで活躍できる人材の育成を目指すプログラムを立ち上げた点、教育手法として「問題解決型教育(PBL: Project Based Learning)」や、職場実習と学校教育とを組み合わせた「デュアル・システム」を導入している点など、非常に先進的な試みのプログラムといえる[*11]（図1-2）。

TMAは4年間で修了するプログラムで、1年が4学期で構成されている。1学期は10週間、8週間の学習期間と2週間の試験期間からなる。

《第1年次》

第1年次は第2年次以降の学習のための準備期間と位置づけられ、毎学期ごとに異なる「プロジェクト」が実施される。学生たちは原則として8人で構成されるグループの一員として行動することが強制され、グループワークが学習の中心となる。

第1学期は、「アジアでのビジネス」が大テーマ。アジア地域（とくに日本・中国・インドネシア）で製造・販売されている商品について調査し、ビジネスプランを作成する。同時に、言語、比較文化論、一般経済学、問題解決方法などの講義も受ける。第2学期は、「アジア製品のオランダ市場での販

図1-2 "Trade Management aimed at Asia" カリキュラム概略図

	第1学年	第2学年	第3学年	第4学年
I	「アジアでのビジネス」調査	「アジア製品の輸入・販売」企業の設立・運営	「オランダ製品のアジア市場への輸出」企業の設立・運営	アジア諸国の企業でのインターシップ研修
II	マーケティング戦略プラン			
III	「企業経営」シミュレーションゲーム		アジア諸国（日本・中国・インドネシア）への短期留学。語学研修&異文化体験	卒業論文作成
IV	「コンサルティング」リポート作成	オランダ国内企業でのインターシップ研修		

売」が大テーマ。各グループはオランダの消費者にどのようなアジア製品が売れるかを調査し、マーケティング戦略プランを作成する。第3学期は、「企業経営」が大テーマ。経営シミュレーションゲームを通じて、企業の意思決定に関わる様々な問題について学ぶ（体験する）。第4学期は、「コンサルティング」が大テーマ。大学が委託した企業に学生が赴き（または企業からしかるべき人が学校を訪れ）、学生にコンサルティングすべき課題が出される。学生は「実際の」課題について必要な調査・検討を行い、コンサルティングリポートを提出する。

《第 2 年次》

　第 2 年次の第 1 〜 3 学期のテーマは「アジア製品の輸入・販売」である。この期間の特徴は、学生がグループで「企業」を設立し、運営することにある。市場調査を行ってビジネスプランを作り、株式を発行して資金を調達し「創業」する。実際に製品を輸入し、オランダ国内で販売し、利益をあげ、株主総会を開いて業績を発表し、株主に利益を分配して会社を解散する。第 4 学期には、学生はグループを離れ、個々にオランダ国内（多くはロッテルダム市内）にある企業で実地研修（インターンシップ）を行う。

《第 3 年次》

　第 1 〜 2 学期は、オランダ製品のアジアへの輸出をテーマとしたプロジェクトであり、前年次と同様、グループで「企業」を設立、事業活動を行う。第 3 〜 4 学期には、学生はアジア各国の提携高等教育機関へ短期留学し、語学の習得や様々な異文化体験の機会を得る。

《第 4 年次》

　前半はアジア各国の企業でのインターン研修。基本的には前年次に学んだ国と同じ国の企業で研修を受けるのだが、一部異なる国の企業で研修を受ける学生もいる。そして最後の半年間、学生は最後のまとめの卒業論文執筆に集中することになる。

　TMAプログラムの創設に先立って、ロッテルダム大学およびロッテルダム経済ビジネス専門大学（後にロッテルダム大学に統合された）がロッテルダム市内に拠点を持つ多国籍企業等を対象にして、「今後、企業としてどのような人材の育成を望むか」についてのアンケート調査が行われた。このアンケート調査で「アジアとのビジネスに必要な人材の育成」がビジネス界の大きな要望であることが明らかになり、このプログラムが創設されることになった。このプログラムの設立と運営にはロッテルダム商工会議所および市

内の企業が資金面も含めた協力体制をとっている。

3 教育に果たす産業界の役割

　TMAで行われている「問題解決型教育」や職場実習と学校教育とを組み合わせた「デュアル・システム」をとりいれた教育プログラムは、程度の差はあれ、オランダの高等教育機関のかなり多くで導入されているようである。この背景には、1990年代に、学生が仕事に必要な技能を確実に身に付けられるように、教育界と産業界の間で従来以上に緊密な関係や新しいパートナーシップが構想されたことがあげられる。とりわけ、産業界が教育に重要な役割を果たしており、経営者団体は高等教育政策にかなり大きな関与をしている。詳細は別稿に譲るとして、以下の3点を指摘しておきたい[*12]。

　a）高等教育機関のうちとくにHBO（高等職業教育専門大学）については、伝統的に企業経営者との連携に長年の伝統があり、一般カリキュラムに対してアドバイスを行う職業専門委員会（Beroepenveld-commissies）などがあるのだが、最近では、1997年以降、高等教育法改正によって高等教育機関は政府が任命する理事会を設置すべきものと規定された。理事会は教育機関外の代表者から構成され、教育機関の運営方針や雇用ニーズへの対応について重要な機能を担っている。

　b）HBOの教育プログラムの基本的部分の策定はHBOの全国組織である"HBO審議会（HBO-raad）"が行うが、学生が就職と同時に"即戦力"として機能させる観点から産業界が"職業的プロフィール"を設定し、このプロフィールに基づいた教育プログラムが策定される。職業的プロフィールは、特定の職業分野や一群の関連職務の基本的要件である態度や個人的技能と、知識、理解力、専門的技能から構成されると考えられているようである。

　c）さらに、学生が就職と同時に一定程度"即戦力"として機能するように、カリキュラムのなかにあらかじめインターンシップを含めた

り、卒業論文執筆のための資料収集などを兼ねたかたちでの職業研修などを学生に課したりするなど、学生が卒業までの間に学校での教育と職場での実習という「デュアル・システム」が一般的となり、最近ではほとんどの大学（WO）でも必修科目ではないがインターンシップが導入されている。企業が研修生を受け入れるのは一種の社会的責任と考えられており、それ自体特別なことではない。また、高等教育機関によっては地域の企業との間に協定を結んで、企業人を講師として授業に招くといったことも珍しいことではない。

本稿の冒頭で紹介した「起業家経済（entrepreneurial economy）」においては"知識（knowledge）"が重要な役割を果たす。そしてオランダでは、「知識を獲得できる場所は教育機関だけに限らない」という現実的認識がますます高まっている。人はいかなる場所でも学習するし、よく教育された知的労働者に対する需要も増大している。特定の専門知識に加えて、学習能力や、協調性、職場の変化への柔軟な対応力といったコンピテンシーの開発が大切だと見なされている。こうした背景の下で、政府は職業に寄与する教育が知識経済の発展に不可欠だと考えている。職業教育は政治的な議案のなかでも重要視されてきたし、全ての教育段階における一般（教養）教育に加え、開かれた学習経路として職業教育を強化することも目標とされている。

4　オランダ高等教育における「インターンシップ」
——教育から職業への架け橋——

インターンシップ（オランダ語では"stage"という[*13]）は、オランダの高等教育に根づいている教育と職業の架け橋である。学生にとっては、いままで勉強してきたことと現実に起こっていることとの関連を考える上でも非常に重要であり、労働市場へのオリエンテーションでもある。一方、企業にとっても、実際の職場実習を通じて質のよい労働力を発見できるかもしれないし、パートタイマーに比べて安い賃金で働いてもらえる、学生に対して職務内容

を教えることを通じて正規従業員のモラル向上にもつながる、などのメリットがある。

こうしたメリットのゆえに、HBOでは例外なく"stage"は必修であり、大学でも必ずしも必修ではないがかなりの学生が職場研修を経験する。そんなこともあってか、オランダでは大学・HBOだけでなく、様々な機関・組織が研修先を探す学生と研修学生を受け入れたい企業との間をつなぐサービスを展開している。例えば、オランダ最大のインターネット検索サイト"startpagina.nl"にはインターンシップに関するリンク集"stage.pagina.nl"があり、膨大な情報を提供している。また、業界団体等が提供する「中小企業専門」「マーケティング専門」「地域限定」といったインターンシップ関連情報サイトがあって、学生はオンライン上で手軽に希望する研修先の有無を検索できる。

こうしたインターンシップ関連各種サイトの充実ぶりを見ると、インターンシップを中心とする若年者向けの起業・職業教育関連サービスがオランダにおける大きなビジネスチャンスのひとつとなっているような印象を受ける。

⑤ 産学連携の新ステージに向けての努力を——まとめにかえて——

起業教育のための産学連携は、我が国経済の再生を担う次世代の人材を育成するためにもぜひ取り組まなければならない産学連携の新ステージである。その意味で、オランダの事例は起業教育のための産学連携の初期段階にある我が国に多くの示唆を与えてくれる。本稿のまとめに代えて、以下の3点を指摘しておきたい。

　a）特定の職業分野で働く上でどんな能力・素質などが必要か、就業前に学校でどんな知識を習得しておかなければならないか、などについて、産業界はある程度明らかにする必要がある。我が国では従来、同様の職種であっても仕事のしかたが企業によって大きく異なることがしばしばあったが、このような職業プロフィールの記述作業を通じて従業員の仕事のしかたに相当大きな変化がもたらされることになろう。

b）教育機関との連携によって企業が得られるメリットも大きいのだ、ということを企業自身が認識する必要がある。例えばインターンシップについて言えば、企業には質のよい学生を早期に確保できる可能性もあるし、「研修生」という形で若年労働力を安価に利用できるメリットもある。研修生の受入と教育に関するコストやデメリットの面だけが意識されやすいが、ベネフィットもまた大きいことを認識すべきかもしれない。
　c）産学連携は企業側だけでなく教育機関の側にもベネフィットがあるから、産業界からの提案を受け入れる柔軟さが求められる。とくに、「知識を獲得できる場所は教育機関だけに限らない」というオランダの現実的認識に学ぶところは大きいように思われる。

　また、オランダの事例は、起業教育のための産学連携が新たなビジネスチャンスを生む可能性を示唆しているように思う。典型的な例は、学生と企業を結びつける情報提供サイトの存在である。起業教育のための産学連携による新たな創業の可能性については他稿に譲ることとしたいが、今後、我が国でもこの種のマッチング・ビジネスが成長する可能性は十分にある。
　異なる目的・目標を持った機関が連携し、相互にベネフィットを得るためには、それを可能にする制度設計が必要である。その意味で、起業教育のための産学連携に果たす政府の役割も今後一層重要視されることになろう。

◉注
＊1　本稿は、平成14・15年度文部科学省科学研究費補助金《基盤研究（B）（1）》「地域インキュベーションと企業間ネットワーク推進の総合的研究──『企業家』主体形成とコーディネーションの役割を中心に」（課題番号14330011）による研究成果の一部である。参考文献・資料などを明示していない部分（とくにオランダに関する記述）は筆者が現地でのインタビューで知りえた情報

に基づいている。本稿での記述に誤りがある場合の責はもちろん筆者にあることを予め記しておきたい。

*2　経済産業省プレス発表（平成16年3月22日）による。

*3　中小企業庁編（1999）第1部第3章。

*4　経済産業省・厚生労働省・文部科学省（2003）第1章第2節 pp.98～107

*5　Deakins（1999）第1章に、カーズナーやシュムペーターなどの「起業家」定義についてのレビューがある。

*6　福島正伸（2004）は「起業家とは職業を指すものではなく、社会に価値と感動を提供する夢を持つ人」と述べている。

*7　学校卒業後、進学も就職もせず職業訓練も受けていない若者のことを「ニート（NEET：Not in Education, Employment or Training）」と呼び、『労働経済白書（2004年版）』では、2003年に52万人の「ニート」がいると推計されている。彼らの現状を紹介した文献として、例えば、玄田有史・曲沼美恵（2004）がある。

*8　例えば、大江建・杉山千佳（1999）、大江建・平井由紀子（2001）などを参照。

*9　大濱信宏（2003）pp.19～21

*10　オランダの高等教育は、制度上、学識教育（WO：Wetenschapppelijk Onderwijs）と高等職業教育（HBO：Hoger Beroepsonderwijs）の2つのセクターに分けられている。前者は、どちらかというと理論的・概念的な教育に重点を置くもので、"Universiteit（＝大学）"と呼ばれ、後者は職業に直結する知識の伝授と実践訓練に重点を置いていて、"Hogeschool"と呼ばれている。"Hogeschool"の文字通りの意味は「高等学校」であるが、日本でいう「高校」とは違い、明らかに中等教育を終了した学生が進むことのできる高等教育機関である。オランダ教育文化科学省のウェブサイトなどを見ると、"Hogeschool"の英語訳は"University for Professional Education"で、我々の感覚で言えば、これもまた「大学」となる。ロッテルダム大学はHBOセクターに属する大学である。

*11　詳しくは堀潔（2001）を参照。

*12　以下の記述は、日本労働研究機構（2003）（とくに第2章）を参考にしている。

*13　"stage"はフランス語風に「スタージュ」と発音され、フランス語のstage（「研修」「訓練」の意）から来ているものと思われる。

◈参考文献

Audretsch, David B. and Thurik, A. Roy(2001), What's New about the New Economy? Sources of growth in the managed to the entrepreneurial economies, *Industrial and Corporate Change*, vol.10, no.1, pp.267-315.

中小企業庁編(1999)『中小企業白書』大蔵省印刷局

Deakins, David(1999), *Entrepreneurship and Small Firms*(2nd ed.), McGraw-Hill Publishing Company

藤井孝一(2003)『週末起業』筑摩書房

福島正伸(2004)『起業学』風人社

玄田有史・曲沼美恵(2004)『ニート』幻冬舎

原山優子編著(2003)『産学連携――「革新力」を高める制度設計に向けて――』東洋経済新報社

堀潔(2001)「オランダにおける起業家教育」『中小公庫マンスリー』7月号

経済産業省・中小企業庁(2003)『動き始めた教育現場～地域と一体となったたのしい起業教育～』(平成14年度創業・ベンチャー国民フォーラム調査報告書)

経済産業省・厚生労働省・文部科学省(2003)『2003年版・製造基盤白書』ぎょうせい

Ministry of Economic Affairs, The Netherlands (1999), High Growth Companies in the Netherlands

三井逸友編著(2001)『現代中小企業の創業と革新――開業・開発・発展と支援政策――』同友館

宮田由紀夫(2002)『アメリカの産学連携』東洋経済新報社

長坂寿久(2000)『オランダモデル』日本経済新聞社

日本労働研究機構(2003)『高等教育と職業に関する日蘭比較――高等教育卒業者調査の再分析――』(調査研究報告書No.162)

西村吉雄(2003)『産学連携――「中央研究所の時代」を超えて――』日経BP社

西澤隆(2000)「岐路に立つオランダのポルダーモデル」『知的資産創造』(野村総合研究所)1月号

大江建・杉山千佳(1999)『「起業家教育」で子供が変わる!』日本経済新聞社

大江建・平井由紀子(2001)『子供を伸ばす5つの遊び――小学生からの「起業家教育」のすすめ――』青春出版社

大濱信宏(2003)『目覚めよチャレンジ精神——起業家精神を有する人材の育成に向けて——』ひつじ書房

岡部恒治・戸瀬信之・西村和雄編(1999)『分数ができない大学生——21世紀の日本が危ない——』東洋経済新報社

岡本義行(1994)『イタリアの中小企業戦略』三田出版会

リクルートワークス研究所(2002)『若年のキャリア支援に関する10の提言——失業・無業を超えて——』

Storey, David J.（1994）, *Understanding the Small Business Sector*, International Thomson Business Press（邦訳：忽那憲治・安田武彦・高橋徳行訳『アントレプレナーシップ入門』有斐閣、2004年）

第2章

産学連携と大学発の起業家育成

大学での起業家教育は可能か？

川名和美

1. はじめに

　本章では、わが国で近年積極的な取り組みが見られる大学・学部での起業家教育に焦点をあて、地域経済・社会の活性化に寄与していくための若年層の起業家主体形成を、産学連携によってどう取り組んでいくべきかを考察する。

　産学連携とは、産業界と大学等研究・教育機関との技術移転・共同研究や、インターンシップ・人材教育に至るまで、多様で広範な交流活動を一般に示している。とりわけイノベーション創出による地域産業クラスターの競争力強化という観点から、90年代以降わが国では理工系大学での産学連携を促す関連法制度の整備が進み、技術移転や共同研究等に関する産学連携活動が促進されてきた。

　しかしその一方で、起業家人材育成を目的とした産学連携活動については、必ずしも連携システムがうまく機能し、成果が表れているものとは言いがた

い。学校教育、企業内教育そして社会教育においてもわが国の起業家教育の不十分さが指摘されている。

ここではまず、産業クラスター論の中で注目される産学連携に関する議論や政策の整理と、昨今の起業家教育に関する研究の論点を踏まえたうえで、大学を中心に地域との連携のもとで展開される起業家主体形成の取り組み事例について検証する。そのうえで、今日重視される起業家教育、それによる地域産学による人的競争力の強化をどう考えていくべきか、政策的インプリケーションを含めて考察してみたい[*1]。

2. 産学連携機運の高まりの中で期待される大学の役割

1 産業クラスターと産学連携研究の進展

産業クラスター形成が地域産業政策の主軸となる中で、地域の知的資源の源泉としての大学の存在が注目されている。

Porter(1998)は、クラスターを「特定分野に属し相互に関連した企業と機関からなる地理的に近接した集団」と定義し、その形成・発展を左右する重要な要素として、クラスターの中心的企業群、関連する企業群、規格制定団体、業界団体、専門的な教育・情報・研究・技術支援をする政府、大学、職業訓練機関等をあげた。それ以降、わが国では各地域クラスターでの知的資源の中核となる大学と産業界との連携活動についての調査研究が進展している。

例えば、欧米の産学連携システムに焦点をあて、日本の地域政策へのインプリケーションを与える坂田他(2001)や山崎(2002)の研究をはじめ、ハイテク型産業クラスター特有の鍵概念を用いて、イノベーションと立地・地域の観点から大学や研究機関との関係における中小企業の存立基盤を明らかにしようとする長山(2002)の実証研究や、さらには、ネットワーク組織論としてその連携システムに注目し、企業間ネットワークのみならず、関連する諸機関の役割と関係性に分析・検討を加える田中(2004)など、さまざまなアプ

ローチから研究が蓄積されてきた。投入と産出に関わる産業集積の優位性のみならず、知識、イノベーション、学習の意義、地域の歴史性、文化、風土など、通常の取引ベースには乗りにくい、その地域に固有の要素が、分析には不可欠となっている。

このように要素や機能が複合的な地域組織間のネットワークにおいて、中核的存在となりうるのが「大学」であり、産業クラスター研究では、とりわけイノベーション創出という観点から、大学への関心が高まってきている。

②　多様性を増す大学の機能と産学連携活動

では、地域産業クラスターの中で、大学が果たす役割とはどんなものがあるのだろうか。昨今では、理工系大学を中心に、研究拠点としての大学の機能が重視されているが、それ以外にも大学はさまざまな機能をもち、地域社会を構成するサブシステムとして多様な役割を担っている。

坂田（2002）は、アメリカの例をもとに、クラスターの形成と発展における大学の役割として、図2-1のように基幹機能と派生的機能とに分けて整理している。そして大学はクラスター成長に必要な要素を広範囲にカバーする基盤的な役割を果たすと論じている。

大学の役割はこの米国の例のように、今後日本でも多様化してくるだろうが、これまでの議論においては、産学連携活動の目的が極めて複合的であるがゆえに、その意図する目的が不明確になりがちであった。

そこでこうした連携の態様を具体的に整理すると、主体の意図する目的によって、大きく以下3点に絞られるだろう。

① 地域企業や産業全体の技術・研究開発の向上とそれによるイノベーションの創出
大学から既存企業への知的財産権化された技術の移転や技術提供、共同研究の活発化
② 大学発ベンチャーの創出
大学の研究成果を活用したベンチャー企業の創業や、大学周辺のイン

図2-1　大学＝クラスター形成プラットフォームモデル

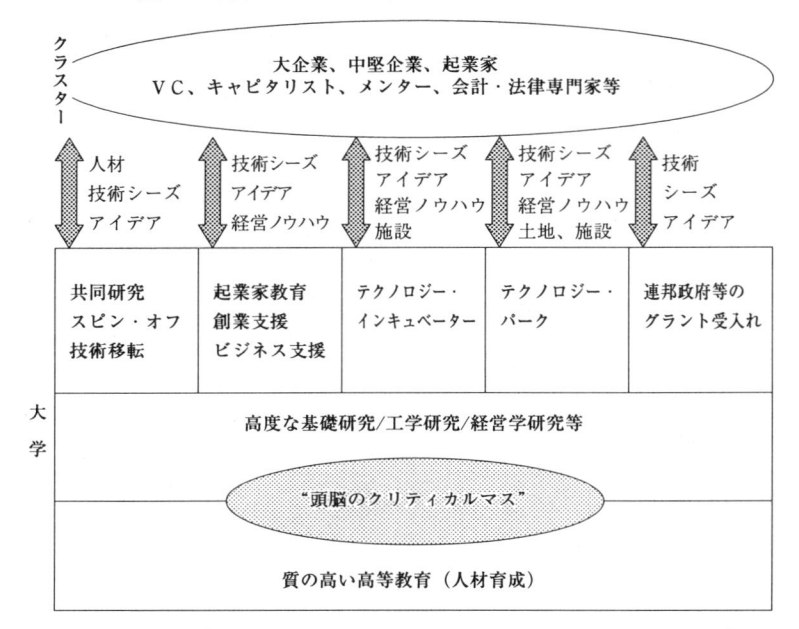

```
クラスター
    ┌─────────────────────────────────────────┐
    │   大企業、中堅企業、起業家               │
    │   ＶＣ、キャピタリスト、メンター、会計・法律専門家等 │
    └─────────────────────────────────────────┘
       ⇅          ⇅          ⇅          ⇅          ⇅
     人材      技術シーズ   技術シーズ   技術シーズ   技術
     技術シーズ アイデア    アイデア    アイデア    シーズ
     アイデア   経営ノウハウ 経営ノウハウ 経営ノウハウ アイデア
                           施設       土地、施設

大学
    ┌──────────┬──────────┬──────────┬──────────┬──────────┐
    │共同研究  │起業家教育│テクノロジー│テクノロジー│連邦政府等│
    │スピン・オフ│創業支援  │・インキュ  │・パーク  │のグラント│
    │技術移転  │ビジネス支援│ベーター  │          │受入れ    │
    └──────────┴──────────┴──────────┴──────────┴──────────┘
    ┌──────────────────────────────────────────────────────┐
    │       高度な基礎研究／工学研究／経営学研究等         │
    │                                                      │
    │            "頭脳のクリティカルマス"                  │
    │                                                      │
    │              質の高い高等教育（人材育成）            │
    └──────────────────────────────────────────────────────┘
```

出所：坂田一郎「クラスター形成における大学の役割：アメリカのケース」山崎朗編『クラスター戦略』2002年、有斐閣選書、80頁。

フラを活用したベンチャー企業の創業の増加
③　雇用創出や、起業家人材の育成による地域社会の新規開業意欲の向上
　　企業や団体組織、地域社会との交流、教育によって学生や社会人などの独立開業の増加

　以上3つに分類した連携態様は、地域産業界・教育機関・そして地域社会（または公的機関）それぞれに影響を与えるものである。それゆえ、大学発ベンチャー企業の誕生や大学の研究成果の知的財産化といった大学にとっての期待のみならず、産業界や地域社会からも大きな期待が寄せられているのである。

こうした産学連携活動は、とりわけ産業界や理工系大学では、1998年の「大学等技術移転促進法」を契機に、1999年の産業活力再生特別措置法や知的クラスター創生事業、構造改革特区での産学連携関連特区の推進など、政策主導のもとで各種制度や環境が整い、それが与えられた枠組みとしてだけでなく、徐々に地域産業競争力強化を目的とした集積地域の内発的な活動として進展しつつある。

　しかしその一方で、最近では、理工系大学のみならず、非理工系大学においても、大学の社会貢献が求められるようになったことを背景に、連携活動はより多様な形で展開している。例えば、芸術系の学部がデザインを提供したり、まちづくり活動に大学やゼミナール単位でマンパワーや学生のアイデアを用いたり、商店街との「商・学連携」をする形態は、すでに多くの大学で行われている。ちなみに近畿経済産業局(2004)による調査では、理工系大学の産学連携は大学や技術が主役となるが、それに対し、文科系の場合には、人や社会が主役となり、地域の強みを再発見するために有力な手法であると分析している。このように今日では、大学の知的資源の活用は、理工系のみならず幅広い分野で社会から求められている。

3. 産学連携による起業家主体形成への期待

1　地域産業政策としても注目される起業家教育

　一方、そうした産学連携機運の高まりとともに、わが国の少子化時代の到来と規制緩和による大学経営の危機的状況をひかえ、地域社会への貢献や特色ある教育が大学にとって1つの重要なキーワードとなった。1997年の「教育改革プログラム[*2]（文部省〔当時〕）でインターンシップ導入やベンチャービジネス関連プログラムの導入が提唱されて以来、教育面での産学協力機運が本格的に高まりはじめ、多くの大学において「ベンチャービジネス論」「起業家論」などの講義名称で「起業家教育」カリキュラムが設置された。ただし、

表2-1 日米の企業家教育関連プログラム

	アメリカ	日本
初めて講座が開設された時期	1946年頃	1986年頃
講座を設置している大学数	500校以上	約30校
専門課程を設置している大学院の数	78校以上	約5校

出所：国民生活金融公庫総合研究編、平成11年版『新規開業白書』。

表2-1に見るように、この分野で先進といわれるアメリカでは起業家教育の講座が始めて開設されたのが1946年頃、対する日本では1986年頃であり、講座設置大学数、専門課程のある大学院にしてもかなりの日米の差が表れていた。

しかしながら、昨今では教育政策のみならず、経済産業政策や労働政策としても起業家教育の重要性が認識されてきている。経済産業省では1999年からの先導的起業家育成システム実証事業、起業家教育促進事業に加えて、橋本（2004）が示したような2002年からのMOTプログラム開発[*3]に見るような本格的技術経営教育への取り組み開始とともに、VEC（(財)ベンチャー・エンタープライズ・センター）を活用したドリームゲートプロジェクト[*4]の推進など、教育機関を通じた起業家主体形成への取り組みに一層力が入れられてきている。

これらの動きが意味するものは、起業家教育が、単なる大学の生き残りをかけた戦略の一環として推進されていくものではなく、地域産業競争力の強化とイノベーションの担い手となる質の高い人材育成が、地域産業政策の一躍を担うものと認識されてきているからこそである。しかもスイスIMDの国際競争力調査[*5]では、この数年の日本の国際競争力の低さや起業家精神の広がりが下位を推移し続けていること、また、GEM[*6]（Global Entrepreneurship Monitor）レポートでは、GDPと起業予定率との相関関係が指摘されてきたことからも、早期からの起業家マインド形成や起業家活動の推進が、国際競争力強化と経済成長という側面からますます重要と認識されてきているのであ

2　起業家教育研究の進展

　では、そうした起業家主体形成を誰が、どのようにして行っていくのか。起業家や起業家教育に関する研究は、欧米と比較してわが国での遅れが指摘されてきたものの、近年では徐々に蓄積され、実践段階にまで至っている。

　代表的な松田(1997)の研究では、起業スキルの向上と起業家の出現プロセスを①地域や家庭環境、②教育課程、③勤務経験、④インキュベート機関の4段階に区分し、詳細な検討を加えている。中でも教育課程においては、小学校から中学・高校へと進む段階で自立性・独創性を育て、大学や大学院では本格的な経営や企業の高度実践教育を行い、単なる知識を、知恵に転化する実体験のためのプログラム開発が必要であると指摘している。

　さらに松田(1999)は、大学や大学院における起業家教育については、欧米での状況を参考に、起業家教育内容を第1ステージ：講演・講義レベル、第2ステージ：プランニング・マッチングレベル、第3ステージ：大学によるインキュベートレベルの3段階に分類し、大学の研究環境を利用した起業を推進していくことが日本の重要課題としている。

　また、連携による教育に注目した定藤(2002)は、松田の「起業家教育の段階性」を基本的スタンスとしながら、早期からの主体形成を具体的実践レベルで分析した。それは京都市域プラットフォーム事業として推進されている地域連携タイプの起業家教育である。京都市域の小学校から大学・大学院に至るまでの教育機関と、地域の営利・非営利団体や公的支援機関も含めた連携体制のもと行われているこの起業家教育は、早期からの現行教育に欠けている多くの要素を含み、全国の地域プラットフォーム事業に先駆ける実践例として高く評価されている。

　起業家教育の早期化は、大江・山崎(2000)の見解にも共通しており、大江はすでに(株)セルフウィング社を通じて疑似体験教育の実践段階に至っている。

さらに、経済産業省・中小企業庁の報告書(2003)では、①起業家精神の醸成を図る側面(自立と協調・連携意識の醸成)、②経済的なものの見方・考え方を養う経済教育的側面(社会経済の仕組みについての教育)、③起業に必要な知識・技術等のスキル習得育成を図る側面(法律や計数管理能力等の専門知識と、専門科目の知識を縦横に駆使するシミュレーション学習等の総合学習)これら3つの側面を、起業家精神を培う教育内容として具体的に示しており、ますます起業家教育の早期化、多様化が推進されていくだろう。

　ほかにも、公共政策や地域政策の中で、教育機関への積極的関与と連携体制づくりを唱え、欧米での初等教育のリサーチをもとに、日本への移転可能性を検討するもの[*7]など、多方面から研究が行われ、日本の起業家教育の課題が徐々に明らかになっている。

　総じて言えば、①起業家教育の早期化、②多面的な知識の習得、③実務・実践型教育のカリキュラムの導入、④産業界・公的機関との連携、これらを主要な論点とし、起業家教育の方法論とシステム論が展開されてきている。

③ 教育カリキュラムとしての起業家主体形成の限界

　このように、今日では、わが国でも起業家教育に関する議論はかなり進展してきており、それに伴い、大学・学部教育における起業家教育カリキュラムはかなり実践されている。しかしここで問題となるのが、そうしたイノベーションと産業競争力強化につながる質の高い人材育成が、現状では大学・研究機関や公的機関の再編ムードの中で展開しており、いわば「お仕着せの教育システム」の中でどれだけ主体性の伴った人材の教育成果が出てくるのかである。産学連携の枠組みづくりが先行するがゆえ、起業家主体となる若年層の現状とミスマッチし、主体不在のままに起業家教育が推進されているのではないだろうか。とりわけ昨今多くの大学や、自治体・支援機関等においても行われている起業家教育には、その歪みが現れはじめている。

　例えば日本の起業家教育の現状と今後の課題を示した安保(2001)が指摘するように、大学の起業家教育が実は実務家・企業家への"丸投げ"になって

しまっていること、しかもその「講師陣も自分が、ベンチャー振興を狙った起業家教育をしているという意識は持ち合わせていないはずであること」などを鋭く指摘し、時流的な起業家教育を批判している。

さらに、人材育成を目的として多くの大学と産業界との連携により行われてきたインターンシップである。産業構造審議会・産学連携推進小委員会がまとめた『経済活性化に向けた今後の産学連携のあり方について』では、「米国のCo-opプログラムやインターンシッププログラム等のように、産業界のリソースを活用してベンチャー企業などの現場での実務経験を積むことにより学生が実務的実践的な「使える」知識として修得できるようにすべきである」と示され、「大学として単位を与える等により教育カリキュラム中に明確に組み込むべきである」とし、今後もインターンシップ活動が教育の一環としてより重視される傾向にある。しかしながら、日本の現行のインターンシッププログラムは、総じて期間も短いうえに、比較的経営に余裕があり社会貢献意欲の高い中堅以上の企業での職場体験が多い。また、社会人としての基本的なマナーや知識の欠けた学生の受け入れに手を焼き、単なるアルバイトの延長上で学生をマンパワーとしてしか扱えないケースも少なくはない。現行のインターンシップ交流が、社会体験の場と職業意識の向上にはつながっても、起業家主体形成にどれだけ寄与できるのかは疑問が残る。

第3に、ケースとしては多くはないが、学生時代や20歳代に起業をした者のヒアリング調査などからは、大学での教育に影響を受けて起業をした事例や、大学からの何らかの支援を受けて起業に踏み切った者はほとんどおらず、むしろ自ら大学外の社会との交流・接点を求め、必要な資源や信用力を徐々に獲得していったという、自立心と主体的活動のもとで事業経営に至っているケースがほとんどである。

第4に、90年代半ば以降、創業支援策の一環として学生ビジネスプランコンテストや学生創業セミナーなどを各地の自治体や非営利組織が実施し、学生の起業が公的な補助金やセミナー開催によって呼び水的に推進されてきた。しかし、そうした起業活動に意欲のある「優秀な」学生は、むしろ既存企業

から引く手あまたの逸材であり、彼ら・彼女らが実際に起業をしているケースは極めて稀である。無論、そうした起業活動の学習は、サラリーマンとしても重要な要素につながるものであるし、起業するか否かはあくまでも本人の自由な選択である。しかし、現実に起業するとなれば、経営資源の獲得、信用力の確保、交渉力など、若年層にはクリアできない課題が多く、そうしたサポートまでを含めた支援環境まで十分整備されてきたとは言いがたい。

つまり、あまりにも「教育」や「連携の枠組みづくり」にとらわれすぎて、現行の起業家教育が、主役である若年層の自立性・主体性を損ねているのではないかという点、そして連携当事者である大学側と産業界側とが、どんな人材育成を目指し、それが地域経済・社会にどのような形で寄与できるのかという、長期的視野に立った共通理念が欠落している点に問題があるのではないか。

重要なのは、決して目先の損得勘定でなく、地域社会を構成するサブシステムである産学それぞれが、社会的役割として若年層の起業の学習の場を地域でどう形成していくかにある。そうした考えを説くものとして、近年クラスター研究の流れの中で議論される学習地域論を以下で検討してみたい。

4 学習地域の形成

学習地域論を最初に用いた Florida (1995) によれば、知識経済の時代における地域を知識創造と学習の場ととらえ、その特徴を「知識やアイデアの貯蔵庫として機能し、それらのフローを促進する環境やインフラの提供」にあると考えた。フロリダの整理によれば、学習地域を構成する地元企業を中心に論じる場合と、非企業的な組織の役割を強調する場合とに分かれる。とりわけ後者は、地域のイノベーション能力形成における地方自治体、トレーニング組織、大学、開発公社、サポート機関といった非企業的組織に注目している。これらの密度が信頼関係を培い、企業家精神を刺激し、産業のローカルな埋め込みを強化するために、地域経済発展に明確な影響を与えるものと見ている。フロリダの理論は、アメリカにおいて先進的な技術的インフラ（大

学、関連産業、ビジネスサービス）を有する州に製品イノベーションが成立しているという、その関連性により実証された。

　また、オーストラリアの Keane, J. and Allison, J. (1999) は、豪州新設大学が、①知識経済の成長に関わる暗黙の利益の発生とそのローカルな移転、②基礎的知識インフラの提供と大学の地域社会への埋め込み、こうした影響を地域に与えるものとしてその重要性を指摘した。

　これらの学習地域論は、大学や研究機関の再編と関係しているため、行政サイドからも強い関心がもたれるようになっている。無論、学習地域論は、直接には知識やイノベーションに基づく新産業を創出する地域の能力と位置づけられるが、この視点は、地域経済の活性化と、そこに存在する企業と企業集積の発展に必要な概念である。

　地域の個々の人材が、多くの経験から学習することにより個人のエンプロイアビリティを高め、また新たな創造的知識を吸収し活用できる。そうした学習地域を形成することが今日の産学連携による起業家主体形成の理念であろう。その理念のもとで、人材のフローを促進する環境やインフラ整備が必要なのではなかろうか。

4. 起業家主体形成のための産学連携事例

　以上のような、起業家主体形成のための産学連携の理念である学習地域という観点から、以下では、連携組織間で知識と人材のフローを促す環境とインフラ整備を行い、学部学生の学習の場を形成している事例を検証する。

　ここで取りあげる事例では、知識として明示的な技術シーズのある理工系大学ではなく、社会科学系大学の事例にあえて焦点をあてた。最初の事例は、わが国の代表的中小製造業集積地での、新たな学習の場を創造している大学を、2つ目の事例は、コミュニティでの学生の起業活動を通じて学習の場を創造している大学である。

| 事例1 | 大阪商業大学
インキュベーション施設[*9]を中心とした産学連携体制の構築 |

　大阪商業大学が運営するインキュベーション施設「アントレ・ラボ」は2002年に稼動を開始した。交通のアクセスもよく、東大阪の製造業集積地にあるという好立地にもかかわらず、約1坪のスペースは、家賃1万5千円ほど（光熱費は別途）と格安で、創業まもない法人・個人事業者に提供されている。東大阪商工会議所の前専務で現在特任教授がインキュベーションマネージャー役となって、個別入居者に経営アドバイスを加えたり、販路の紹介など、地域の中小企業との交流のためのコーディネーター役として機能している。また入居者からの経営相談に対しても大商大の教員から問題解決に適した教員を紹介してくれる。

　このアントレ・ラボの管理・運営をする大商大エクステンションセンターでは、「大商大起業家支援プロジェクト」として、このほかにも一般社会人も対象とした起業家育成セミナーやニュービジネスアイデアコンペ、高校生対象のビジネスアイデア甲子園などを継続して開催しており、早期のマインド涵養から、ビジネスの実現化に至るまでの流れが構築されている。

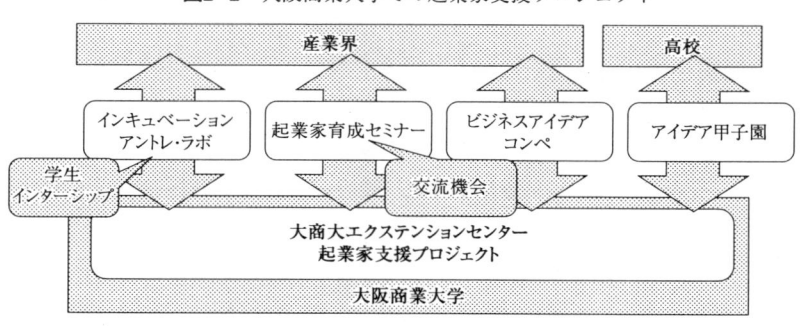

図2-2　大阪商業大学での起業家支援プロジェクト

第2章　産学連携と大学発の起業家育成

(a)　産業集積地域での新たな学習の場の創造

　東大阪市のように有数な高度中小製造業の集積地であり、都市型で職住近接の集積地域では、身近に経営を学んだ人材がスピンオフしてまたその地域で新たな創業が生まれるという循環的機能が集積の有益性として優勢と言われてきた。長年の間に形成されてきた地域社会の起業文化[*10]（enterprise culture）が、個人の独立・開業意欲につながってきたのである。けれどもアジア等への生産拠点のシフトによる地域産業の空洞化、後継者不足などにより、そうした創業機能が近年の集積地域で低下しつつある。

　しかし、このケースのように、地域にある大学がインキュベーションオフィスを設立したことにより、大学での座学の起業家教育のみならず、アルバイト、インターンシップや情報交流を通じて学生が活きた起業の場に間近に触れ、主体的に起業活動を学ぶことができるのは、起業家教育として効果が高いものと思われる。

(b)　外部との交流窓口の明確化

　さらに、入居者には同大学のOBも何人か入居している。卒業後社会人経験を数十年経てから起業をしたとある入居者は、母校でのスタートということで安心感も高く、経営分野の教員から専門的アドバイスが必要なときに受けられるのは、入居のメリットとして高いという。

　また、インキュベーション施設が大学外部から見ても明確な産学連携の拠点となっており、外部から見た大学への敷居が低くなった。したがって、外部と大学教職員との情報交流機会も多くなっている。社会科学系の場合、産学連携の方法は、前述のように多様性があるため、今後地域産業界とのどんな連携が生まれ、それが学生の起業家教育にどう広がっていくかは興味深い。

事例2 広島修道大学
「起業家精神養成講座」とコミュニティビジネスでの実践

　広島修道大学では2002年度から起業家精神養成講座を実施。地元経営者や実務家などを非常勤講師として採用し、座学講義を行うとともにシンポジウムや地域経済状況の視察、ビジネスプランの作成、コンテストの実施などをあわせて行っている。

　講義の内容は、前半は、マインド、つまりは起業に対する学生の価値観の形成や、自己責任、自己決定の意識を身につけさせることを目的としたカリキュラムとなっている。

　後半のビジネスプラン作成やコンテスト以降の事業の実現化段階では、教育カリキュラムとは一線を画し、学生自身の意思決定により事業化に至っている。

図2-3 広島修道大学「起業家精神養成講座」カリキュラムスキーム

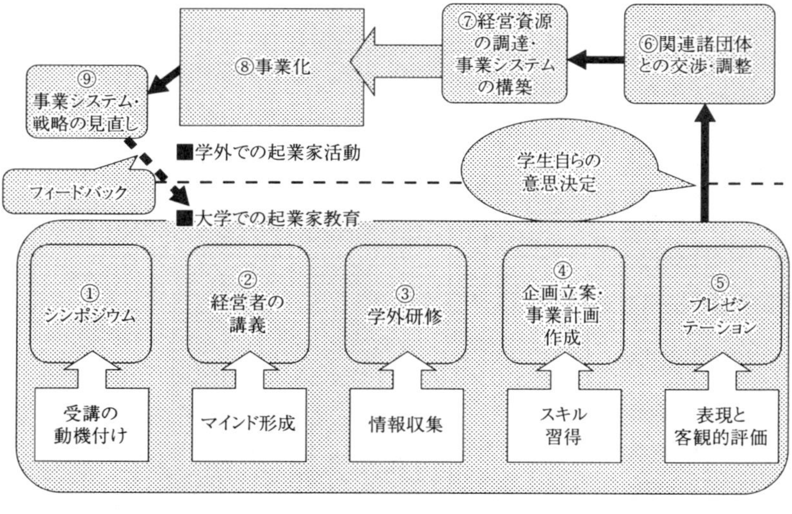

(a) 事前学習と体験機会の線引き

　広島修道大学の起業家教育カリキュラムのスキームで特徴的と言えるのは、大学の講義として行う起業家教育と、学生自身の起業や地域でのプロジェクト実践活動とに明確な線引きをしていることである。あくまでも起業の体験は教育カリキュラムの一環ではなく、学生本人の意思決定と自己責任のもとに行っている。

　ちなみにこれまでに学生主導の継続事業として行われているものが、地元商店街からの業務委託による商店街のソフト事業を受託するショッピング・モール・シスターズ（個人事業）、観光地宮島での人力車サービスを行う安芸人力組（個人事業）である。そのほか、地元商店街でのイベント実施（任意実行委員会）など、いくつかの学生プロジェクトが立ち上がっている。

　このように、教育カリキュラムにあえて実践体験を組み込んでいないのは、学生自身の主体的活動やリスク管理意識の低下、自己責任感の欠如などが起こるためである。実践に至るまでの段階で、起業家や支援機関のサポーター、中間組織等の人材と情報交流の機会をふんだんに設け、人的フローの循環性向上を目指している。

(b) 地域中間組織の役割

　2つめの特徴は、中間組織の関わり方である。学生の地域でのビジネス開始にあたり、決して補助金の提供やボランティア機会の提供ではなく、商店街振興組合や地元営利企業、青年会議所などが、直接事業機会を提供したり、地元関連団体への働きかけに協力していることにより、学生自身が自己責任のもとで事業経験を積んでいる。またそうしたOJT活動の反省点に対してアドバイスを加えるなど、学生の自立性・自律性を育むためにそうした中間組織が大きく貢献している。

(c) 学生が学生を育成する循環システム

　さらに、学生が運営する事業母体が、同級生や後輩たちを教育する組織と

して機能し始めている。ショッピング・モール・シスターズや安芸人力組では、一般事業者と同様の「従業員」教育を通じて後継者や中核メンバー育成にも力を入れており、すでに後輩たちが事業を後継している。そしてマーケティング、会計、営業、労務管理などを、事業継続に必要であるからこそ学生が主体的に学んでいる。

《事例分析》

　以上2事例は、産学連携による起業家主体形成の取り組みとして、特筆すべき点がある。

　それは1つに、学生の主体的な交流の促進に重点をおいていることである。大学が単なる起業家教育カリキュラムに固執せず、インキュベーション施設の整備を行ったり、学生の主体性のもとで組織が運営されていることで、学生と産業界との直接的情報交流を促し、能動的に学習できる環境整備がなされている。

　さらには、産業界側からの大学との連携メリットの明確化である。地域産業界にとっては、これまでにわかりにくかった大学の情報が得やすくなり、交流を通じて、大学の資源を有効に活用しようというインセンティブが働きやすい。

　このように、学生の能動的な情報交流や学習を促す環境整備がされていることと、産業界側から見た大学との交流接点と交流メリットの明示化が奏功して、学生の主体的学習の場が地域に浸透してきているのではないだろうか。

5. おわりに

　最後に、本章のテーマである学部学生の起業家主体形成に向けて、地域の産学連携活動でどう取り組んでいくかを、政策的インプリケーションを含めてまとめたい。

　地域産業政策として注目される産業クラスターにおいて、大学が、研究や

第2章　産学連携と大学発の起業家育成

教育の中核として地域で重要な役割を果たすことは誰しも認めるところである。しかし、研究も技術も決して諸外国にひけをとらないと言われるわが国の今日的課題は、そうした新たな知的資源をビジネスとして動かし、多少のリスクを伴いながらも、自らの意思決定で起業にチャレンジしていくような質の高い人材の創造である。またそうしたマインドをもつ起業家への価値を認めていくような地域風土と文化、いわば「エンタープライズカルチャー」の醸成でもある。

けれども、現段階でそうした「エンタープライズカルチャー」の根付いていないわが国では、起業家主体形成は、大学発ベンチャーの創出や、地域産業競争力の強化という目的のみならず、若年層の（自発的を含む）失業の増加、職業意識の希薄化といった、教育機関のみならず地域社会が内包する、避けては通れない問題にも通じており、若年層への起業家主体形成は、多様な意義をもっている。

問題は、そうした起業文化・風土を根付かせていくために、若年層の教育の場として機能する大学のみならず、地域社会のサブシステムを構成する地域の営利・非営利の団体などと「どう連携するのか」以前に、「なぜ連携して起業家主体形成を行うのか」という人材育成の理念が共有できぬままに、主体不在の起業家教育や産学連携が行われきたことにあるのではないだろうか。

また、今日の中小企業政策の基本原則とも言える「自立化」「自助努力」、そうした起業家自身のマインド形成を促すような環境整備がどれだけ考慮されて、起業家教育が行われているだろうかということである。

中小企業が地理的に近接し、生活の場と密接であって、地域社会が独立起業家マインド形成に大きく寄与してきた時代が過ぎた今、若年層が個人のエンプロイアビリティを高め、現実経済・社会に対する問題意識をもち、その解決方法を能動的に学ぶことができる学習地域を形成することが地域産学連携の理念である。

それゆえ、起業家教育は大学だけで行えるものではなく、また、産業界と連携したから行えるものでもない。地域社会を構成する大学、地域の営利・

非営利機関それぞれが密接な信頼関係と情報交流のもとで、起業家主体形成のための学習機会を創造していくことを社会的責任として認識していくべきであろう。そうした地域でこそ、起業家志望者や既存企業内での経営革新及び「第二創業」を担って行く人材が育つのであり、いずれは地域の競争力強化につながっていくのではないだろうか。

◈注
* ＊1　2004年7月10日に開催された日本中小企業学会西部部会では、討論者の佐竹先生、10月10日の全国大会では討論者の堀先生、そして学会会員各位から多くのご意見・ご指導をいただいた。ここに感謝の意を表したい。
* ＊2　文部科学省ホームページよりhttp://www.mext.go.jp/
* ＊3　橋本（2004）によれば、欧米に比べて本格化したばかりの日本の大学を中心としたMOTプログラムは、質の高い教員確保など課題は残るものの、総合的プログラム開発をする国内外大学や民間教育機関にMOTプログラム開発を委託し、今後5年間（2003〜2007年度）でMOT人材年間1万人体制の構築を目指している。
* ＊4　ドリームゲートホームページhttp://www.dreamgate.gr.jp/
* ＊5　スイスのビジネススクールIMDが毎年発表する"The World Competitiveness Year Book"によると、1993年まで首位であった日本の国際競争力の総合評価は、2002年度には30位まで下降したが、2004年度版では23位と若干上昇した。しかし起業家精神の広がりは最下位、「大学が競争経済のニーズに適合しているか否か」の項目は58位と極めて評価が低い。
* ＊6　米国バブソン大学と英国ロンドン・ビジネススクールが中心となって、世界21カ国のベンチャー研究者で組織したGEM（Global Entrepreneurship Monitor）の発表によれば、起業活動と国のGDPの間には相関関係があり、起業予定率が高いほどGDP成長率も高い結果となっている。http://www.gemconsortium.org/
* ＊7　例えば土井（2002）は、英国の初等教育で行われている経済教育「ミクロソサエティプログラム」を例に初等経済教育へのインプリケーションを明らかにしている。

*8 くわしくは川名(2002)を参照のこと。
*9 日本経済新聞社実施の「大学発ベンチャー育成調査」によると、学内にベンチャー企業が入居できるインキュベータ施設をもつ大学は 8 校(2001年度調査)、「今後具体的な開設計画をもっている」のも12校あるという。
*10 「起業文化(エンタープライズカルチャー)」については、三井(2002)を参照されたい。

◈参照文献

安保邦彦(2001)「日本の大学における起業家教育の現状と課題」東邦学園大学・東邦学園短期大学『東邦学誌』Vol.30 No.1、pp.47〜60

石原俊彦(2002)「ベンチャー起業家育成のための社会教育」土井・西田編著『ベンチャービジネスと起業家教育』御茶の水書房

伊東継年他(2002)『ベンチャー支援制度の研究』文真堂

大江建・山崎淳(2000)「起業家(アントレプレナー)の輩出」早稲田アントレプレヌール研究会編、松田修一監修『ベンチャー企業の経営と支援(新版)』日本経済新聞社

川名和美(2002)「非キャリア型創業の現状と支援課題－主婦、学生による創業と支援の実態を中心に－」国民生活金融公庫総合研究所編『2002年度版新規開業白書』中小企業リサーチセンター

岡部恒治・戸瀬信之・西村和雄編(1999)『分数ができない大学生——21世紀の日本が危ない——』東洋経済新報社

坂田一郎他(2001)『テクノロジーインキュベータ成功の条件——テクノロジー・トランスファーとハイテク起業家の育成』経済産業調査会

坂田一郎(2002)「クラスター形成における大学の役割」山崎朗編『クラスター戦略』有斐閣

定藤繁樹(2002)「地域における起業家教育の実践」土井・西田編著『ベンチャービジネスと起業家教育』御茶の水書房

田中史人(2004)『地域企業論』同文館

土井教之(2002)「初等教育における経済教育」土井・西田編著『ベンチャービジネスと起業家教育』御茶の水書房

長山宗広(2004)「ニューバイオ関連産業クラスターにおけるハイテク中小企業の存立基盤」日本中小企業学会編『アジア新時代の中小企業』同友館

橋本正洋(2004)「MOTのすすめ」『一橋ビジネスレビュー』第51巻第4号、東洋経済新報社
松田修一監修(1999)「大学教育と企業家の輩出」国民金融公庫総合研究所編『平成11年版新規開業白書』中小企業リサーチセンター
松田修一(1997)『起業論』日本経済新聞社
三井逸友編(2002)『現代中小企業の創業と革新』同友館
山崎朗編(2002)『クラスター戦略』有斐閣
Florida, R.(1995)"Towards the learning region," *Futures* 27(5)
Keane, J. and Allison, J.(1999)"The intersection of the learning region and local and regional economic development: analyzing the role of higher education." Regional studies 33(9)
Porter, M.(1998)"On Competition" : Harvard University Business School Press(竹内弘高訳(1999)『競争戦略論Ⅱ』ダイヤモンド社)
近畿経済産業局(2004)『近畿地域における社文系・芸術系産学連携の推進に関する調査研究』
経済産業省・中小企業庁(2003)『動き始めた教育現場——地域と一体となったたのしい起業教育——』(平成14年度創業・ベンチャー国民フォーラム調査報告書)

第二部

産業集積の活性化と 新産業創造・ネットワーク展開・企業発展〈1〉

——日本の経験から——

第3章

中堅企業における中核技術の導入と進化・進展
東大阪地域集積を事例として

粂野博行

1. はじめに

　本稿では、当該企業にとって発展の要となった中核技術の導入が、その後の企業発展にどのような影響を及ぼしたのか、東大阪地域における中堅企業の創業期およびその後の展開に焦点を当てて分析する。その際、地域集積との関係にも注目し考察を進める。

　従来「中堅企業」は、大企業と中小企業との間に位置する企業に対して用いられ、企業規模を指すことが多かった。しかしながら、その規模についてはっきりとした定義はないといえる[*1]。そこで本稿では企業規模から中堅企業を見るのではなく、中村秀一郎の「質の規定」に着目し、議論を進めることにする。

　中村は、「中堅企業には大と中小の中間規模といった規模の概念ではなく、規模の要素よりも質の規定を重視すべきである」とし、質については「第1に独立企業であり、自らの意思決定を企業の運営に貫けること。第2に製品

表3-1 創業時期

(単位:%)

	昭和17年以前	昭和18～27年	昭和28～37年	昭和38～47年	昭和48～57年	昭和58～平成4年	平成5年以降
機械工業	24.0	28.0	9.3	14.7	6.7	9.3	8.0
うち　301～499	25.0	25.0	7.1	21.4	7.1	7.1	7.1
500～999	7.1	35.7	14.3	10.7	10.7	14.3	7.1
製造業計	27.5	28.1	15.0	12.4	3.9	5.9	7.2

注) 従業者規模別の数値は、機械工業のなかでの比率である。
出所: (財)商工総合研究所「中堅・大規模経営実態調査」平成15年10月(以下表3-6まで同じ)。

開発、製造技術、マーケティングで独創性を発揮していること。第3に資本調達力、機械設備といったハードウェアとともに、ソフトウェアの優位を実現すること、その担い手としての人材の獲得と、その活性化を実現していること」としている[*2]。

以下ではこのような特質を念頭に置きながら、2ではアンケートを踏まえ中堅企業全般の現状について述べる。3では、東大阪地域の現状と産業集積について、4では、東大阪地域の中堅企業(当時は中小企業)と中核技術導入の経緯、5ではそれらの技術の進化に焦点を当て分析する。まとめにかえてでは、以上のことを踏まえ、企業発展に結びつく中核技術を導入・進化させるには地域集積との関係が不可欠であったことを論証し締めくくる。

2. 中堅企業の現状[*3]

ここではアンケート調査から、製造業特に機械工業(一般機械器具製造業、電気機械器具製造業、輸送用機械器具製造業、精密機械器具製造業)における中堅企業の現状を見ることにする。

まずアンケート調査[*4]から、中堅製造業における機械工業の特徴を見てみよう。アンケート全体に占める割合は8.2%であるが、製造業の中では48.2%、約半分を占めており、製造業において機械工業のウエイトの高さが伺われる。

「創業時期」を表3-1から見ると、製造業全体ならびに機械工業では昭和

第 3 章　中堅企業における中核技術の導入と進化・進展

表3-2　採算状況

(単位：%)

	黒字	トントン	赤字
機械工業	81.3	9.3	9.3
うち　301〜499	82.1	7.1	10.7
500〜999	78.6	17.9	3.6
製造業計	81.8	6.5	11.7

表3-3　10年前に比べた主たる事業の変化

(単位：%)

	同一業種内で主たる製・商品が変化	業種が変化	不変
機械工業	49.3	—	50.7
うち　301〜499	42.9	—	57.1
500〜999	42.3	—	57.7
製造業計	47.3	0.7	52.0

18〜27年が多く、戦後高度成長期の中に創業した中堅機械工業企業が多いことがわかる。なかでも従業者規模500〜999以下企業においては、この時期の創業が35.7%であること、平成4年までの期間、1割強の創業が見られ、コンスタントに創業がおこなわれていたことは注目に値する。

　表3-2から「採算状況」を見ると、製造業全体より機械工業では赤字企業が少なく、9割近くの企業が黒字もしくはトントンであることがわかる。生産内容および業種の変化に関して表3-3「10年前に比べた主たる事業の変化」を見ると、業種そのものを変更した企業はなく、機械工業全体で5割、従業者規模301〜999のレベルで6割近くの企業が、「不変」であると回答している。その一方で、機械工業では5割近く、従業者規模301〜999のレベルでは4割強の企業が「同一業種内で製・商品が変化」を選択しており、業種は変えないものの、生産内容が変化し、時代の変化に対応している企業が存在していることを読み取れる。

　次に地域との関連を示す内容として「同一都道府県内からの仕入割合」と

表3-4　同一都道府県内からの仕入割合

(単位：%)

	0%	0超〜10%以下	10超〜30%以下	30超〜50%以下	50超〜70%以下	70超〜90%以下	90超〜100%以下	100%
機械工業	3.0	25.4	23.9	22.4	14.9	7.5	3.0	—
うち301〜499	3.7	22.2	25.9	29.6	11.1	7.4	—	—
500〜999	4.0	32.0	16.0	16.0	20.0	8.0	4.0	—
製造業計	1.5	19.7	28.5	21.9	16.1	8.0	3.6	0.7

「同一都道府県内の販売割合」を見ることにする。これらは質問事項が同一都道府県内であること、「仕入」および「販売」について問うているため、特定地域産業集積への影響を把握するには不十分であるものの、中堅企業が地域経済とどの程度関係しているかを考える手がかりにはなると考えられる。

　まず表3-4「同一都道府県内からの仕入れ割合」であるが、機械工業全体で見ると、仕入割合「0超〜10％以下」が最も多いものの、「10超〜30％以下」や「30超〜50％以下」もほぼ同じ程度存在していることがわかる。従業者規模別で見ると、500〜999以下のレベルでは仕入割合「0超〜10％以下」が最も多く、3割強存在している。その一方で「50超〜70％以下」であるとする企業も2割存在する。従業者規模301〜499のレベルでは仕入割合「30〜50％以下」が3割近くを占めているものの、「0超〜10％以下」および「10超〜30％以下」であるとする企業も2割強存在していることがわかる。このように地域内との関係が薄い企業が存在する一方、それなりに地域企業と関係を持つ企業も存在していることが読み取れる。

　表3-5「同一都道府県内の販売割合」を見ると、「0%」であるとする企業が機械工業全体で15％、従業者規模500〜999のレベルに至っては2割強が地域内に全く販売していないことがわかる。これは次の下請取引と関係する部分が考えられるが、先に見た仕入割合と比較しても高いということが特徴であろう。また従業者規模にかかわらず販売割合「0超〜10％以下」が最も高く、「10超〜30％以下」、の順になっていることから、販売面に関しては、中堅企

第 3 章　中堅企業における中核技術の導入と進化・進展

表3-5　同一都道府県内の販売割合

(単位：％)

	0％	0超〜10％以下	10超〜30％以下	30超〜50％以下	50超〜70％以下	70超〜90％以下	90超〜100％以下	100％
機械工業	15.2	27.3	27.3	9.1	7.6	6.1	7.6	—
うち301〜499	14.8	29.6	22.2	18.5	3.7	7.4	3.7	—
500〜999	21.7	30.4	17.4	—	13.0	4.3	13.0	—
製造業計	10.3	22.1	30.9	15.4	8.8	5.9	5.9	0.7

表3-6　同一都道府県内の販売割合

(単位：％)

	0％	0超〜50％以下	50超〜100％未満	100％
機械工業	26.0	38.4	24.7	11.0
うち301〜499	21.4	39.3	21.4	17.9
500〜999	23.1	42.3	26.9	7.7
製造業計	26.7	46.6	20.5	6.2

業クラスになると地域外に販売する割合が増え、地域に対する比率が減少する傾向が見てとれる。しかし「90超〜100％以下」や「50超〜70％」もそれぞれ1割強存在し、一方で地域内と密接な関係を持つ中堅企業が存在していることもわかる。

　次に表3-6から下請受注を見ると、まず下請受注をしていない「0％」である企業が機械工業全体では26％、約1／4存在するという点が注目される。つまり自社ブランド製品や自社製品を製造している企業が、一定程度存在するのである。その一方で、3／4の企業が何らかの形で下請生産をしていること、さらに「100％」であると回答した企業も1割から2割弱存在していることも特徴であろう。

　このように機械工業では自社製品を持つ中堅企業が多くなりつつあることと平行して、現在でも下請生産は中堅企業の存立基盤の一部であること、特定企業と専属的な下請関係を持つ「中堅企業」の存在も確認でき、企業規模から見て「中堅企業」であっても「自立・自律」した企業であるとは必ずしも

いえないことが今回のアンケートから理解されるのである。

3. 東大阪地域の現状と産業集積

1　東大阪地域の現状

　東大阪地域は東大阪市、八尾市および大阪府東部地域を含む地域であるが、ここではその中心である東大阪市の工業の現状を、東大阪商工会議所・中小企業研究交流センター『東大阪地域経済白書　平成15年度版』から見てみよう。東大阪市の全事業所数（民営）は30,739で、従業者数は242,721人で、大阪市、堺市に次いで第3位である。平成8年次の調査と比較すると事業所数は約4,000、従業者数は27,000人ほど減少している。

　東大阪市の中心的な産業である工業に焦点を当て見てみると、事業所数は1983年の1万33事業所をピークに1990年まで1万弱を保っていたが、それ以降減少が続き、1998年には8,680へと15％近く減少し、2001年は8,078となっている。製造品出荷額等も1998年の2兆円をピークに1兆5,277億円へと26％も減少したが、2001年には1兆3,375億円へとさらに減少した。

　このようにバブル崩壊後の景気低迷という状況において、事業所数、出荷額ともに減少しているが、この背景には景気動向のみならず、経済のグローバル化、海外生産化などの様々な経営環境の変化があげられる。これは東大阪市の現状であるが、周辺地域を含めた東大阪地域として見た場合も、状況は大きく変わるものではないと考えられる。

2　東大阪地域における産業集積の特徴[*5]

　東大阪地域の産業は、河内木綿、河内鋳物、枚岡の伸線などの地場産業をルーツとしている。その後、これらを下地として戦後にはミシン工業が、高度成長期には大手家電メーカーの下請をおこなう企業が多数集積した。同時に家電で使用されるネジ生産も成長することで、東大阪地域の地場産業であ

る線材、鋲螺工業だけでなく、作業工具、金網なども成長・発展することになる。また大阪からの企業移転や東大阪で独立開業が相次ぎ、その結果、昭和30〜40年代には東大阪の中小企業数は増大し、高度成長期に裾野の広い多種多様な技術が集積し、多階層からなる産業構造が構築されたのである。地域内には様々な産業や業種が存在し、さらに完成品まで生産している企業が多く存在していることで「多様性」を持つ集積として成り立っているのである。

また高度成長期における東大阪での企業発展は、地域内に「成功者」を生み出した。身近な成功者は、独立開業へのインセンティブとなり、中小企業からの独立開業を押し進めてゆく。しかしオイルショックによる産業構造変化が、大企業に依存する「下請」という形態から、自ら販路を切り開く「自社製品企業」へと転換を促したのである。

大阪に隣接しているという地理的条件も、東大阪地域の産業に大きな影響を与えた。つまり多様な需要先としての大阪の存在である。膨大な需要の存在が、今日まで東大阪地域における工業の存立基盤となってきたのである。

4．東大阪の中堅企業と技術

ここでは東大阪の中堅企業を紹介すると同時に、各企業が中堅企業として拡大成長をおこなう要因となった中核技術に焦点を当て、それらがどのように当該企業に取り込まれ、他社との差別化要因となり得たかを見ることにする。

1 F社：ナット専門メーカーとして確固たる地位を築く中堅企業

(a) 会社概要[*6]

資本金3億30万円、従業員数462名の自動車用精密ナットメーカーである。現在、国内自動車メーカーであるZ社へのナットの供給はF社がほぼ独占している。ナットの場合、本体にネジを切る場合も多く、ボルトに比べ一車両

あたりの個数がそれほど多くないため、F社単独で供給可能である。同様にY社へも6割ほどF社が納めている。ただし系列の影響が強いX社とは取引していない。

　今後、国内生産を続けるためには、もう一度生産性を上昇させる必要があるため、工場集約や作り方の再検討をおこなっている。これまでF社は切削加工を冷間圧造加工により生産することで、コストを大幅に下げてきたが、このような加工方法をナット以外の部品へ転用することで、「ナット屋」から「部品屋」へと転身が可能だと考えている。現在、マイクロ部品としてコネクターや電子部品に使われる極小圧造部品も生産しているが、売上げの8割が自動車関連部品である。

　(b)　中核技術の導入

　ここではF社の中核技術である「冷間鍛造」技術について、導入から中核技術としてノウハウを習得するまでの経緯を、田中(2004)をもとに見ることにする。

　F社が中堅企業として発展してゆく契機となったのは、他社に先駆けて導入した「冷間鍛造」技術であり、それは「冷間ナットフォーマー」の導入によってもたらされた。F社は冷間ナットフォーマーを国産化されていない1960年にスイスの企業から導入した。そのきっかけとなったのは、現在の主たる取引先である自動車メーカーZ社との取引増加によるものである。高度成長期に入って自動車生産の拡大とともにナット生産も急拡大し、従来の切削加工では対応しきれなくなり、生産性が大幅に向上する冷間ナットフォーマーを導入したのである[*7]。

　ただし冷間フォーマーを導入しても生産を軌道に乗せるためには、以下のような周辺部での技術展開も同時に必要であった。第1に鉄鋼メーカーによる冷間鍛造用材料の開発、第2に、地域内伸線メーカーの協力による新機械導入と線材開発、第3に、地域内伸線用ダイス加工メーカーによる超硬材使用のフォーマー用金型の供給、第4に、後加工をする地域内外注の存在であ

第3章　中堅企業における中核技術の導入と進化・進展

る。

　このように技術革新ともいえる冷間フォーマーを導入するだけでは製品化は不可能であり、付随する周辺の技術や環境が整ってはじめて、高い精度の製品が生産することが可能になったのである[*8]。

② Y社：スポーツ用ゴーグル市場のトップメーカー

(a)　会社概要[*9]

　国内ではスポーツ用ゴーグル市場の半数以上のシェアを占め、東大阪でも有数の「トップシェア」企業である[*10]。中心的な製品はスポーツ用眼鏡と産業用防塵眼鏡で、それぞれ売上げの5割、3割を占める。創業は1911年、大阪市中央区でレンズ加工業者から出発している。現在、資本金は17,628.6万円、2003年の売上高は約72億円、従業員数225名の企業である。

　Y社は自社ブランドを持ち、近年ではスノーボード用のゴーグルなども生産している。このような新しいニーズに対応するために1998年に開発部を作った。これは技術開発と製品開発を分けていたが、デザインもいれて開発をおこなうようになった。徳島や淡路にも工場はあるが、技術開発やマーケティングも含め基本的な方向性は東大阪で決定される。

(b)　中核技術の導入

　Y社が業績を伸ばし拡大していったのは高度成長期であるが、そこには「プラスチック射出成型機」の導入による成功が大きく関係している。ここでは太田(2000)をもとに射出成型機の導入経緯と、その経験がもたらした「自社技術志向」による、その後の展開を見ることにする。

　業界に先駆けて、Y社がプラスチック射出成型機を導入したのは1955年である。東大阪周辺の企業の中ではいち早い導入であったといわれている。当時の眼鏡生産の常識はセルロイドで作ることであったが、射出成型機の導入が従来の生産方法を覆してしまった。Y社は、「素材と生産方法に大きなイノベーションを起こした」のである[*11]。

当時、社長であった山本健治氏は、マッカーサーの掛けているサングラスを見て、「サングラスという新しい分野に挑戦しよう」と決断したといわれている。サングラスのレンズにはプラスチックが使われていたが、当時、プラスチックによるレンズの生産技術は日本にはなかった。さらに社内には技術者がおらず、射出成型機や組立技術の蓄積もなかったのである。しかし、このサングラスを製作してくれそうな異業種企業を地域内で探し、工程毎に専門業者に製作を発注することで試作品を作成した[*12]。その後、Y社はこの製作技術を内製化することを決め、機械メーカーからプラスチック射出成型機を購入した。しかし機械を購入すればすぐ作れるという単純なものではなく、材料の品質や精度の高い金型づくりなど、課題は山積していたが、当時プラスチックを製造・販売し始めたDS社と共同で取り組むことにより、解決が図られたのである[*13]。

③ DI社[*14]：樹脂専門メーカーとして大手と取引をする中堅企業

(a) 会社概要

　当社は資本金3億25万、従業員数350名の合成樹脂製品製造・販売メーカーで、1959年東大阪で開業する。その後、工場増設のため土地も狭くなったため、隣接する八尾市へ移転した。

　現在の取引先は大手家電メーカーが大半を占め、売上げの77%がIT関連である。以前はプリンターの部品を作っていたが海外生産に移行したため、現在は携帯電話やデジカメのケースを作っている。DI社は塗装も社内でおこなっており、メーカーが組み込む手前の段階まで加工している。携帯電話やデジカメは表面にUVコートをしてあり、メーカーの検査が厳しい。クレームがつくとその後の取引に影響するので、品質管理が重要となり外注は使用せず内製している。また最近は設計変更が多く、短納期なので直接に対応しないと間に合わないことも内製化を進める要因である。基本設計は客先でおこなうので、DI社は図面を見て樹脂専門企業として、アドバイスや提案をおこなっている。

第 3 章　中堅企業における中核技術の導入と進化・進展

　DI社には30社ほどの協力会がある。このうち 8 割の企業が、30年以上取り引きしているが、これらは専門的な技術を持つ企業であり、単に長く取引をしているだけの企業ではない。これら外注は全部で100社程であるが、近畿一円の企業である。設立当初は地域内の外注と密接な関係であったが、企業が発展することで地域との関係が薄くなった。企業が成長することで結果として自社の企業レベルと外注のレベルが異なっていったからである。

（b）　中核技術の導入

　DI社の中核技術は射出成型技術である。この技術は現社長が可そう性樹脂を見たことから始まる。独立する以前につとめていた企業では硬化性樹脂を絶縁体に使用していたが、加工の難しさから用途が限定されていた。しかしながら可そう性樹脂の場合は熱を使用するため加工がしやすく、様々な分野に使用できると考えたのである。また社長の実兄も化学薬品メーカーで販売に携わっていたので、原材料が入手しやすかったということも、導入に取り組む要因となった。当時、すでに射出成型機は大阪の機械メーカーから販売されていたため、購入し東大阪で独立開業をする。表面処理や金型などは地域内の企業から購入することで対応が可能となった。

　昭和42年頃、ベビーカーの内装に使用するキルティング加工に目をつけ、射出成型で生産し始めた。以前はミシンで加工していたものを機械加工で生産するため一気に生産性が上がり、コストを安くすることができた。大ヒット商品になったが、他社が参入してきたために、住宅建材へと移行する。キルティング加工の技術をもとに建材用のソフトボードを生産したのである。

5.　東大阪の中堅企業における技術進化・進展[*15]

　以下では、事例企業が取り込んだ中核技術をどのように進化・進展させてきたのか、調査をふまえて整理し、中堅企業における技術導入と進化・進展の意味を述べる。

1 F社の技術進化──技術の「深化」による展開

　F社は冷間鍛造技術を中核として発展してきたが、この技術はナット生産において、いわば「技術革新」とも呼べるような生産技術上の変革をもたらした。以前おこなっていた切削加工と比較して、冷間技術導入により生産効率は、実に24倍にもなったのである[16]。

　F社の技術進化の方向性はこの冷間鍛造技術による生産効率向上をより追求する形でおこなわれた。製品の品質を高める[17]と同時に、高い生産性を獲得する方向で展開したのである。その結果、現在では世界のナットメーカーと電子入札をおこなっても負けない品質と価格競争力を持つに至った。国内最大の自動車メーカーであるX社も、ナット技術に関してはF社に一目置いている[18]。

　前述したように、この冷間鍛造・圧造技術をナット以外の部品へ転用することを模索しており、成熟したナット市場から、より複合的な部品メーカーへと展開したいと考えているのである。

2 Y社の技術進展──「自社開発」を製品化に反映

　Y社はこのプラスチック射出成型機の導入による成功経験により、技術開発志向を明確にする。その代表が曇らないスキーゴーグルを誕生させた「ハイドロンレンズ」[19]の開発である。1960年代以降、国内スキーゴーグル需要は拡大していたが、海外製品が市場の大半を占めており、技術的な優位性に劣る日本製品は、その市場に食い込むことがほとんどできなかった。そこでY社は海外製品と機能面で差別化できる「ハイドロンレンズ」を開発し、市場へ参入したのである。この製品の成功によりY社は自社のブランドを確立させることになる。つまりプラスチック射出成型機の導入経験による自社技術志向が、「ハイドロンレンズ」という画期的な製品を生み出すと同時に成功をもたらし、その結果、自社ブランドを確立することに成功したのである[20]。

第3章　中堅企業における中核技術の導入と進化・進展

③ DI社の技術進化——中核技術を活かし、他分野への進出

　DI社は住宅建材部門などへの販売と同時に、昭和37年から大手家電メーカーや自動車メーカーとも取引を始めている。昭和62年に住宅建材部門から撤退したあとは、大手家電メーカーとの取引が7割を占めるようになる。

　住宅建材向けの生産から家電メーカーへ展開したきっかけは、昭和48年の千日前ビルの火災である。この火災を起こしたビルにはDI社の建材が使用されており、塩素ガスを発生させる原因のひとつとされ、これ以降大型ビルなどに使用することが禁止された。結局、大型店向けの販売が規制され需要が減少した。そのため以前からの需要先であった家電の比率を伸ばすことになった。

　家電では樹脂成型だけでなく、部品の組み込み直前の塗装段階まで当社がおこなっている。住宅建材のときとは、品質管理や検査が桁違いに厳しいが、それらに積極的に対応することで生き残ってきた。現在では設計変更などに対し、メーカーと直接やり取りし、短納期にも対応している。特に携帯などでは設計の変更や検査が厳しいため、単なる品質管理だけでなく、自社に持っている技術を生かす「技術管理力」が重視される。DI社は加工技術が企業存続のために重要だと考えており、社内に製品開発専門の部署を持っている。現在も製品開発に結びつくような独自加工技術を大手メーカーと開発しているが、DI社が狙っているのは大手ができない、最終製品向けの加工技術である[*21]。

④ 中堅企業における技術導入と進化・進展の意味

　以上、東大阪地域の中堅企業に焦点を当て、技術の導入と進化・進展について事例研究をおこなった。そこから理解されることの第一は、導入した技術を中核技術まで育て上げ、それを製品化にまで結びつけることで他社との差別化に成功させている点である。第二に、単にこれらの技術を導入するだけでなく継続的に「進化」させることにより、中小企業から中堅企業へと展

開をとげている点である。

(a) 他社との差別化要因

F社の場合、早期に冷間鍛造技術を導入することで、地域内の他社と差別化を図ると同時に、自動車産業という当時拡大基調であった産業に対応することができたと思われる。F社がこの技術を導入した1960年は高度成長の真只中で、自動車の生産台数が急増している時期である。この拡大時期にうまく適合することができなければ、地域内企業との差別化のみならず自動車産業での成功は不可能になったであろう[*22]。

Y社の場合、射出成型機を導入することで差別化したというよりは、「技術を社内に取り込むこと」が重要であり、その方向性が次で述べる「技術の進展」に結びついて企業発展を可能にしたのである。

DI社もY社と同様に、技術を「進展」させたと考えられる。つまり技術は中核となってはいるが、その技術そのものをF社のように深く深化させるのではなく、需要や客先の変更に応じて、中核技術を活かしながら企業活動を展開させたのである。

(b) 技術の進化と「中堅企業」

F社の場合、技術の進化は冷間鍛造技術の「深化」であり、それを突き詰めることで企業からの絶対的な量の拡大や、それにともなうコストダウン要請、量と価格に対応しながらも要求される高い品質という顧客の要望に対応できたと考えられる。

Y社の場合、産業用技術をスポーツ用サングラスに応用するなど、積極的に新しい技術を取り入れることで企業展開してきた。このようなY社の技術展開は、当初導入した射出成型技術を深化させるというよりは、企業内で技術をどのように製品化に結び付け、他社との差別化をおこなってゆくかという「企業戦略」として技術を取り込んだところに中堅企業化する要因があったと思われる[*23]。

第3章　中堅企業における中核技術の導入と進化・進展

　DI社の場合も、キルティング素材を代替する素材を、射出成型技術で開発したところに、当初の業績拡大要因があったと考えられる。しかしDI社が中堅企業にまで発展した要因としては、建材分野での生産縮小にもかかわらず、射出技術を活かし家電部品メーカーとして転身するところ、つまり射出成型技術を中核技術とし、それを用いて外部環境変化に柔軟に対応する研究開発部分が存在したために、対応が可能となったと考えられるのである。

6. まとめにかえて

　最後に、東大阪地域中堅企業における技術の導入と進化・進展の意味および、地域集積との関係をまとめることで締めくくりとしたい。
　技術導入と地域集積との関係であるが、第一に初期の技術導入に関しては地域内企業との連携が重要な役割を果たしてきたこと、第二に東大阪の地場産業からの影響が強いという特徴があるという点である。

1 地域内連携の重要性

　今回取り上げた中堅企業の事例すべてにおいて、技術導入時には何らかの形で地域集積との関係を持っていることが明らかになった。たとえば、F社の場合、「金型」部分を地域内の金型メーカーと何度も調整することによってはじめて、冷間鍛造による生産が可能になったのである。また材料なども従来のものでは対応できなかった。このように金型部分や材料部分においても新しい技術が必要とされ、これらを地域内企業と一緒になって開発することで、新技術を活かした生産が可能になったのである[24]。Y社の場合やDI社の場合も同様に、新しい技術を導入する場合には、地域内企業と何らかの関わりを持つことで、生産に関わる問題を解決したのである[25]。
　ただし中核技術の進化・進展に関しては、事情が異なっている。企業が発展し中核技術もそれにともない進化すると、地域内企業との技術格差や進化の方向性が微妙に異なり始める。結果として地域集積とは関係のない、自社

の技術に適した企業と取引関係を持つようになり、地域集積への関わり方も変わってくる。つまり新技術導入後、当該企業が導入した新技術を中核技術として進化させたために技術水準が上昇し、地域内企業との技術格差が生まれ、結果として地域企業との関わりを薄くする傾向がもたらされることが、今回の事例から明らかになった。たとえばY社の場合、企業発展の契機となった「曇らないレンズ」の作成に関しては、地域内企業とではなく自動車メーカーと共同開発をしている。

　研究開発以外の一般的な生産においても地域内企業との連携の乖離が見られる。たとえばDI社の場合、当初は地域内企業との取引関係で成長しながらも、大手家電メーカーと取引の比重が多くなると、品質管理の側面から技術水準の高い地域外企業と取引企業をおこない始めた[26]。F社の場合も、量産品は社内で生産し、利益率が悪いスタンダード品や多種品は外注でまかなっている[27]。

2　地場産業の影響

　次に東大阪地域に存在する地場産業の影響である。先に述べたように東大阪地域の工業は地場産業を基礎に発展してきた。中堅企業および技術の進化・進展方向においてもその影響を無視することはできない。特に、今回事例として取り上げたすべての企業が、地場産業と何らかの関係を持っている。

　たとえばF社の場合、東大阪の地場産業の典型である鋲螺との関係が指摘できる。さらに周辺地域に鋲螺関連の企業が集積していることが、技術導入ならびに後加工においても、その後の技術展開においても重要な役割を担っていた。Y社ならびにDI社においても、東大阪の地場産業であるセルロイド関連企業の集積およびそこから派生した合成樹脂工業の集積が、当該企業の技術導入に影響を与え、その後の生産に関わってきた。このように技術導入および進化・進展に関して、地域集積である地場産業と密接な関係を持っていたといえる[28]。

第3章　中堅企業における中核技術の導入と進化・進展

　これまで見てきたように東大阪地域の中堅企業は、技術を積極的に導入し、中核技術まで進化させることで中堅企業化してきた。同時にこれらの技術を導入するには地域集積との関係が不可欠であったといえる。ただし地域集積との関係は絶対的なものではなく、企業が拡大発展することや、技術が進化し必要とされる技術水準が上がることによって、地域内企業との結びつきが薄くなる傾向も存在しているのである。

◉注
* 1　山田(2004)参照。
* 2　中村(1990)pp.2-3参照。また中村は経営組織にも言及され、企業内の組織に関しても質的相違があるとしている。同、p.179参照。
* 3　本節のアンケートおよび分析は、粂野(2004)を加筆修正している。なおここでの記載に関しては筆者に責任があるものである。
* 4　本章で使用しているアンケート調査は村上(2004)に掲載されたものをベースに、再集計したものを使用している。
* 5　粂野博行(2003)参照。
* 6　2004年に筆者がおこなったヒアリング調査にもとづく。
* 7　以上、田中(2004)pp.54-55参照。
* 8　以上、田中(2004)p.65参照。
* 9　1998年に筆者がおこなったヒアリング調査にもとづく。
* 10　トップシェア企業に関しては、粂野(2004)参照。
* 11　以上太田(2000)p.194参照。
* 12　「当時・アメリカには射出成形機という技術とこのサングラスを作る技術はありました。しかし、日本にはありませんでした。でも私は何とかこの眼鏡を作りたかったのです。地域の周辺企業(東大阪周辺)には、必ずや作ってくれるところがあると信じていました。」(山本健治会長)以上、太田(2000)参照。
* 13　以上太田(2000)pp.195-196参照。なお当時DS社は東大阪地域に隣接する地域に工場があった。
* 14　2004年に筆者がおこなったヒアリング調査にもとづく。

*15 本稿では「技術の進化」という場合、「深化」と同様に当該技術のレベル向上をさしており、「技術の進展」という場合、当該技術や周辺技術の獲得のみならず、技術に対する考え方の方向性まで含め、広くとらえている。
*16 「M10のナットを1日8時間で切削加工すると、2,000個。ナットフォーマーであれば1分間で100個＝20分の稼動で切削加工の1日分の生産ができた」田中(2004)p.55
*17 品質面においても競合他社との激しい競争が存在している。F社が独占的に供給するようになったのは、いくつもあった競合相手がミスをおこして取引がなくなったためである。その後、国内企業だけでなく海外企業と競争することになるが価格や品質以外にも為替の変動を考える必要が出てきたという(2004年度筆者ヒアリング調査にもとづく)。
*18 以前、X社から取引の相談があり、自社の技術を見せたが、結局そのときは取引に結びつかず、その技術はX社系列の企業に利用された。それ以降、何度かX社より取引の話しはあるが、断っているそうである(2004年度筆者ヒアリング調査に基もとづく)。
*19 曇らない技術自身は自動車メーカーが持っていたが、その技術を自社の製品に生かすために製品と結びついた技術を開発したのである(1998年筆者ヒアリング調査にもとづく)。
*20 以上太田(2000)p.197参照。
*21 経営者の実家が製材業ということもあり、建材関係のつながりが強く、現在開発している製品も建設資材関係の製品である(2004年に筆者がおこなったヒアリング調査にもとづく)。
*22 ナット業界において競合他社がなかったわけではない。他社が競争に敗れて退出していったのである。F社は業界他社に先駆けて新技術を導入することで、技術力の向上や冷間鍛造技術のノウハウの蓄積が可能となり、結果として自動車産業に残ったのである。
*23 Y社の場合、技術だけでなくスキーゴーグル分野でのブランド確立戦略など、その他の要因も見逃せない。古江(2003)参照。
*24 田中(2004)参照。
*25 Y社の場合、本文中にも述べたように、射出成型機導入における初期段階の生産を地域内企業に委託していたし、DI社の場合も東大阪地域の企業と取引をおこなうことで高度成長の生産拡大に対応してきた(2004年に筆者がお

第3章　中堅企業における中核技術の導入と進化・進展

　　こなったヒアリング調査にもとづく）。
＊26　2004年に筆者がおこなったヒアリング調査にもとづく。
＊27　2004年に筆者がおこなったヒアリング調査にもとづく。
＊28　鵜飼（1999）では東京都城南地域の中小企業における技術進化を述べられているが、そこでの技術進化の方向と、今回取り上げた東大阪地域における技術進化の方向は異なっている。

◉参考文献
鵜飼信一（1999）「忍び寄る分業システムの危機」『現代日本の製造業』新評論
太田一樹（2000）「現代中小企業の成長戦略——成長の初期過程におけるマネジメントを中心に——」上田達三監修、田中充・佐竹隆幸編著『中小企業論の新展開』八千代出版
粂野博行（2003）「東大阪地域の「トップシェア企業」と産業集積」湖中齊・前田啓一編『産業集積の再生と中小企業』世界思想社
粂野博行（2004）「中堅企業と地域集積」『商工金融』8月号、（財）商工総合研究所
田中幹大（2004）「中小企業と技術革新」　植田浩史編『「縮小」時代の産業集積』創風社
中村秀一郎（1990）『新中堅企業論』東洋経済新報社
古江晋也（2003）「SWANSのブランド進化」（社）日本マーケティング協会『マーケティングジャーナル』2003-87
山田基成（2004）「中堅企業研究の意義と施策に関する考察」『商工金融』8月号、（財）商工総合研究所
村上雄次（2004）「中小企業の経営に関する実態調査」『商工金融』6月号、（財）商工総合研究所

第4章

大都市における情報サービス業の存立と発展

山本篤民

1. はじめに

　情報技術の進展は、企業の経営や行政機関の業務、さらには個人の生活にさまざまな変化をもたらしてきた。このような経済・社会における「情報化」の一翼を担ってきたのが、情報サービス業である。今日、企業や行政、個人のあらゆる領域の活動において、情報技術や情報機器の活用が不可欠なものになっている。それにともない、同産業の重要性はますます高まっている。また、特に大都市東京には、情報サービス業の企業が集積している。情報サービス業は、東京で製造業の事業所が減少していくなかで、地域の経済を支える新たな産業としても期待されている[*1]。
　日本で情報サービス業が発展してきたのは、1960年代頃であるとされる[*2]。そのため、同産業は、比較的、新しい産業であるといえる。しかし、この間、情報サービス業は、長期的な基調としては成長しつつも、急激な市場の縮小と拡大を度々繰り返してきた。その主な原因としては、景気の変動にともな

い企業などがその時々で情報化投資を増減させることや、情報技術がめまぐるしく変化してきたことがあげられる。こうした変動の激しさは、情報サービス業における企業経営の安定性にも影響を与えている。

　今日、情報サービス業は、経済・社会の情報化の担い手として、また、大都市の経済を支える産業として期待がいっそう高まっている。それにもかかわらず、この十数年間、同産業の事業所数や従業者数、売上高は、順調に成長を遂げてきたとはいえない。とりわけ東京においては、同産業の事業所数は減少しており、厳しい経営環境のもとに置かれていたといえる。そのため、情報サービス業の現状を分析し、発展の方向を探ることは重要な課題となっているといえよう。

　さて、情報サービス業の成立以降、経済や産業、労働などさまざまな視点から研究が行なわれ、多数の研究成果が残されてきた。これらの研究成果を大きく括ると、第1には、同産業の構造を受発注関係などから明らかにしたものがあげられる。第2には、同産業の従業者の技術や労働問題を扱ったものである。第3には、同産業の企業の立地動向を分析したものがあげられる。

　このように多様な視点からの研究成果が残されているが、個々の企業の実態調査にもとづいた調査研究は、十分に行なわれてきたわけではない。今日、情報サービス業が停滞しているなかで、個々の企業がどのような課題を抱えているのかを明らかにすること。また、停滞状況にもかかわらず活路を見いだしている企業の実態を明らかにすることは、今後の同産業の発展の方向を探るうえで重要であると考えられる。筆者は、このような観点に基づいて、東京に立地する情報サービス業企業への実態調査を行なった。本論は、厳しい存立条件に置かれながらも存続し、あるいは成長している東京の情報サービス業を取り上げ、それらの企業が存続し、成長している要因を明らかにしていく。特に、企業の存続と成長のカギとなっているものとして、受注確保の方法や人材の育成に焦点をあてながら考察していきたい。

2. 情報サービス業の概要と先行研究の整理

1 情報サービス業の構成

　はじめに、本論の対象である情報サービス業の概要について触れておきたい。日本標準産業分類によれば、情報サービス業は、大分類「H 情報通信業」を構成する1つの中分類の業種として確立されている。さらに、中分類「情報サービス業」は、小分類の「ソフトウェア業」と「情報処理・提供サービス業」から構成されている[*3]。

　「ソフトウェア業」は、コンピュータを作動させる基本ソフトやビジネスに用いるアプリケーションソフト、機械やシステムを制御するソフト、またはゲーム機用のソフトなどを開発している。これらのソフトは、特定の顧客にあわせてオーダーメイドする場合と、不特定の顧客を対象にパッケージ化されたソフトとして開発・販売される場合がある。これらのソフト開発を手掛けるのがソフトウェア業である。

　一方、「情報処理・提供サービス業」は、オンラインまたはオフラインで情報処理を行なったり、情報化投資に関するコンサルティング、情報処理システムの管理運営の受託、データベースサービスを行なう業者によって構成されている。実際には、「ソフトウェア業」と「情報処理・提供サービス業」の両者の業務に携わる企業も見られる。

　「ソフトウェア業」と「情報処理・提供サービス業」の事業所数等については、後から言及するが、情報サービス業全体の事業所数の約60％、従業者数の約65％、年間売上高の約70％が「ソフトウェア業」によって占められている[*4]。情報サービス業のなかでは、ソフトウェア業が中心的な位置を占めていることから、本論でも「ソフトウェア業」に重点を置いて議論をしていくことにしたい。

2 産業構造の分析

(a) 資本系列による類型化

続いて、情報サービス業の先行研究の成果をふり返りながら、同産業の構造がどのように捉えられてきたのかを明らかにしていきたい。まず、本節では、ソフトウェア業の受注関係等に着目しながら、同産業の構造について言及していく。

ソフトウェア業の構造を把握するうえで重要な視点として、資本系列があげられる。資本系列によってソフトウェア企業を類型化する場合、次の4つに集約される[*5]。今野・佐藤によれば、①コンピュータ・メーカー系、②ユーザー系、③独立系、④独立系の子会社に分けられ、各企業数については、おおむね独立系が7割、メーカー系・ユーザー系・独立系の子会社がそれぞれ1割と指摘している（今野・佐藤(1990)）[*6]。

コンピュータ・メーカー系は、コンピュータ・メーカーの系列に属するソフトウェア企業で、主にメーカーの販売するコンピュータに組み込まれるソフト開発に携わってきた。ユーザー系は、一般企業の情報処理部門などが分社化して設立されたものである。元々は、社内の情報処理やシステム管理などを行なっていたところから発展し、社外の仕事も受注していくようになった企業である。独立系は、上記のコンピュータ・メーカーやユーザーである一般企業の系列に属さない企業である。

次に、ソフトウェア業の受注先を見ると、第1には、エンドユーザーからの直接受注があげられる。第2には、間接受注になるが、1つはコンピュータ・メーカーを通した受注である。もう1つは、同業である他のソフトウェア企業を通した受注である。さらに、受注先の類型とは異なる観点になるが、自社開発したソフト（主にパッケージソフト）を販売するソフトウェア企業も存在する。それぞれのソフトウェア企業がどのような受注先を抱えているのかは、先にあげた資本系列と密接に関わっている。

資本系列別の受注先の特徴は、東京大学社会科学研究所の調査によると、

第4章　大都市における情報サービス業の存立と発展

コンピュータ・メーカー系ソフトウェア業の受注先の約70％がコンピュータ・メーカーであり、ユーザー系のソフトウェア業は、エンドユーザーからの割合が約75％となっている（東京大学社会科学研究所（1989））。独立系のソフトウェア業の受注先は、コンピュータ・メーカーとエンドユーザーがそれぞれ約35％、情報サービス業からは約20％、自社開発は約6％を占めている（東京大学社会科学研究所　1989：p.37）。

このように、先行研究では、資本系列によって受注先の違いが見られることが明らかにされている。実態調査の分析を通して、再度検討することになるが、先行研究で示された受注先の違いは、個々の企業にとってみると、受注先の偏在として経営上の問題となって現れる。例えば、コンピュータ・メーカー系では、特定のコンピュータ・メーカーへの依存が強く、新たな顧客の開拓が進まないことや、また、独立系であれば、コンピュータ・メーカーやエンドユーザーとの取引に入り込めないといった課題を抱えている。この受注先の偏在を解決していくこと、つまり幅広く受注先を確保していくことは、経営の維持と成長をもたらす1つの要因であるといえよう。

(b)　分業関係と要員派遣

ソフト開発における分業関係のなかで、どこに位置づけられるかということも、その企業の経営のあり方を規定している。まず、ソフトの開発工程を整理すると、次のような工程に分かれている。ここでは、業務用のソフト開発を念頭において述べるが、①コンサルティング：どのような業務をコンピュータ処理するかを決定する、②システム分析：対象となる業務がどのようなものであるかを分析する、③システム設計：分析されたシステムをプログラム言語にする、④プログラミング：システム設計をもとにプログラムを組むことで成り立っている。

各企業によって名称や役割に違いが見られるが、システムの分析や設計を担っているのがシステムエンジニアで、プログラミングを行なうのがプログラマーである。両者の線引きは明確ではないが、ソフトを開発する場合、技

術力や経験のある者が川上の工程を担当し、技術レベルが低く経験の浅い者が川下工程のプログラミングなどを担当している。また、川上工程ほど単価が高く、川下工程ほど単価は低くなるといわれている(国民金融公庫調査部(1980)p.244)。

　個々の企業を見ていくと、これらの工程を一括して請負っているところと一部の工程のみを行なっている企業がある。中堅・中小のソフトウェア企業を分析した川上は、「ソフトウェア(製品)は(ことに受託ソフトウェアの場合には)、いわば市場を媒介として(エンド・)ユーザーに供給されるというよりも、独占的企業やその資本系列ソフトウェア企業を媒介に供給・提供されること、すなわち、一定の構造のもとに、『中堅・中小』ソフトウェア企業に位置が与えられ」(川上(1985)p.152)ていると指摘している。そのうえで、中堅・中小企業は、ソフト開発の部分工程を担うことになり、規模が小さくなればなおさらそうなり、"市場からの分断"がおきていると分析している(川上(1985)p.152)[7]。

　また、東京大学社会科学研究所の調査は、ソフトウェア企業の工程と1人当たりの売上高についての分析を行なっている。この分析によると、中・下流工程を受け持つ企業ほど売上高が低い結果となっており、さらに、要員派遣を行なっている企業の多くは、中・下流工程を請負い、売上高が低いことを指摘している(東京大学社会科学研究所(1989)p.30)。

　このように、ソフト開発のどの工程を担うかによって、企業の経営状況も異なってくることがわかる。上記の2つの研究成果をまとめると、次のような特徴が浮かび上がってくる。小規模な企業になるほど、エンドユーザーから直接に受注する機会が限られている。また、工程としては中・下流を担うことになり、売上高も低いということである。こうした状況をどのように克服するかが、中小ソフトウェア企業にとっての課題といえる。

3　ソフトウェア技術者の分析

　ソフトウェア業の先行研究には、技術者の確保や処遇、人材育成といった

労務管理面での成果も数多く残されている。ソフト開発は、技術者個人の能力に多分に依存するため、人材資源をいかに活用するかがこの産業にとって重要な課題であることを反映している。

先行研究では、ソフトウェア業の労務管理の特殊性や人材育成の困難さが指摘されている[*8]。これらの理由の一つとしては、ソフト開発が小集団からなるプロジェクト単位で遂行されるケースが多いことがあげられる。ソフト開発を行なう場合、プロジェクトのリーダーが、参加メンバーの仕事を評価することになる。しかし、多くはプロジェクトごとにメンバーが入れ替わるため、評価をする側も、される側も固定されない。こうした体制は、技術者の育成の問題にも関わってくる。各技術者は、その時々に発生するプロジェクトに配属されるため、系統だった経験を積み、技術を習得していくことが難しい。

また、東京大学社会科学研究所の調査によれば、調査対象の半数のソフトウェア企業には人事労務のセクションが設けられておらず、人事諸制度の整備が進んでいないことを明らかにしている（東京大学社会科学研究所（1989）p.48）。このような制度や組織上の不整備が、いっそうソフトウェア技術者の評価や育成を困難なものにしている。

ソフトウェア業の労務管理等に関する研究としては、ソフトウェア技術者の意識に踏み込んだ研究も行なわれている。梅澤は、ソフトウェア技術者の処遇と意識に関する調査を行なっている[*9]。この調査では、自社勤務、派遣、請負の形態で働く技術者を類型化し、「現在の仕事の内容についての満足度」や「ボーナスを含めた賃金についての満足度」、「能力開発の機会に対する評価」、さらには「転職志向」を分析している。調査結果としては、仕事内容や賃金、能力開発の機会に不満を感じている割合は、派遣がもっとも多く、次いで、請負、自社勤務の順になっている（梅澤（2000）pp.53-56）。また、転職志向については、派遣や請負の技術者が強くなっている（梅澤（2000）pp.53-56）。

ソフトウェア業は、技術変化が激しく、技術力の向上が絶えず求められて

いる。こうした状況のなかで、技術者の技術力を高めていくための教育を行なうこと、また、技術者の評価をきちんと行ない、能力のある技術者に対してそれに適した処遇を行なうことは、自社の技術力の維持・向上のために不可欠である。だが、能力開発の機会について見ると、派遣の約60％、請負の55％、自社でも約34％の人が能力開発の機会を与えられていないと評価している（梅澤 (2000) pp.54-55）。これらの先行研究は、ソフトウェア業における労務管理や人材育成が不十分であることを示している。

4 ソフトウェア業の立地分析

先行研究の3つめの類型として、ソフトウェア企業の立地動向の研究があげられる。この研究には、2つの流れがある。

1つめは、1980年代半ばにソフトウェア業が地方に展開した時期に起こったものである。川上[*10]や森川[*11]は、地方展開するソフトウェア企業に注目し、研究成果を残している。両者は、ソフトウェア業が地方展開する要因を分析し、地方のソフトウェア企業の特徴を明らかにしている。川上の研究によれば、この時期にソフトウェア業が地方に展開した理由は、「ソフトウェア産業では、質・量ともに労働力の確保が『大都市圏』においてはもはや限界にある」（川上 (1986) p.44）ためである。これらの調査が行なわれたのは、ソフトの需要拡大に対して、ソフトウェア技術者の供給が追いつかないという、いわゆる「ソフトウェアクライシス」が叫ばれた時期のものである。

2つめの研究としては、インターネット等の普及とともに起こった「IT産業」や「ネット企業」の集積といった視点からのものである。これらの研究は、アメリカの情報系企業が集積するニューヨーク・シリコンアレーを比較対象としながら、東京の渋谷や港区を中心に「ネット企業」が集積している要因を探ったものである。

湯川らの一連の研究では、東京都心部のネット企業[*12]の集積要因を分析し、ソーシャルアメニティ、スペース、アーティストの存在、関連教育機関、既存の産業の存在が必要であることを述べている（湯川 (2001) pp.19-22）。その

第 4 章　大都市における情報サービス業の存立と発展

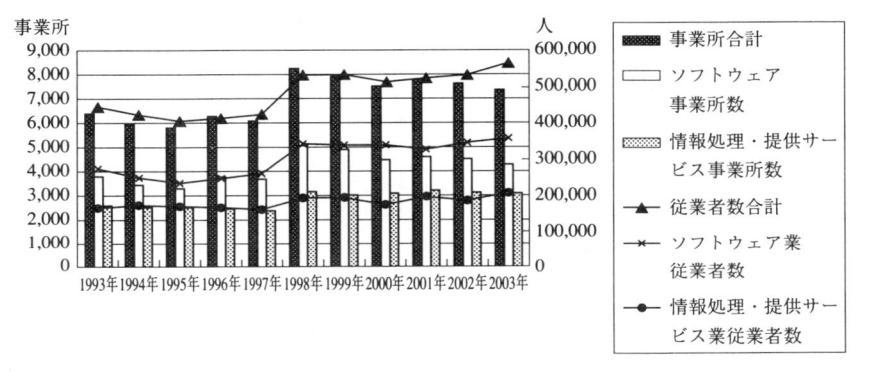

図4-1　情報サービス事業所数、従業者数の推移

注）2001年調査から調査対象範囲を市区部から全国に拡大している。
出所：経済産業省『特定サービス産業実態調査報告書　情報サービス業編』各年版より作成。

なかでも、特に集積の初期の段階でのソーシャルアメニティの重要性に注目し、ネット企業の集積を政策的に直接作り出すことは困難であり、ネット企業振興には、条件の整った大都市における集中的支援が適していることを明らかにしている（絹川・湯川（2001）p.43）。これらの研究は、集積のメカニズムを明らかにしようとしたものであり、近年の東京におけるネット企業の動向を捉えたものとしては評価できる。ただし後から示すように、近年、東京におけるネット企業を含む情報サービス業企業は減少しており、そうした状況について検討していく課題が残されている。

3. 情報サービス業の動向

1 停滞する情報サービス業

　ここでは情報サービス業の事業所数や従業者数、年間売上高の推移を整理していく。はじめに、図4-1を参照しながら、事業所数と従業者数の推移を辿っていくことにしたい。

図4-2 情報サービス業年間売上高の推移

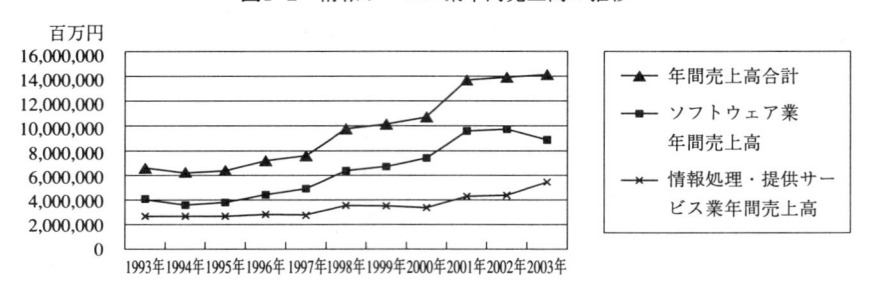

注）2001年調査から調査対象範囲を市区部から全国に拡大している。
出所：経済産業省『特定サービス産業実態調査報告書　情報サービス業編』各年版より作成。

　事業所合計数を大まかに眺めると、90年代半ばには6,000事業所を割り込むまで減少している。しかし、1998年には8,000事業所を超えてピークをむかえている。それ以降は7,000事業所台で推移している。2001年には事業所数の増加が見られるが、調査対象範囲がこの時点で変更され、市区部から全国に拡大していることが影響していると見られる。こうした点を考慮すると、1998年以降は、情報サービス業全体の事業所数は、減少傾向にあったと考えられる。ソフトウェア業の事業所数については、情報サービス業全体の事業所数の増減と連動している。情報処理・提供サービス業全体の事業所数も増減の幅は少ないものの、ほぼ同じ動きをしている。

　従業者数合計も事業所数と同じように、90年代半ばには落ち込みがみられる。その後、1997年から98年にかけて増加するが、それ以降は横ばいとなっている。しかし、2000年以降は再び増加傾向にある。ソフトウェア業の従業者数は、全体の推移とほぼ共通しているが、情報処理・提供サービス業の従業者数は、大きな数ではないが、より短期的に増減を繰り返している。

　図4-2は、情報サービス業の年間売上高を表している。情報サービス業全体の年間売上高は、事業所数や従業者数と同様に、90年代半ばにやや落ち込みが見られる。しかし、その後は一貫して増加している。もちろん、2001年から統計調査の対象範囲が拡大したことに注意しなければならないが、

第4章　大都市における情報サービス業の存立と発展

2001年以降も売上高が上昇している。ソフトウェア業の年間売上高も増加傾向にあったが、2002年から2003年にかけて落ち込みをみせている。また、情報処理・提供サービス業の年間売上高は、徐々に増加している。

　情報サービス業の動向を事業所数、従業者数、年間売上高から眺めると、次のようなことがわかる。まず、ソフトウェアの売上高は、1990年の半ば頃から拡大している。しかし、市場の拡大期にもかかわらず事業所数や従業者数の増加をともなっていない。特に、事業所数は、90年代末から減少傾向を示している。つまり、ソフトウェア業は、近年、年間売上高の落ち込みも見られるが、趨勢としては市場が拡大してきた。しかし、そこでの経営や雇用の環境は安定したものではなかったと考えられる。また、情報処理・提供サービスについては、年間売上高を含めて増減を目まぐるしく繰り返している。それだけに、経営や雇用は、ソフトウェア業以上に不安定な状況にあるといえるのではないだろうか。

② 東京への集中と分散

　情報サービス業の立地上の特徴として指摘できることは、東京への集中ということである。経済産業省(2004)によれば、2003年における東京の情報サービス業の事業所数は2,255、従業者数は26万445名、年間売上高は8兆1,458億7,100万円となっている。全国に占める東京の割合は、それぞれ30.6％、48.6％、57.5％となっている。

　同じように東京におけるソフトウェア業の事業所数、従業者数、年間売上高を示すと、1,273事業所、16万4,168名、5兆2,523億6,500万円であり、全国に占める割合は、それぞれ29.7％、47.9％、59.7％となる。また、東京の情報処理・提供サービス業は、982事業所、従業者9万6,277名、年間売上高2兆8,935億500万円となっており、全国に占める割合は、それぞれ31.8％、46.4％、53.9％となっている。

　これらの割合が示すように、情報サービス業は、東京に集中する産業といえる。東京の次に情報サービス業の年間売上高が多い神奈川でも、全国に占

める事業所数の割合は6.3％、従業者数の割合は10.3％、年間売上高の割合は12.7％にすぎない。

だが、情報サービス業の事業所数と年間売上高について見ると、全国に占める東京の割合に変化が見られる。1990年と2003年を比較すると、情報サービス業の事業所数の割合は38.4％から30.6％へと低下している。反対に、年間売上高は、同じ期間に53.4％から57.5％へと上昇している。さらに細かく見ると、東京のソフトウェア業の年間売上高は、全国に占める割合が同期間に52.0％から59.7％へと高まっている。一方、情報処理・提供サービス業のその割合は、55.7％から53.9％へと低下している。

以上のように、情報サービス業全体では、事業所について見ると東京への集中の度合いは弱まっている。しかし、年間売上高については、集中が進んでいることがわかる。特に、ソフトウェア業の売上高の東京への集中が目立っている。東京の情報サービス業事業所数の割合が低下した原因は、地方への情報サービス業の分散とともに、東京の事業所数自体が減少していることがあげられる。東京の情報サービス業の事業所数は、90年の2,707事業所から、2003年には2,255へと400以上の事業所が減少している。また、東京のソフトウェア業についても、同時期に1,615事業所から1,273事業所へと減少している。

このような変化の動向からいえることは、現在、情報サービス業は東京の事業所を含めて淘汰が起こっていることである。しかし、その一方で東京の限られた事業所に売上の集中が進んでいることがうかがえる。

4. 東京の情報サービス業の実態

1 実態調査の目的

これまで先行研究や統計データをふり返りながら、情報サービス業の動向や課題について述べてきた。

第 4 章　大都市における情報サービス業の存立と発展

　まず、先行研究を整理することで、第 1 には、ソフトウェア業の成り立ち、つまり資本系列により、受注面の偏在があること。さらに、ソフトの開発工程の川下分野を担う企業ほど"市場から分断"され、売上高等も低い。概して小規模な企業ほど、川下分野に置かれており、経営の安定や発展への展望を見出すことが難しいことが論じられてきた。

　第 2 には、ソフトウェア業は、技術者の個人的な能力に依存する部分が大きく、優秀な人材の確保や育成が重要である。しかしながら、ソフトウェア業がそうしたことを行なうには、さまざまな制約があることが先行研究では示されている。

　第 3 には、東京でのソフトウェア業等の立地、集積の可能性についてである。統計データでは、東京の情報サービス業の事業所は減少している。しかし、近年の立地分析等を踏まえた研究では、東京での「ネット企業」の集積の可能性を示唆している。

　次に、統計データから読み取れることは、東京に立地する情報サービス業の事業所数は減少傾向にあり、同産業を取り巻く経営環境が厳しくなっていることである。その一方で、東京のソフトウェア業の年間売上高は趨勢としては増加しており、こうした面に注目すると、東京のソフトウェア企業のなかに、同産業の今後の展望を見出すためのヒントが隠されているのではないかと考えられる。

　そこで、東京のソフトウェア企業がどのような形で上記の課題を克服しているのか、あるいは克服しようとしているのかを実態調査の結果を通して明らかにしていきたい。特に、第 1 に示した受注面での取り組みや、第 2 の人材育成といったことを中心に検討していく。なお、ここで取り上げる実態調査は、情報サービス業企業の経営者へのインタビュー調査として 2004 年 8 月から 9 月に実施したものである。調査対象の企業は、一覧として示している。

②　販売・受注先の確保

　(a)　自社製ソフトの開発

　中小ソフトウェア企業は、エンドユーザーから直接にソフト開発を受託することや、間接的であったとしてもソフト開発を一括して受託する機会は少ない。中小ソフトウェア企業は、こうした"市場から分断"された状況に置かれていることが、発展を困難にする一つの原因となっている。こうしたなかで、自社でソフトを開発し、市場に接近することで活路を見出そうとしているソフトウェア企業がある。

　Web上のポータルサイト運営から事業を発展させて、自社製ソフトの開発を行なったA社の事例は興味深い。A社は、1999年に設立され、現在は従業者68名のWeb系ソフト開発企業である。同社は、設立当初、競馬の情報を提供するポータルサイトを運営していた。創業者のa氏は、アメリカでMBAを取得して日本に帰国した。その際、インターネットに可能性を感じ、それを通して新たな文化を創り出すような事業を起こしたいと、いろいろなビジネスプランを立てたそうである。そのなかで、情報に対する要求が高く、ビジネスチャンスのある競馬に目をつけた。当時、競馬の情報を総合的に扱うサイトがなかったため、すぐに数十万人の会員を集めることに成功した。

　しかし、競馬に関する情報は膨大で、タイムリーな情報を提供するためには、1週間に200回もの更新が必要となった。そのため、社員の負担が大きくなるとともに、情報の更新も混乱に陥った。そこで、Webの自動更新を行なうソフトを自社で手掛けていくことになった。また、Webの更新には、他社でも同じ苦労をしているはずだという思いから、自社向けに開発したソフトを約1年かけて一般向けのパッケージソフトとして仕上げて2003年から発売している。現在、同社は、ソフトの販売とともに、ソフトの運用も請負っている。なお、同社のWebの更新ソフトは、他社のものと比較してコンパクトな設計のため価格が低く抑えられており、しかも立ち上げが容易であるという特徴がある。

第4章 大都市における情報サービス業の存立と発展

調査企業一覧

	設立年	資本金	売上	従業者数	立地	事業内容
A社	1999年	7,000万円	非公開	68名	港区赤坂	Web系のシステム構築、Webの拡張・更新、運営を自動で行なうソフトを自社開発しパッケージソフトとして販売。
B社	1987年	2,855万円	1億2,000万円	23名	渋谷区幡ヶ谷	遺伝子関連のデータ処理・解析ソフトを開発。ソフトの開発とともに、データの解析なども請負っている。
C社	1990年	1,000万円	非公開	35名（うち5名は契約社員）	大田区西蒲田	機械の制御系システムと業務用アプリケーションソフトの二つの柱がある。また、電子天秤のパッケージソフトを販売。
D社	1991年	4,000万円	8億円	80名	渋谷区渋谷	JAVAを活かしたWeb系のシステムの開発や、業務用のアプリケーションソフトの開発。
E社	1985年	1,650万円	3億円	10名	渋谷区恵比寿	主に業務用のソフト・システムを受託開発。現在も、汎用コンピュータのシステムも受託している。
F社	2000年	3,930万円	2億4,000万円	20名	渋谷区恵比寿	オープン系のシステム開発（PHP）。PHP言語は、国内のシステム会社が専門に扱っていない。
G社	2000年	500万円	3,000万円	1名、アルバイト2名、登録28名	大田区山王	IT講習の講師派遣。派遣先の求めるソフトの開発も講師陣が手がける。また、ソフトウェア業者と提携してマニュアル作成、導入後の指導も行なっている。
H社	1989年	7,900万円	11億円	65名	渋谷区恵比寿	コンサルからソフト開発まで手がける。エンドユーザーからの直受けを中心とする。社内に教育委員会を設置。
I社	2001年	3,100万円	2億7,000万円	50名	渋谷区渋谷	コンサルからソフト開発までを手がける。約70％がエンドユーザーからの直接受注。派遣要員を含めた教育制度を作る。
J社	1996年	1,680万円	1億4,000万円	34名（うち17名は契約社員）	渋谷区渋谷	2000年からは、SEの派遣サービスを中心に行なっている。かつては、ソフトの受託開発を行なっていた。

このように同社は、社内業務の効率化のためにソフトを開発し、それを商品化するというプロセスを辿ることになった。つまり、社内のニーズを捉えて、自社で問題解決を図ったことが発展への足がかりとなったといえる。この過程で、同社自体もポータルサイトの運営会社から、ソフト開発会社へと変化を遂げることになった。現在の従業者は60名を超えているが、2003年までは30名程度であった。同社では、事業展開とあわせて必要な人材を雇い入れて、現在の従業員の規模にまで成長してきた。

　中小ソフトウェア企業が自社製ソフトを開発する領域は、A社のようにどちらかというと汎用性の高いところよりも、特殊・専門性の強い分野のソフトが目立っている。B社は、遺伝子関連の分析ソフトを開発・販売している。同社は、1987年に設立、現在は従業者23名である。遺伝子関連のソフト開発をはじめたのは、10年ほど前である。それ以前は、業務用のネットワークシステムなどを請負うソフトウェア企業であった。

　遺伝子関連のソフト開発に着手したのは、従来の仕事内容では他社との差別化が図れないといったことや、10年ほど前からバイオ分野に展望があるといわれはじめていたからである。また、直接のきっかけは、他のソフトウェア企業が敬遠して手を出さなかった、遺伝子関連のソフト開発の仕事を頼まれたことである。B社の社員にも、遺伝子等の知識を持っていた者はいなかった。だが、B社社長の先見性とチャレンジ精神によって、こうした特殊な分野でのソフト開発が行なわれるようになった。ただし、遺伝子関連ソフトが同社の売上の中心になるまで成長したのは、先見性やチャレンジ精神ばかりではなく、技術の裏づけがあったことも見逃すことができない。同社は、1980年代にNTT（旧電電公社）の研究所で、当時の最新システムであったWebサーバーのはしりとなるシステムの開発に携わっていた。こうした経験を通して技術力を高めてきたことが、自社ソフトの開発につながったと考えられる。

　また、大田区のC社は、業務用アプリケーションソフトの開発や機械の制御システムを受託開発する一方で、電子天秤のデータを記録、分析するパッ

ケージソフト*13を開発・販売している。同社は、1990年にソフトウェア企業から3名で独立した企業であるが、現在は、従業者35名に成長している。同社がパッケージソフトの開発に着手したのは、取引先からの要望がきっかけとなった。B社と同様に、他のソフトウェア業者が敬遠していた仕事を同社が引き受けたことから開発がはじまったのであって、当初から計測機器の記録、分析に関わる技術を持っていたわけではない。しかし、同社では、業務用のアプリケーションソフトの開発と、機械の制御システムの開発といった多様なソフトの開発を行なってきたことが、計測機器の記録・分析用のパッケージソフト開発の基礎的な技術力を養ったといえよう。

　中小ソフトウェア企業は、自社のパッケージソフトを開発することは、技術力や販売力の面で難しいとされている。だが、これら3社は、自社のパッケージソフトを開発することで、経営基盤の強化や成長を促すことになった。A社は、元は「情報処理・提供サービス業」であったが、ソフト開発をしながら、この業種に参入し成長している。また、B社は、将来的な受注減少を見こして、新規分野でのソフト開発に着手した。遺伝子関連分野で技術を確立し、従来の下請的な立場を脱し、直接受注を取り込むことになった。C社は、依然として下請の立場での受託開発が中心であるが、自社ソフトの開発を足がかりに受注の幅を拡げるとともに経営の安定を図っている。

　開発のプロセスをふり返ると、3社とも必ずしもパッケージソフトを開発した分野に特化した技術が蓄積されていたわけではない。むしろ、必要に迫られたことがソフト開発につながっていったのである。こうした点に着目すると、中小ソフトウェア企業でも、特定分野のパッケージソフト開発を行なっていくことは、決して不可能なことではないことを示している。

(b)　コア技術の確立

　自社製のパッケージソフト開発だけではなく、技術力を活かして事業を発展させている中小ソフトウェア企業もある。1991年に設立されたD社は、JAVAの技術を確立することで急成長を遂げている。D社は、社長のd氏を

含め3名のソフトウェア技術者によって設立された。同社が設立された当初は、d氏が独立前のソフトウェア企業で行なっていた、汎用コンピュータのソフトを開発していた。しかし、90年代半ばになると汎用機のソフト開発は減少し、受注単価も低下していった。そのため業績も伸び悩んでいたが、90年代末からJAVA技術に取り組むことで、業績を好転させていくことになった。

　同社がJAVA技術に取り組むことになったきっかけは、採用した中国出身の新卒者がJAVAの知識を持っていたことである。d氏は、その技術に目をつけて、この中国出身の技術者を中心として他の社員にもJAVA技術を拡げていった。同社は、このような技術の転換を図ったことで、2000年代に入ってからはJAVA技術を活かしたエンドユーザーからの一括案件の受託開発を増やしている。従来は、同業者からの下請や要員派遣のような仕事のみであったが、現在では受注額の約30％がエンドユーザーからの直接受注が占めている。また、それと同時に従業者数も増加し、現在は従業者80名であるが、近々100名の体制になる予定である。

　D社は、汎用コンピュータのソフト開発からJAVAに移行していった事例であったが、従業者10名のE社は、反対に汎用の大型コンピュータのシステムを受託していた経験を活かしている。同社が設立されたのは、1985年で、当時は銀行や保険会社を中心に大型の汎用コンピュータのシステムが数多く利用されていた。そのため、同社も、そうした汎用機に関わるシステム開発の仕事を得意としていた。しかし、徐々に汎用機の利用が減少していくことになったので、D社のように転向を迫られる企業も多かった。そのなかで、E社は、汎用コンピュータ以外のシステム開発も行なっていくことになるが、その一方で、数は少ないけれど一部で利用され続けている汎用コンピュータの仕事を受注している。残余者の利益ということであり、今後の長期的な展望を見出すことは難しい面もあるが、現時点では、汎用機のシステム開発を行ない、その技術を引き継いできたことが、同社にとって他社との差別化のための武器となっている。

第4章　大都市における情報サービス業の存立と発展

　さて、再び、新技術の確立という観点に戻り、オープン系のシステム言語であるPHPを活用するF社の事例を考察していくことにしたい。同社は、2000年に設立され、昨年の従業者は20名、今年は30名と規模を拡大している。こうした成長の背景には、同社が手掛けているPHPを利用したネットワーク管理等のシステム開発がある。

　同社の開発するシステムの特徴は、オープン系の技術を活用しているためにライセンス料がかからないこと。また、システム自体もコンパクトなため開発費、開発日数も抑えられるということにある。PHP言語を利用したシステムは、個人レベルではすでに使われてきたが、ソフトウェア業者が事業として手掛けているところは、ほとんどなかったそうである。競合相手が少ないことも、同社にとってはメリットとなっている。

　しかし、一般に普及していないことや、オープンソースに対する信頼が十分でないことから、顧客から敬遠されることもあるという。その反面、独自の技術を確立していることから下請の仕事はほとんど行なわず、エンドユーザーからの直接受注が約90％を占めている。同社は、PHPの技術者の育成を自社で行ないながら、外に向かっては、この技術の普及に力を入れている。

　このように自社のコアとなる技術を確立することは、経営の発展や一定の安定をもたらしているといえる。ソフト開発分野では、技術の変化が激しく起こるので、D社やF社のように新規の技術にいち早く取り組んでいくことが重要であることを示している。また、技術変化が激しいだけに、こうしたかたちでの成長のチャンスも多いと考えられる。その一方で、E社の事例は、従来の技術を維持していくことも、ある部分では差別化を図るうえでの助けになることも示唆している。

(c)　ネットワークを活かした業務の多様化

　次に、IT講習会等の講師を派遣するG社の事例を見ていくことにしたい。同社は、大田区の女性企業家の交流会で知り合った2名の経営者によって2000年に設立された。共同経営者の一人、Ga氏は、IT講習会やコンサルティ

ングを行なっており、一方のGb氏は、デザインの能力を活かしてWeb制作を行なっている。G社を共同の窓口として仕事を受注して、それぞれ得意とする分野の仕事を割り振ることにしている。

　こうしたなかで、Ga氏が中心となって進めるIT講習会の事業から、ソフトの受託開発を行なうといった新たな展開を見せていることに注目したい。同社のIT講習部門は、主に地元の中小企業や、大田区の主催するIT講習会の事業を請負っている。また、中堅ソフトウェア企業のソフトのマニュアル作成や、その業者が開発したソフトを導入する企業のシステムの立ち上げやその後の指導なども請負っている。同社には、元大手ソフトウェア企業のシステムエンジニアやIT系の専門学校の講師など約30名が登録されている。これら同社に登録している講師は、それぞれ個人事業主として、同社と契約を交わして仕事をしている。

　同社の特徴は、中小企業などからIT講習を請負った場合、単に講習で終わらせるのではなく、その中小企業に求められるWebの制作やソフト開発などを含めて受注をすることである。つまり、結果としてIT講習会からコンサルティング、ソフト開発、そしてソフトを利用するためのIT講習と全過程を請負うことになる。その場合、Webの制作であればGb氏へ、それ以外のソフト開発であれば同社に登録されている約30名の講師陣のなかでその分野の開発を得意とする人に仕事が割り振られることになる。このように同社は、IT講習会を柱としながら、講師陣のネットワークを活かしてソフト開発まで業務を拡げてきた。このように同社は、他のソフトウェア企業とは異なる形で受注機会を掘り起こすとともに、ソフト開発等の技術者の連携を図っている。同社にとっては、いかに優秀な人材を講師として集められるかが、事業を維持・成長させるための重要な要素になっている。

③ 人材育成の試み

　ソフト開発は、開発者個人の能力に強く依存するため、ソフトウェア業企業は、いかに優秀な技術者を採用するか、また、自社の社員をいかに優れた

技術者に育成するかということが重要な課題となる。しかし、先に述べたように、ソフトウェア業においては、これまで社内の人材育成といったことが十分に行なわれてこなかった。自社製のソフト開発、あるいはコアとなる技術の確立など、技術力を高めることが受注先の確保や経営基盤の強化を促すことから、人材育成はますます大切になってきているといえる。こうした傾向のなかで、社内教育に力を入れるソフトウェア企業も現れている。

　従業者数65名のH社は、社内に「教育委員会」を設置して、社員の技術力の向上に努めている。1989年に設立された同社は、現在、情報化に関するコンサルタント業務からソフト開発までを一貫して請負う総合的なソフトウェア企業である。自動車メーカーやテレビ局など幅広い業種の大手企業から直接受注をしている。しかし、独立系である同社は、もともと、こうした大手企業からの直接受注を行なっていたわけではない。特に、「バブル経済」が崩壊した1990年代前半から半ば頃までは、要員派遣的な仕事が大半を占めていた。だが、同社では、要員派遣をしているだけでは社内に技術が蓄積されず将来的にも会社が成長しないという判断や、要因派遣ではやりがいのある仕事ができないといった経営者の意思により、エンドユーザーから直接受注をする方針を打ち出していくことになった。

　このなかで特に力を入れたのが社内教育である。同社では、「IT推進室」という社内組織で最新の技術情報を収集するとともに、上記の「教育委員会」を通して社員に技術教育を実施している。そこでは、最新の技術情報の提供だけではなく、社内で制度的にシステムエンジニアを養成している。「教育委員会」における教育予算は、1人あたり年間約10万円を計上し、実際に仕事を受注した際に技術講習等への参加が必要となればプロジェクトの予算のなかからも教育費を出している。また、資格を取得した時には、一時金を出すなど、資格取得も奨励している。

　H社は、社内教育に力を入れることで直接受注の機会を切り開いてきた事例であるが、次にあげるI社のように、派遣要員も教育対象とした仕組みを作ろうとする動きが見られる。同社は、2001年にソフトウェア業から分社化

され、設立された。主に、ビジネス用のアプリケーションソフトの開発を行なってきた。さらに、現在では事業領域を拡大し、情報化のコンサルタント業務や、派遣業務も手掛けるようになった。

同社では、派遣要員を含めて社員の技術向上に力を入れている。その理由は、I社の経営者によると、派遣先の企業から、派遣要員の経験や資格の有無など厳しい条件を指定されることが多くなっているからだという。同社では、こうした要求に応えるために社内の教育制度を構築しつつある。その方法は、社員同士が教え合うというものである。その際、講師となって教える人は2万円受け取り、教わる人が5千円を支払い、差額は会社で負担している。また、資格試験の受験料も会社が負担している。

先に紹介したF社もPHP言語を理解している技術者を増やさなければ、受注先を拡大していくことができないという問題を抱えている。そのため、同社でも自社の社員だけではなく、派遣要員として送り出す人にも技術教育を行なっている。

以上のようにH社では、社内の教育に力を入れることで、社員の技術力の向上とエンドユーザーからの直接受注といった形で経営基盤の強化を図っていった。また、I社では、派遣要員を含めて技術向上を促すことで、取引先・派遣先の要望に応えている。最後のF社については、社員や派遣要員への技術教育そのものが、同社の特徴となっている新技術の普及と表裏一体となっている。それぞれの企業は、置かれている状況は異なるものの、ソフトウェア業のなかで社内教育に力を入れる動きが現れていることを確認することができる。

しかし、一方で、社内での教育を十分には行なわないソフトウェア業者も多いことも確かである。1996年に設立されたJ社では、従来はソフトの受託開発を行なっていたが、2000年以降は、派遣業務を中心に行なうようになった。同社の社員の主な派遣先は、ソフト開発を受託している、1次や2次の下請ソフトウェア企業である。同社では、社内での教育といったことは基本的に行なっていない。同社の経営者によると、中小ソフトウェア業では、社

内で技術教育を行なうだけの余裕がなく、教育をしたとしても優秀な技術者はすぐに他社に引き抜かれたり、独立したりしてしまうことを指摘していた。先にあげたH社、I社、F社のように社内での技術教育を重視する動きも見られるが、依然として社内で人材育成を行なわない傾向が残っているといえよう。

5. おわりに

　本論では、情報サービス業、とりわけソフトウェア業について先行研究や統計のデータに基づいて現状における課題を把握するとともに、実態調査のなかからその課題を解決すべき方法を探ってきた。ソフトウェア業は、市場としては拡大傾向にあるものの、事業所の数は減少傾向を辿っている。特に、ソフトウェア業の集中する東京では、こうした傾向が顕著に現れていた。同産業では、市場の拡大と縮小を度々繰り返してきたので、一時的な停滞として片付けることもできる。しかし、先行研究をふり返りながら、同産業の構造や特徴を考察していくと、単に、一時的な停滞としては片付けられない問題を含んでいることがわかる。

　まず、受注の構造を見ていくと、受注先の偏在、小規模企業ほど市場から遠い位置に置かれ、しかも受注単価の低い工程を担っている。また、ソフト開発は開発者の個人の技術に大きく依存するため、人材の育成が求められる。しかし、社内教育や能力開発が十分になされていないといったことが指摘されていた。実態調査では、こうした観点にたって、淘汰が進む東京のソフトウェア業のなかにあって存続、成長しているソフトウェア企業を対象に、その要因を探っていった。

　第1に、受注先の確保もしくは市場への接近という点においては、自社製のパッケージソフトの開発・販売を行なうソフトウェア企業を取り上げた。A社、B社、C社の開発の経緯を見ると、それぞれ必要・要求に応じて開発されたものであり、決してパッケージソフトを開発した分野の技術をもとも

と備えていたわけではない。これらの事例は、中小規模のソフトウェア企業においても特定の分野で自社のソフトを開発していくことが不可能ではないことを示している。

また、パッケージソフトの開発だけではなく、コアとなる技術を磨くことで成長する企業も見られた。D社やF社は、新しい技術を取り入れていくことで、直接、エンドユーザーとの取引を行なうようになった。ソフトウェア業では、技術の変化が激しく起こっている。技術変化への対応は困難な反面、こうした機会が両社のように成長のチャンスにつながる場合もあることを示唆している。

G社の事例は、IT講習からソフトの開発までを請負うもので、受注確保の方法や技術者のネットワークを活かしたソフト開発の仕組みがユニークであった。

第2には、人材育成の取り組みに力を入れている企業を取り上げた。社内の技術の蓄積、システムエンジニアの養成を進めているH社、派遣要員にも技術向上の機会を提供する仕組みを作るI社、自社の技術の普及を図るうえで人材育成が欠かせないF社など、ソフトウェア業のなかにも人材を重視する動きが起きていることを確認できた。

これまで、第1の点と第2の点を個々に検討してきたが、これらは密接な関係を持つものであり、ソフトウェア企業の存続や成長のうえでの重要な要因を含んでいる。自社製ソフトの開発やコア技術を確立した企業の背景には、優秀な人材の確保や人材の育成があることがうかがえる。典型的な例としては、JAVAの技術を持っていた中国出身の新卒者を採用して、その技術を社内に拡げたD社である。また適宜、業務の拡大に合わせて人材を採用してきたA社や、反対に、長年の技術の蓄積を活かしてパッケージソフト開発に取り組んだB社やD社も、人材確保や人材育成がなされていたからこそ、それぞれの取り組みで成果をあげたと考えられる。G社についても、優秀な人材が講師として登録していることがソフト開発といったところまで業務を拡大できた要因の1つといえよう。

第4章　大都市における情報サービス業の存立と発展

　以上のように、受注先の確保に結びつく技術力と、それを支えている人材の確保・育成が、中小ソフトウェア企業の存続、成長を促す要因であることを見出すことができる。最後に、若干、今後の国内ソフトウェア業の見通しを述べたい。

　同産業は、これまで言語の壁や、ユーザーとの近接性の必要などから外国企業との競争に比較的さらされてこなかった。もちろん、日本のソフトウェア輸入額は輸出額を大きく上回っているが、今後はさらに、中国等のソフトウェア企業の国内進出や、外国企業への開発委託が増加することが予想される。ソフト開発にかかる人件費が相対的に低い外国企業の進出が本格化すれば、国内の中小ソフトウェア企業の存立基盤が揺らいでいく可能性もある。こうした動向を見据えた場合、国内の中小ソフトウェア企業は、人件費の低さとは異なる優位性を求めざるを得なくなるだろう。そうしたなかで、中小ソフトウェア企業は、技術力の向上や、そのための人材の確保・育成を行なっていくことがいっそう重要になるといえる。

◈注
* 1　東京都(2004)によれば、東京の製造業事業所数は、90年の7万8,190から2003年には4万9,570事業所へと減少している。同じ期間に、従業者数や製造品出荷額等もほぼ一貫して減少してきた。
* 2　森川(1986)参照。また、ソフトウェア産業の発展動向の詳細については、高井(1999)参照。
* 3　本論で参照する、経済産業省『特定サービス産業実態調査報告書　情報サービス業』(平成14年調査結果まで)は、2004年の産業分類改訂以前の分類で調査されている。そのため、本論では便宜的に旧小分類の「情報処理サービス業」、「情報提供サービス業」、「その他の情報サービス業」を合わせたものを新分類の「情報処理・提供サービス業」として扱っていく。
* 4　経済産業省(2003)参照。
* 5　③と④をまとめて「ユーザー系」として括られる場合もある。
* 6　社団法人情報サービス産業協会が会員企業に実施した調査によると、資本

系列別の構成比は、「独立系58.5％」、「コンピュータメーカー系12.0％」、「ユーザー系29.0％」、「その他0.5％」となっている（社団法人情報サービス産業協会 2003: p.13）。
*7 　ただし、川上は「中堅・中小」ソフトウェア企業が市場から離れた位置に置かれていることを指摘するだけではなく、「中堅・中小」ソフトウェア業が独自に活動している分野があることも指摘している（川上 2000）。
*8 　東京大学社会科学研究所（1989）参照。
*9 　梅澤（2000）参照。
*10 　川上（1986）参照。
*11 　森川（1986）参照。
*12 　湯川らの定義する「ネット企業」とは、NTT電話帳における次の業種である。「インターネット関連サービス」、「情報処理サービス」、「情報提供サービス」、「ソフトウェア」、「プロバイダー」、「パソコン通信サービス」、「コンピュータ」である。本論の対象としている「情報サービス業」よりも、対象領域が広いが共通する部分も多いものと思われる。
*13 　C社では、主にスイスの計測機器メーカーが製造する電子天秤に対応する記録・分析用ソフトをパッケージ化した形で販売している。

◉参考文献
川上義明（1985）「『中堅・中小』ソフトウェア企業と諸産業企業――企業系列化構造とその若干の問題点――」『北見大学論集』第19号
川上義明（1986）「ソフトウェア業の地方展開――企業系列化との関りにおいて――」『北見大学論集』第16号
川上義明（2000）「現代企業におけるソフトウェア開発・生産の外部化と『中堅・中小』ソフトウェア企業」『福岡大學　商學論叢』第34巻　第2・3号
経済産業省（2003）『特定サービス産業実態調査報告書　情報サービス業』
絹川信哉・湯川抗（2001）「ネット企業集積の条件――なぜ渋谷～赤坂周辺に集積したのか」『Economic Review』2001.4
国民金融公庫調査部（1980）『日本の中小サービス産業〔Ⅱ〕――情報関連業種――』中小企業リサーチセンター
今野浩一郎・佐藤博樹（1990）『ソフトウェア産業と経営』東洋経済新報社
森川滋（1986）「情報サービス業の動向とその地域的展開」『中小企業季報』1986年

No.2
社団法人情報サービス産業協会(2003)『2002年版 情報サービス産業基本統計調査』社団法人情報サービス産業協会
高井紳二(1999)「ソフトウェア産業の特質——ナショナルソフトウエアとプライベートソフトウエア——」『同志社商学』第51巻第1号
東京大学社会科学研究所編(1989)『情報サービス産業の経営と労働』東京大学社会科学研究所
東京都(2004)『平成15年 工業統計調査——東京都分調査結果(速報)——』東京都
戸塚秀夫・中村圭介・梅澤隆(1990)『日本のソフトウェア産業』東京大学出版会
梅澤隆(2000)『情報サービス産業の人的資源管理』ミネルヴァ書房
湯川抗(2001)「東京におけるネット企業の集積——日本版シリコンアレーの発展に向けて」『Economic Review』2001.1

第5章

地域におけるニューバイオ関連産業クラスターの形成と発展のメカニズム

長山宗広

1. はじめに

　近年、日本では、IT・バイオ・ナノテクなどハイテク関連の産業クラスターを形成する動きが政策的にも実態面からも活発化している（長山(2002)）。こうした産業クラスターの理論的根拠は、Porter(1998)のクラスター論[*1]にある。Porterは、クラスターを、「特定分野における関連企業、専門性の高い供給業者、サービス提供者、関連業界に属する企業、関連機関（大学・規格団体・業界団体など）が地理的に集中し、競争しつつ同時に協力している状態」と定義している。これまでの集積論研究の中でPorterのクラスター論の位置づけを考察すると、1980年代以降のクラフト産業に拠り所を求めたフレキシビリティな集積論[*2]（Piore and Sabel(1984)）と、90年代以降のハイテク産業に傾斜した新産業集積論[*3]（Florida(1995)・Keeble(2000)など）について、ハイテク・ローテクを区分なくクラスターの概念で一つにまとめ上げたものと捉

えられる[*4]。ただ、Porterのクラスター論は、プロダクトイノベーションとプロセスイノベーション[*5]との区別をせずに立地・地域との関係を分析するフレームワークのため、ハイテクな研究・製品開発拠点とローテクのモノ作り・生産拠点との集積論理の違いを明快に捉えることができていない（吉川(2001)）。また、Porterのクラスター論では、クラスターの主体であるハイテク中小企業・企業家の実態や存立基盤について十分な分析もできていない（長山(2004)）。

　本稿では、ハイテク産業クラスターの実証研究をより精緻に進めるため、プロダクトイノベーションの流れと立地・地域との関係を中心に、クラスターの担い手であるハイテク中小企業の実態と存立基盤を明らかにする。そして、最後には、地域におけるニューバイオ関連産業クラスターの形成・発展のメカニズムを解明し、Porterのクラスター論より一層精緻にそれらを描くことを目指す。研究方法としては、Porterのクラスター論に依存せず、FloridaやKeebleが提示したハイテク産業クラスター特有の鍵概念（学習地域・暗黙知、企業家・プロダクトイノベーション、大学・スピンオフ、ハイテク中小企業・ネットワーク）を用いる。そこで示された鍵概念に基づき、ハイテクの典型事例であるバイオテクノロジー、中でも遺伝子組換えや遺伝子解析といったニューバイオテクノロジーの関連産業クラスターを研究対象に設定することで実証研究を試みる。具体的には、横浜国立大学大学院（三井逸友研究室）において、バイオ企業対象のアンケート調査や北海道におけるニューバイオ関連産業クラスターの実態調査などを行った。

2. バイオテクノロジーおよびニューバイオ関連産業の特徴

1 定義

　本稿では、バイオテクノロジーの定義について、ニューバイオ技術とオールドバイオ技術の双方を含むものと捉え、文部科学省研究振興局ライフサイエンス課他(2002)の「生体が有する物質変換機能、情報変換・処理・伝達機

第 5 章　地域におけるニューバイオ関連産業クラスターの形成と発展のメカニズム

能、エネルギー変換機能を利用し、または模倣する技術」を用いる。ニューバイオ技術としては、「組換えDNA技術、細胞融合・動植物細胞培養・染色体操作・組織培養・動物クローン技術、生物学的知識を利用した電子機器・解析機器・ソフトの利用等」、オールドバイオ技術としては「従来型の発酵、醸造技術、培養技術、変異処理技術、生物による環境汚染処理技術等」を指す。

　バイオ関連産業とは、こうしたニューバイオおよびオールドバイオの技術を利用した産業と定義でき、その応用分野は「医療、農業・食品、環境、機械、電子、化学、情報」と広範に及ぶ(21世紀のバイオ産業立国懇談会(1998))。

2　市場規模

　日本のバイオ市場は、文部科学省研究振興局ライフサイエンス課他(2002)によれば、2000年度で6.7兆円(製品分野別年間出荷額)となっている。その内訳は、食品68％、医薬品16％、化成品7％、環境3％、研究生産機器2％、農水畜産1％、情報サービス1％であり、オールドバイオ5.8兆円とニューバイオ1.3兆円に分けられる。オールドバイオとしては食品と環境、ニューバイオでは医薬品・化成品・研究生産機器・情報サービスにおいて高い比率がみてとれる。

　また、「日経バイオ年鑑」では、主にニューバイオ市場の動向を明らかにしており、2001年1.3兆円の内訳で、医薬品(43％)、農林水産品(19％)、化成品(15％)、食品(8％)、分析機器・センサー(10％)、情報サービス(3％)、環境(0.2％)となっている。ここではニューバイオ市場が、1990年の2,954億円から2001年の1.3兆円へと時系列的にみて著しく伸びていることも表している。

　なお、日本の将来のバイオ市場は、2010年で25兆円と見込まれているが、その内訳は、医療産業8.4兆円、食品産業6.3兆円、環境プロセス産業4.2兆円、分析機器・情報産業5.3兆円となっており(バイオテクノロジー産業の創造に向けた基本方針および基本戦略(1999))、今後ますますニューバイオ技術を

利用したニューバイオ関連産業が成長していくことが見込まれている。

③ ニューバイオ関連産業のイノベーション

新薬開発などのニューバイオ関連産業におけるイノベーションは、特許による開発者利益の専有可能性が高い[*6]一方で、多大なコストと時間を要する。実際、厚生労働省(2002)によれば、新薬開発に要する期間は、前臨床試験から承認取得までに限ってみても約13～15年、260～360億円かかっている。

新薬開発のプロセスについては、中村・小田切(2002)に詳しいので、以下引用する[*7]。ここでの説明によると、①創薬では「潜在的市場・ニーズ」から「発明と分析的設計」へ移行するデマンド・プル型の傾向が弱く、「研究」から「発明と分析的設計」へ導かれるサイエンス型である、②従来ならば基礎研究で薬となる可能性が高い化合物を探索・選別後、副作用性など化合物の物性を調べる応用研究を行うが、ニューバイオ技術でゲノムデータからも新薬探索を進められることから「研究・知識」と「発明と分析的設計」の間で頻繁にフィードバックが起きてくる、③創薬では自動車産業のような詳細設計・試作・生産・市場販売の間の頻繁なフィードバックがみられず、「(動物実験での有効性や安全性確認のための)前臨床・臨床試験」「(厚生労働省の)承認審査」「流通・市場」の段階まで進むと、「研究」や「発明と分析的設計」へ立ち返ることが稀でその間でフィードバックすることも少ない、といった点が挙げられている。

つまり、ニューバイオ関連産業のイノベーションとしては、遺伝子解析技術で疾患原因物質や新薬を探索し特定するケースなどが想定され、川上段階の「研究」「発明と分析的設計」までにプロダクトイノベーションが必要となることが見出せる。一方、「臨床試験」「承認審査」「流通・市場」の川下段階はルーチンであり、膨大なコストと時間的制約を克服するためのプロセスイノベーションが求められるといえる。

3. ニューバイオ関連産業のハイテク中小企業の特徴

① 横浜国立大学大学院三井研究室のアンケート調査の概要

　日本においてバイオ関連のハイテク中小企業の実態を捉えたものとしては、文部科学省ほか（2002）、小田切・中村（2002）、（株）矢野経済研究所（2002）、（株）大和総研（2002）などのアンケート調査が既に存在している。しかしながら、いずれの調査結果も研究・事業内容や製品内容を中心とした企業経営全般に係る内容であり、取引関係・情報交流とイノベーション、立地する地域との関係といった点について明らかにしたものはない。また、文部科学省ほか（2002）を除いては、ニューバイオとオールドバイオに区分した分析はなく、大企業と中小企業に分けて分析したものも見当たらない。

　そこで、三井研究室（横浜国立大学大学院共同研究プロジェクト）では、2003年1月、バイオテクノロジー関連企業に対して、郵送方式によるアンケート調査を実施した。調査対象企業は、日経バイオテク（1998）、（株）矢野経済研究所（2002）、（株）大和総研（2002）から抽出した1,324社である。回収状況は、有効回答172社（回収率12.9%）であり、これを「大企業／ニューバイオ（20社）」「大企業／オールドバイオ（29社）」「中小企業／ニューバイオ（82社）」「中小企業／オールドバイオ（41社）」の4分類に仕分けて分析を進めた。大企業と中小企業の分類は、中小企業基本法に準拠した規模基準を採用し、ニューバイオとオールドバイオの分類は本稿で示したものとほぼ同じ基準を採用した。アンケート票の設問事項は、①企業概要、②創業経緯、③大学との連携、④取引関係、⑤今後の経営見通し、⑥地域のバイオ産業振興策であり、これを先の4分類とクロス集計して分析を進めた。

② 経営上の特性

　「中小企業／ニューバイオ（82社）」の事業領域は、「医療・創薬（34.6%）」と

いう研究開発の本流と「研究支援・合成サービス(13.6%)」という研究開発の支援・派生領域に多く、応用産業分野としては「医療(79.3%)」が最も高い。また、事業形態は、「研究開発の受託(32.9%)」や「開発した特許技術のライセンスアウト・売却(25.6%)」が他の3類型に比べて相対的に高くなっている。

現在の経営上の強みは、「核となる技術・特許を保有(61.0%)」、「最先端の研究開発力(43.9%)」の回答割合が順に高く、「品質(18.3%)」「価格(9.8%)」「納期(2.4%)」というQCD対応力や「サプライヤー(6.1%)」といった一般的な中小製造業で強みに挙げられる項目の回答割合が低い。

創業年は、「90年代(40.6%)」と「2000年以降(33.3%)」で7割強と若く、創業の経緯は「スピンオフ型(40.5%)」、創業の核となった研究・技術の取得先は「大学の技術(27.6%)」がそれぞれ最多となっている。

社長のプロフィールは、相対的に年齢が若く、高学歴(大学院40.8%)であり、「研究者でありながら経営センスも持ち合わせた科学者起業家(32.5%)」というキャラクターが高くなっている。

現在の業況としては、「赤字(32.5%)」の割合が相対的に高く厳しいものの、今後は、「IPOを目指す(64.9%)」という回答が最も高く、急成長志向の強さがうかがえる。また、今後の採用見通しについては「増加(74.7%)」の割合が最も高く、今後の研究開発費についても「増加(81.0%)」が際立って高い結果となっている。

3 取引関係、情報交流、地域との関係

受注・販売面については、受注先の種類として、「公的研究機関(29.3%)」「大学(25.6%)」の割合が順に高く＜図5-1＞、受注高最多地域としては、「地元(24.4%)」の割合が相対的に高い。一方、外注面については、社内コストに占める外注費が「0～25%未満(58.1%)」と絶対量として少ないものの、外注高最多地域としては、「地元(32.6%)」の割合が相対的に高い。

研究・製品開発に関する連携・情報交流については、その相手先として

第 5 章　地域におけるニューバイオ関連産業クラスターの形成と発展のメカニズム

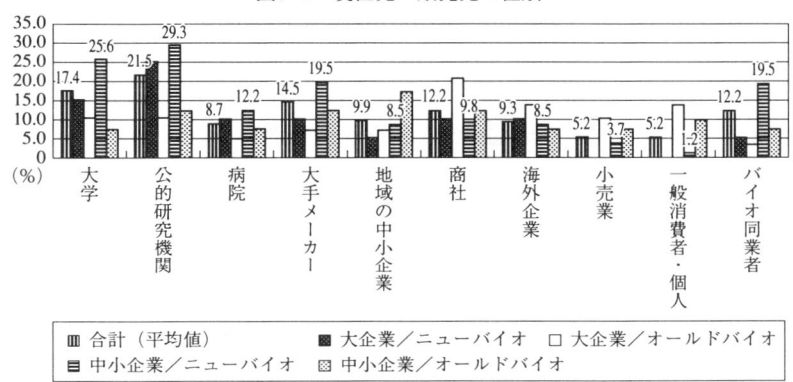

図5-1　受注先・販売先の種類

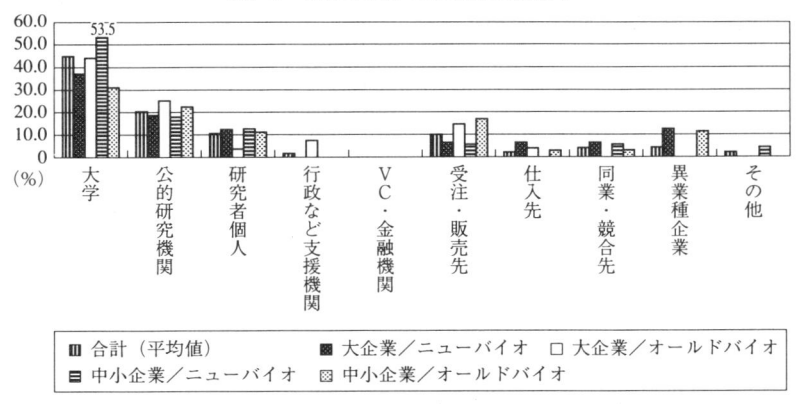

図5-2　成果の上がった情報交流相手

「大学（23.2％）」「公的研究機関（24.4％）」の割合が高く、特に成果が上がった相手として「大学（53.5％）」の割合が最も高い＜図5-2＞。共同研究開発（約7割）でフォーマルに連携している大学の立地場所としては、「地元の大学（30.7％）」が相対的に高く、一方でインフォーマルな情報交流手段であるフェイス・トゥ・フェイスの優位性として、「伝達しにくい知識の交換が可能（54.4％）」や「信頼関係を形成しやすい（66.0％）」が高い結果となっている。

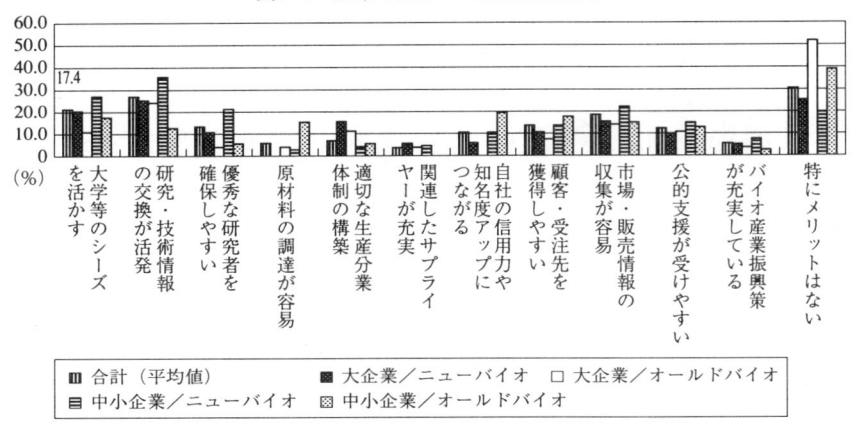

図5-3　成果の上がった情報交流相手

[棒グラフ：横軸の項目（左から）：大学等のシーズを活かす／研究・技術情報の交換が活発／優秀な研究者を確保しやすい／原材料の調達が容易／適切な生産分業体制の構築／関連したサプライヤーにつながる／自社の信用力や知名度アップにつながる／顧客・受注先を獲得しやすい／市場・販売情報の収集が容易／公的支援が受けやすい／バイオ産業振興策が充実している／特にメリットはない。凡例：合計（平均値）／大企業／ニューバイオ／大企業／オールドバイオ／中小企業／ニューバイオ／中小企業／オールドバイオ。左端に17.4の数値表示あり]

　現在の立地場所は、全体としてみれば「東京」と「大阪」で過半数を超え集中していたが、「ニューバイオ／中小企業」では相対的に大都市圏以外の立地が目立った。立地選定要因は、「ニューバイオ／中小企業」では、「研究・技術情報の収集が容易（26.8％）」「大学など知的インフラが充実（14.6％）」「優秀な研究者を確保しやすい（12.2％）」「核技術を受けた大学が立地（9.8％）」といった回答が相対的に高くなっている。また、立地メリットとしては、「研究・技術情報の交換が活発（35.4％）」「大学等のシーズを活かした新製品開発が容易（26.8％）」「優秀な研究者を確保しやすい（20.7％）」という割合が順に高く、「特にメリットはない」という回答は4分類の中で最も少ない＜図5-3＞。

④ アンケート調査での事実発見──ニューバイオの中小企業の存立基盤──

　このようにニューバイオのハイテク中小企業は、医療産業の研究開発もしくは研究開発の支援・派生領域に存立する場合が多く、特に大学や研究機関といった知的インフラとの関係が特徴的である。具体的には、中小企業／ニューバイオにとって、地元の大学や公的研究機関は、直接の受注先であるとともに、創業時の技術シーズ先でもあり、特許化前のプロダクトイノベー

ション創出のための共同研究開発やフェイス・トゥ・フェイスによる情報交流先にもなっている。

前述の中村・小田切(2002)に引きつけてみれば、ニューバイオのハイテク中小企業は、川上段階の「研究」と「発明と分析的設計」の間における頻繁なフィードバックにおいて、大学と大手製薬会社との間のリンケージ役として存立基盤を確立していると捉えられる[*8]。一方、「臨床試験」「承認審査」「流通・市場」の川下段階まで進むと、多大なコストと時間のかかるリニアモデルでルーチン化するため、この時には大手製薬メーカー等の規模の優位性が発揮され、ハイテク中小企業に参入の余地は少なくなるのである。

野中・竹内(1996)の知識創造の概念に当てはめれば、「形式知」である特許(または基本原理の解明)が流通する前のプロダクトイノベーションのプロセス、すなわち、大学や研究機関という知的インフラとの「暗黙知から暗黙知への共同化」や「暗黙知から形式知への表出化」において、ニューバイオのハイテク中小企業は存立基盤を確立していると捉えられる。

4. 欧米におけるニューバイオ関連産業クラスター

1 アメリカ

アメリカは、DNA解析データ量において世界の67％(2000年)を占め、遺伝子組み換え・遺伝子構造解析の「ゲノム時代」を制し、さらに遺伝子の機能解析やその応用化を目指す「ポストゲノム時代」においても世界の先頭を走っている。実際、アメリカのバイオ関連産業の市場規模は、2001年で7兆円強(うちニューバイオは3兆円強)と、EU6兆円強(うちニューバイオは2兆円弱)、日本6兆円強(うちニューバイオは1.3兆円)を引き離している。また、アメリカの将来の市場予測は、300兆円(2025年)であり、EU12兆円(2005年)、日本25兆円(2010年)と比べて、際立って高い成長を見込んでいる。

アメリカの競争力の要因としては、セレーラ・ジェノミクス社を代表とす

るニューバイオのハイテク中小企業の存在といわれている。科学技術庁ほか (1999)によれば、2000年、日本の200社に対し、アメリカでは1,500社ものハイテク中小企業が存在している。そして、アメリカの場合、こうしたハイテク中小企業が地理的に集積している。ジェトロ(1999、2000)によると、アメリカには、高名なシリコンバレー地域だけではなく、マサチューセッツ州ジーンタウン地域、メリーランド州バイオキャピタル地域、カリフォルニア州サンディエゴ地域において、医療等のニューバイオ関連産業のハイテク中小企業が集積し、ニューバイオ関連産業クラスターが形成されている。ニューバイオ関連産業クラスター3地域に立地するハイテク中小企業の数は、合せて575社(ジーンタウン地域に約240社、バイオキャピタル地域に約230社、サンディエゴ地域に105社)にのぼり、アメリカ全企業数の約4割がこれらのエリアへ集中していることになる。

　これら3地域のクラスターの形成プロセスをみれば、当地の大学・研究機関や病院にルーツがあり、ここの起業家精神を持った研究者・科学者(科学者起業家：Scientist Entrepreneur)が自らもしくは補佐となって、ハイテク中小企業を起業した歴史と捉え直せる。ジーンタウン地域ならばハーバード大学・MIT・マサチューセッツ総合病院、バイオキャピタル地域ならば国立衛生研究所(NIH)やウォーターリードなどの連邦政府研究機関、サンディエゴ地域であればカリフォルニア大学サンディエゴ校(UCSD)とスクリップス海洋研究所が、スピンオフを通じてハイテク中小企業を生み出し、その集積を形成した知的インフラとなっている。

　さらに、3地域の特徴から、アメリカのニューバイオ産業クラスターの発展要因を挙げてみる。それは、①大学や研究機関などの知的インフラの存在[*9]、②連邦政府(NIH)から知的インフラに対して投入される豊富な研究資金[*10]、③科学者起業家やバイオ系起業家による大学等発バイオベンチャーの存在、④連邦政府研究機関との技術移転制度である共同研究開発契約(CRADA : Cooperative Research And Development Agreement)の整備、⑤大学から起業するバイオ企業・起業家の支援(技術移転や産学連携制度・ベンチャー

第 5 章　地域におけるニューバイオ関連産業クラスターの形成と発展のメカニズム

基金の投資・リサーチパーク整備)、⑥バイオ専門のベンチャーキャピタルやエンジェルの支援、⑦地方政府や地域の業界団体による各種支援施策、などが挙げられる。

２　ヨーロッパ

　ヨーロッパにおいても、Ernst and Young (1999) によれば、ニューバイオ関連は大半がハイテク中小企業であり、その数は95年～99年で485社から1,080社まで2倍に増加している。そして、ヨーロッパにおいても、European Commission (2001) の中で、ニューバイオ関連産業クラスターがバイオ産業の国際競争力の核となる点を明らかにしている。そこでは、「特許のような明文化された科学ベースの知識は誰でも入手可能であるが、それを創出するプロセスでは暗黙の知識の伝達や相互作用が重要である。暗黙の知識の伝達は、相互の信頼関係や言語・文化の共有が容易なローカルの場、つまりクラスターでイノベーションが創造される」と分析している。その上で、ドイツバイエルン州などトップ20の地域が、ヨーロッパで発明されたバイオ関連特許の68.6％を占めると示している。

　また、近藤 (2002) によれば、バイエルン州のミュンヘン地域は、ナショナルチャンピオンを世界チャンピオン地域にする「ビオレギオ（バイオクラスター創生）・プログラム」の対象となっており、プロジェクト助成金の集中投入によってバイオ関連企業数も増大し99年で83社に達しているという。

　なお、三井研究室では、2003年9月、科学研究費基盤研究 (B)(1)「地域インキュベーションと企業間ネットワーク推進の総合的研究」(課題番号14330011) の一環として、スコットランドのグラスゴーにおけるニューバイオ関連産業クラスターの実態調査を行っている。そこでも、グラスゴー大学やストラスクライド大学といった知的インフラの存在が、バイオ関連企業の創出促進と世界的競争の優位性確保につながっている点を確認している。

5. 日本におけるニューバイオ関連産業クラスター
　　——北海道の事例を中心に——

1　日本のクラスター構想

　日本におけるバイオ関連のクラスター構想には、経済産業省が進める「地域再生産業集積計画(産業クラスター)*11」として、北海道経済局の北海道スーパー・クラスター振興戦略、関東経済局のバイオベンチャー育成、近畿経済局の近畿バイオ関連産業プロジェクトの3計画、文部科学省が進める「知的クラスター創成事業(知的クラスター)*12」として、関西広域の彩都バイオメディカルクラスター構想および神戸先端医療クラスター、広島地域の広島中央バイオクラスター構想、高松地域の糖質バイオクラスター構想の3地域が挙げられる。このほか、県レベルの取り組み事例として千葉県のかずさアカデミアパーク構想、市町村レベルとして滋賀県長浜市、山形県鶴岡市、神奈川県横浜市などのクラスター構想などが打ち出されている。

　それぞれのクラスター構想については、長山(2002)に整理されているが、共通している点は、バイオといえどもオールドではなくニューバイオ関連産業のクラスターを目指していることである。ただし、各地域の取り組みは、構想・開発計画の段階にあり、クラスターの担い手であるバイオ関連企業や研究所の集積につながっているケースは多くない。

2　北海道のクラスター構想

　本稿では、比較的取り組みが進んでいる北海道の事例を取り上げる。北海道では、北海道経済産業局が中心となってバイオとITを対象とした産業クラスター計画の「スーパークラスター振興戦略」に取り組んでいる。ここでいうバイオとは「ニューバイオ関連」をターゲットとしており、それは北海道経済産業局(2002)に明らかにされている。具体的には、北海道における

第5章　地域におけるニューバイオ関連産業クラスターの形成と発展のメカニズム

ニューバイオ関連の研究者数、科研費採択数、特許、支援人材数の数値が他地域と比べて高く、ニューバイオ研究のポテンシャルが高いことを示している。

また、北海道経済産業局(2002)がここで実施したニューバイオ関連企業および研究者を対象としたアンケート調査によれば、道内企業と道内大学との産学連携(主に共同研究開発の実施)が6割以上と活発である一方、道内企業と道外大学との連携では34％にとどまり、北海道内での意識的な知識創造メカニズムが構築されている点を明らかにしている。さらに、北海道では、ニューバイオ研究者の起業への関心が8割と高く、そのうちの2割強(43人)は「5年以内に起業したい」と回答しており、今後は北海道内での「科学者起業家」のスピンオフを通じた無意識的な知識創造メカニズムが生まれてくる可能性も示唆されている。

3　北海道のニューバイオ関連産業クラスターの担い手

このような既存資料に頼るだけではなく、三井研究室では、2002年〜2003年、北海道におけるニューバイオ関連クラスターの実態をさらに解明するため、道内大学から起業したニューバイオの「研究開発型中小企業」および道内における「研究支援型中小企業」に対してヒアリング調査を行った＜表5-1＞。

その結果、①北海道においてニューバイオ関連の研究開発・イノベーションを生み出す源泉は、北海道大学を筆頭とした研究型大学であること、②大学から起業した研究開発型中小企業は起業元の大学との共同研究開発を通じて、「研究」と「発明と分析的設計」の知識フィードバックの円滑化を目指していること(事例1・2・3)、③大学発ニューバイオの研究開発型企業は、スピンオフや兼業した大学教員・大学院生などの研究人材と、地元の既存バイオ関連企業における経営管理・熟練技術の人材が交流可能な知識フローの「共有場所」となっていること(事例1・2・3)、④ITとニューバイオ研究者の異分野の知識フローが交換し合い、バイオインフォマティクスの新たな知識

表5-1(イ) 北海道において大学から起業したニューバイオ関連企業

企業名 (代表者)	起業元の大学 (設立日)	研究分野 事業内容	地域での取引関係(受注・外注) 地域での学習、イノベーション創造
<事例1> (株)生物有機化学研究所	北海道大学 1999年9月	ニューバイオ 機能性糖鎖複合材料の開発、糖脂質の生理活性と医薬品開発など	・北海道大学大学院理学研究科(西村教授)の糖鎖研究に基づく「グリコクラスター・プロジェクト(NEDO事業)」において、当社は、「研究シーズ」としての北海道大学・他大学(研究者38名)と、「事業化ニーズ」としての北海道内バイオ関連企業(24社)のコーディネート役を担う。
<事例2> (株)ジェネティックラボ	北海道大学、小樽商科大学 2000年9月	ニューバイオ DNAアレイの開発、遺伝子発現解析の受託サービス、遺伝子解析情報DBなどバイオインフォマティックス事業	・「癌診断用DNAアレイ」の開発特許は、東洋紡へライセンス供与。 ・DNAアレイや遺伝子発現解析は、北海道大学大学院医学研究科と共同研究を実施。 ・遺伝子検査装置については札幌市内の医療機器メーカー((株)ラボ)と、遺伝子発現DBは市内のIT企業((株)オープンループ)とそれぞれ共同研究開発を実施。 ・北海道VCの松田常務が財務担当役員として就任。取締役の北海道大学守内教授は、2002年度から小樽商科大学ビジネス創造センターに入学して経営学を学習中。一方、(株)オープンループの浅田社長は北海道大学大学院(守内教授)で遺伝子解析技術を学ぶ。
<事例3> (株)ジーンテクノサイエンス	北海道大学、小樽商科大学 2001年3月	ニューバイオ 遺伝子改変動物・疾患モデル動物の受託作成、オーダーメイド薬剤の研究開発・コンサルティングなど。	・当社は、北海道大学遺伝子病制御研究所(上出教授・小野江教授)と同大学大学院医学研究科(藤堂教授)の3名の教官が、各人の研究成果の事業化を目指し設立。 ・地域企業との関係では、免疫生物研究所の清藤氏が兼務で社長に就任、(株)ホクドーの永井会長が兼務で副社長に就任し、経営面のアドバイス役を担う。

第5章 地域におけるニューバイオ関連産業クラスターの形成と発展のメカニズム

表5-1(ロ) 北海道においてニューバイオ開発を支援する地元中小企業

企業名 (代表者)	起業の経緯	研究分野 事業内容	地域での取引関係(受注・外注) 地域での学習、イノベーション創造
＜事例4＞ (株)フロンティア・サイエンス	1981年12月、理化学関連商社の営業担当であった北本氏が機器販売部門を独立させて創業。89年から北海道大学教授の助言により「合成DNA受託サービス事業」を開始。	合成DNA受託サービス事業を確立後、理化学バイオ事業、臨床検査診断事業、技術研究所事業を展開。現在、合成DNA受託事業は、前・合弁会社のシグマジェノシスジャパンへ移管した。	・合成DNA受託サービス事業では、道内一円の大学、研究機関、病院、食品メーカー等の民間企業に道外の顧客を合せた数千件の受注先をもつ。 ・合成DNA受託事業は、PCR法やDNAチップのような確立した技術を用いた研究開発の支援分野であり、イノベーションよりもQCD面の生産性向上が重要。 ・合成DNA事業の受注先(道内の大学や研究所など)から、当社営業マンが受けた相談内容を情報蓄積として、当社研究者が問題解決に当たり、技術研究所事業の共同研究のきっかけになっている。
＜事例5＞ 北海道システムサイエンス(株)	1988年9月、大手理化学機器商社のトップ営業マンであった水谷氏が、理化学機器の販売事業に併せて、合成DNA受託サービス会社を設立する。	合成DNA受託事業、DNAシーケンス(塩基配列解読)	・主要な受注先は、全国の大学・研究機関。地域別の売上高構成比は、(株)フロンティア・サイエンスのシェアが高い地元北海道では1割にすぎず、関東3割、関西3割、九州などその他3割と地元外のウエイトが高い。 ・当社の合成DNA受託事業の競争力は、①大学でニーズの高い多本数少量生産対応(製薬メーカー量産対応に適する)、②低価格、③スピード(24時間以内)、④高品質(前後工程のトータル品質管理システム)の4点であり、その源泉は工程イノベーションにある。

創造クラスターが形成されつつあること(事例2)、⑤研究機器商社等からスピンオフして起業された地元の研究支援型中小企業が合成DNA受託サービスなどニューバイオ研究開発(研究型大学とそこから起業した研究開発型企業群)の支援分野を担っていること(事例4・5)、⑥ニューバイオ研究者の大学からの起業・スピンオフに際して小樽商科大学ビジネス創造センター(主に同大学教員が監査役として就任)や北海道ベンチャーキャピタル(主に資金供給と財務面の人的サポート)などの経営支援インフラが機能していること(事例2・3)、などが北海道のニューバイオ関連クラスターの形成・発展要因として明らかになった。

ただし、三井(2002)のとおり、北海道のスーパークラスター振興戦略という構想と足元の実態においては乖離が大きく問題も山積しているという面もある[*14]。

6. 地域のニューバイオ関連産業クラスターの形成・発展のメカニズム

最後に、以上の考察をベースとして、野中・竹内(1996)と中村・小田切(2002)のモデルを援用し、ニューバイオ技術のイノベーションモデルを示し、ここでのプロセスと対応する形で、地域におけるニューバイオ関連産業クラスターの形成・発展のメカニズムを描いてみたい<図5-4>。

1 形成段階

まず、形成段階であるが、ニューバイオテクノロジーの特性として潜在的市場(需要条件)から影響を受けることなく、「研究」から「発明・分析的設計(例:薬となる可能性の高い化合物の探索・選別など)」へ導かれることに対応し、クラスターにおいても研究型大学・公的研究機関の立地がすべてのルーツとなる。そして、国等から研究資金が大学等へ投入されると、ここの研究者がスピンオフや兼業を通じて大学周辺に研究開発型のハイテク中小企

第 5 章　地域におけるニューバイオ関連産業クラスターの形成と発展のメカニズム

図5-4 地域のニューバイオ関連産業クラスターの形成・発展のメカニズム

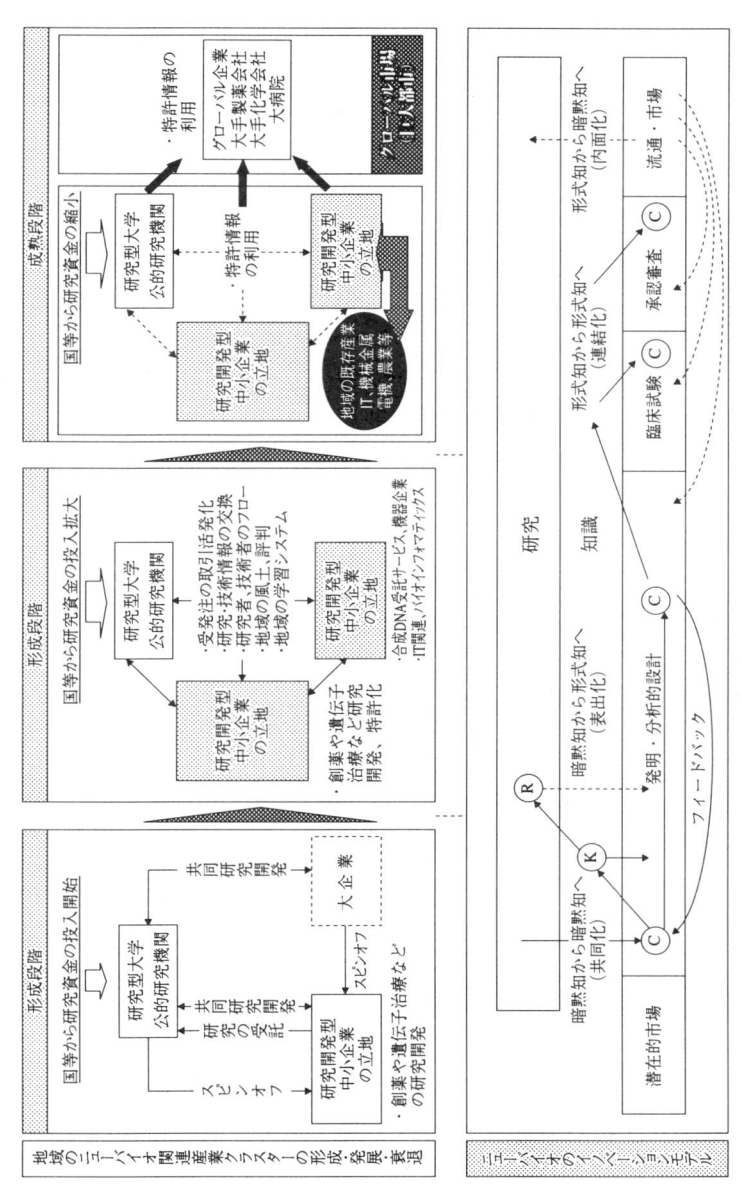

注）C：中心となる技術の連鎖、K：知識ストック、R科学研究
出所：中村・小田切 (2002)、野中・竹内 (1996) を参考に筆者作成。

業を創出していく。こうした大学等発の研究開発型中小企業は、創薬や遺伝子治療などのニューバイオ研究の本流において、共同研究開発やスピンオフ研究者の人的交流を通じ、大学の基礎研究と「暗黙知から暗黙知への共同化」によりプロダクトイノベーションを進めていく。

② 発展段階

　発展段階におけるプロダクトイノベーション創造のプロセスは、「研究」と「発明・分析的設計」の頻繁なフィードバックを通じて、ようやく「暗黙知から形式知への表出化」、すなわち特許が出てくる。これに対応する形で地域のクラスターでは、研究型大学とハイテク中小企業、支援・関連企業の間で、受発注の取引関係や研究・技術情報の交換、研究者・技術者のフローが活発化してくる。こうしたクラスター内のメンバーには、共通言語（バイオとITの専門用語など）と同じ文化や風土を背負った「信頼関係」があるため、円滑なフィードバックを通じて「暗黙知」でも流通しやすくなっている。

　ここでクラスターメンバーに台頭するのは、研究支援型のハイテク中小企業であり、合成DNA受託サービスや研究機器製作販売、バイオインフォマティックスを支えるIT関連企業といったニューバイオ研究のツール・派生分野を担う。注目すべきは、IT関連産業とニューバイオ関連産業のクラスターが重なり合ってバイオインフォマティックスの領域が拓かれ、地域のクラスターがグレードアップする点である。

③ 成熟段階

　成熟段階は、「研究、発明・分析的設計」までのプロダクトイノベーションを終え、「臨床試験・承認審査・流通市場」のプロセスイノベーションへと進む。この段階では、「形式知から形式知への連結化」というフィードバックの少ないリニアモデルとなりルーチン化してくる。このプロセスに対応する形で地域のクラスターには、特許という移転可能な形式情報が流れるにとどまり、研究型大学と研究開発型中小企業、研究支援型中小企業の間のループが

第5章　地域におけるニューバイオ関連産業クラスターの形成と発展のメカニズム

次第に薄れていく。また、なによりも、地域クラスターで生み出した特許情報は、世界各国の大都市圏に立地する大手製薬メーカー・大手化学メーカーが買い取り大病院で臨床試験を通し、さらに承認審査・流通市場といった多大なコストと時間だけのかかる一本道へと移転されることとなる。この時には大手製薬メーカー等の規模の優位性が機能するため、ハイテク中小企業に参入の余地は少なく、需要条件からの新たなクラスターが生まれることも少ない。

無論、国等からの研究資金が地域クラスターに立地する研究型大学へ潤沢に投入され続ければ、ニューバイオ関連の研究開発拠点として維持・発展する可能性もある。ただ、世界的に実証がないため仮説の域を越えないが、長期的にニューバイオ技術が確立し事業化・産業化まで大方到達した時、地域のニューバイオ関連産業クラスターは分裂・分散の一途をたどり成熟すると見通せる。その回避の鍵は、研究支援型のハイテク中小企業が握っている。研究支援型中小企業は、前述の事例のように、合成DNAなどの受託サービスやニューバイオの研究機器や検査装置を供給している。こうした企業の存在は、機械金属などの既存の産業集積にプロセスイノベーションを導入し、その伝播によって新たなクラスターの形成へと展開する可能性もあろう[*15]。

◈注

* ***1**　石倉ほか(2003)では、Porterのクラスター論について、①競争－協調関係とシナジー効果、②関連支援産業・需要条件・要素条件などのダイヤモンドモデル、③産学官などの多様な組織の関与、④取引コスト軽減・生産性向上、⑤イノベーションの創出・加速、⑥スピルオーバーと地理的範囲の広がり、などの特徴を挙げて整理している。
* ***2**　Piore and Sabel(1984)によるフレキシビリティな集積論の特徴は、クラフト型産業を成功事例に求めているほか、①取引コスト論を援用するなどコスト削減という経済的メリットを重視している点、②労働市場など社会制度との関係、市場の社会的構築(social construction of market)を提示している点、③企業間関係(特に中小企業ネットワーク)の持つ不確実市場への柔軟な対応

が集積の発展要因となる点、などが挙げられる。

*3 Florida(1995)による「学習地域(learning region)」論の特徴は、国家のイノベーションシステムを地域レベルに応用し、知識やイノベーションの創出における地域インフラや制度の役割を重視している点である。特に、プロダクトイノベーションにおいては、ハイテク産業のインフラ(大学・R&D施設・サポート機関)が重要であるとする。また、Keeble(2000)の実証研究によれば、地域の集団的学習過程とは、①地域労働市場における熟練ワーカーの流動性、②企業・大学・公的研究機関からのスピンオフ、③中小企業のネットワーク、といった3要素で構成される。例としては、中小企業と大学との共同研究のような意識的メカニズムと、地域労働市場からスピンオフした企業家を通じた自然発生的な知識伝播のような無意識的メカニズムが、クラスター企業のイノベーションを持続的発展させる地域の集団的学習能力になる点を挙げている。

*4 Porterのクラスター論には、知識経済社会を前提にしたイノベーションと動態的考察、知識スパイラルや集団的学習といった新産業集積論での視点を用いる一方、需要条件という市場と集積の関係性やサプライヤーなど関連支援企業を通じた取引コスト削減・生産性向上にも触れておりフレキシビリティ集積論も生きている。

*5 プロダクト(製品)イノベーションとプロセス(工程)イノベーションの類型化については、アバナシーとアターバックに研究成果がみられる。ここでは、製品と生産技術の変化により、流動期・移行期・固定期に分ける。多種多様な流動期に既存の技術体系を破壊するプロダクトイノベーションが生まれ、やがて支配的なドミナントデザインが登場すると、移行期には生産工程の効率化でより安く精緻化するプロセスイノベーションへと重点が移っていくという。詳しくは、Utterback,J.M. and W.J.Abernathy(1975)、Abernathy, W. J., K. Clark and A. Kantrow(1983)、Utterback, J.(1994)を参照。また、近年では、クリステンセンが、ハードディスクドライブといったスピードの速い製品市場において、破壊的なイノベーションの理論を打ち出しており、アバナシーらの量産組立製品をイメージしたモデルを発展させている。クリステンセンの新規性は、市場・顧客との関係にある。持続的イノベーションと異なり、現在役立たない製品・破壊的イノベーションは主流顧客の声(ニーズ)を重視すべきではないという。詳しくは、Christensen, C. M.(1997)を参照。ただ、

第5章　地域におけるニューバイオ関連産業クラスターの形成と発展のメカニズム

　クリステンセンの論理に当てはまる製品市場は限られ、多くのイノベーションの源泉は顧客、特にリードユーザーにあるのも事実である。たとえば、ヒッペルの研究では、特殊な科学機器のケースで77％、一般的な生産財でも67％、ユーザーがイノベーターであった。詳しくは、von Hippel, E.(1988)を参照。

*6　後藤・永田ほか(1997)によれば、ニューバイオ関連産業においては、他の産業と比べて、例外的にも専有可能性を確保する手段として特許の有効性が高いことを実証している。実務的にみても、医薬品などの特許では、その技術を分子レベルまで明確に定義できることが多く、迂回発明など模倣が難しい。また、他の産業では、人間の創造活動の成果を無限に特許化することが可能であるが、ニューバイオ関連産業の場合、遺伝子の数には限りが有るため、特許を他の開発者に先んじて取得することが競争上極めて強い影響をもつ。

*7　イノベーションモデルといえば「リニア(単線)モデル」に代わって「鎖状連結モデル(Chain-Linked Model)」を提唱したKline and Rosenberg(1986)が有名であるが、中村・小田切(2002)はこれを援用して、医薬品産業のイノベーションプロセスを示している。

*8　アメリカの事例をもとに加藤敏春(2002)は、医療産業におけるハイテク中小企業の役割として、研究ツールビジネス(技術・装置・試料などを提供)とバイオインフォマティックス(情報サービス)といった「医薬品支援ビジネス」をメインに挙げている。さらに、情報提供ビジネス(DNA情報などを提供)、創薬ビジネス(医薬品の候補を探索し販売ビジネスへ提供)、創薬販売ビジネス(医薬品候補の臨床試験を行い医薬品として販売)といった「医薬品ビジネス」についても、大手医薬品メーカーや大学の「従」として一定の役割があり、特に川下ではなく川上においてより大きな役割がある点を示している。

*9　中村・小田切(2002)は、科学技術政策研究所(2000)をもとに、アメリカおよび日本の「全分野」と「生化学・微生物」のサイエンス・リンケージ(特許1件あたりの論文引用件数)を比較分析している。その結果、日本よりもアメリカ、「全分野」よりも「生化学・微生物」の指標がより高いことを示している。ここから、バイオテクノロジーの特許すなわちイノベーションは、基礎研究から受ける影響が大きく、アメリカでは基礎研究を担う研究型大学がバイオ産業を支えている点が推察される。

115

＊10　NIH（国立保健衛生研究所）からの研究開発資金総額は、1970から2000年までに増加の一途をたどり約1兆円に達している。地域別では、ボストン（ジーンタウン地域）が最多であり、クラスター形成の源泉となっている。詳しくは、Brookings Institution（2002）を参照。

＊11　産業クラスター計画の基本理念・目的をみれば、公共事業や企業誘致に依存しない真の「産業空洞化」対策のため、世界レベルの新事業を創出する産業クラスター（集積）を各地で形成し、地域経済の牽引役となる方向性が目指されている。具体的には、経済産業局が管内の有望産業・企業を発掘し、これらを含む産学官の広域的なネットワークを形成し、本省の支援施策を適宜投入していくものである。詳細は、経済産業省『「地域再生産業集積計画（産業クラスター計画）」について』2001年8月を参照。

＊12　知的クラスター創成事業は、地域の大学等を核としたイノベーション創出プログラムである。事業期間は5年間、予算規模60億円／年。詳細は、文部科学省『知的クラスター創成事業の概要』を参照。

＊13　たとえば、DNA組換えなど遺伝子工学分野における研究者は184人、科研費採択数は176件、特許出願の特化係数（北海道／全国平均）は1.99であり、東京、大阪に次ぐニューバイオ研究のポテンシャルがあるとしている。

＊14　北海道のスーパークラスター戦略とその実態には、①ニューバイオの先端的研究が事業化段階までに達するには多くの時間を要する、②大学からの起業では泥臭い真の企業家が存在しない、③これまで各地域レベルで取り組んできたオールドバイオ主体の産業クラスター創造の動きが置いてきぼりを食う、④札幌周辺地域のみに政策資源が投じられ北海道全域の活性化につながらない、といった問題を抱えている。詳しくは、三井（2002）を参照。

＊15　たとえば、東大阪の工業集積地に立地する（株）ミレニアムゲートテクノロジー（武内社長）は、メッキ加工のコア技術・ナノテクをニューバイオ研究・機器開発分野へと融合し、電気測定方式のDNAチップ作製装置を開発している。さらに、当社の近接に立地するクラスターテクノロジー（株）（安達稔社長）の協力を得て、DNAチップ基盤のマイクロアレーを開発している。また、神戸市機械金属工業会（医療用機器開発研究会）の異業種交流会では、神戸医療産業都市構想の一環として、先端医療センターや中央市民病院の研究者・医師のニーズと工業会メンバーのシーズをマッチングし、オープン型MRI（開放型核磁気共鳴撮影装置）用の非磁性体手術器具を開発している。

第5章　地域におけるニューバイオ関連産業クラスターの形成と発展のメカニズム

◈参照文献

Abernathy, W. J., K. Clark and A.Kantrow(1983) *Industrial Renaissance:Producing a Competitive Future for America*, New York:Basic Books.(日本興業銀行産業調査部訳『インダストリアル・ルネッサンス：脱成熟化時代へ』TBSブリタニカ, 1984年)

Badaracco, J. L., Jr(1991) *The Knowledge Link* : Harvard Business School Press. (中村元一・黒田哲彦訳『知識の連鎖』ダイヤモンド社, 1991年)

Brookings Institution(2002) *Signs of Life:The Growth of Biotechnology Centers in the U.S.*

Christensen, C. M.(1997) *The Innovator's Dilemma* : Harvard University Business School Press.(伊豆原弓訳『イノベーションのジレンマ』翔泳社, 2001年)

大和総合研究所(2002)『バイオビジネス白書』翔泳社

Drucker, P(1993) *Post-Capitalist Society*, Harper Business(上田・佐々木・田代訳『ポスト資本主義社会』ダイヤモンド社, 1993年)

Ernst and Young(1999) *Ernst and Young's European Life Sciences99:Sixth Annual Report, Communicating Value*, Ernst and Young International, London.

European Commission(2001) *The competitiveness of European Biotechnology*: European competitiveness report 2001 Chapter 5.

Florida, R.(1995) "Towards the learning region," *Futures* 27(5), pp.527-536.

後藤晃・永田晃(1997)「イノベーションの専有可能性と技術機会」『NISTEP REPORT』NO48, 科学技術政策研究所

北海道経済産業局(2002)『北海道におけるバイオ産業クラスター形成に関する調査報告書』

石倉洋子・藤田昌久・前田昇・金井一頼・山崎朗(2003)『日本の産業クラスター戦略』有斐閣

ジェトロ・ロスアンゼルスセンター(1999)『サンディエゴ地域産業としてのバイオテクノロジー』

ジェトロ・ニューヨーク(2000)『マサチューセッツ州「ジーンタウン」におけるバイオ産業集積実態調査』

科学技術庁・文部省・厚生省・農林水産省・通商産業省(1999)「バイオテクノロジー産業の創造に向けた基本方針および基本戦略」

加藤敏春(2002)『ゲノム・イノベーション』勁草書房

Keeble, D and Wilkinson. F [2000] *High-Technology Clusters - Networking and Collective Learning in Europe*, ESRC Centre for Business Research, University of Cambridge.

Kline, S. J and N. Rosenberg [1986] "An overview of innovation," *The Positive Sum Strategy*, Washington, DC : National Academy Press.

近藤正幸 (2002)『大学発ベンチャーの育成戦略』中央経済社

厚生労働省 (2002)「「生命の世紀」を支える医薬品産業の国際競争力強化に向けて」

Marshall, A (1890) *Principles of economics. London* : The Macmillan Press.(馬場啓之助訳『マーシャル経済学原理Ⅲ』東洋経済新報社, 1966)

三井逸友 (2002)「21世紀の産業戦略と地域中小企業の可能性」『商工金融』第52巻6号

文部科学省研究振興局ライフサイエンス課ほか (2002)「平成13年度 バイオ産業創造基礎調査報告書」

長山宗広 (2002)「地域における新産業創出・産学官連携・クラスター政策の実際」『信金中金月報』第1巻第12号

長山宗広 (2004)「ニューバイオ関連産業クラスターにおけるハイテク中小企業の存立基盤」『日本中小企業学会論集23』同友館

中村吉明・小田切宏之 (2002)「我が国のバイオ・テクノロジー分野の研究開発の現状と3つの課題」『RIETI Discussion Paper Series』02-J-003, 経済産業研究所

日経バイオテク (1998)『世界のバイオ企業』

野中郁次郎・竹内弘高 (1996)『知識創造企業』東洋経済新報社

小田切宏之・中村吉明 (2002)「日本のバイオ・ベンチャー企業」『ディスカッション・ペーパー』No.22, 科学技術政策研究所

Piore, M. J and Sabel, C. F [1984] *The Second Industrial Divide - Possibilities for Prosperity*, Basic Books.(山之内靖ほか訳『第二の産業分水嶺』筑摩書房, 1993年)

Porter, M. [1998] *On Competition* : Harvard University Business School Press.(竹内弘高訳 (1999)『競争戦略論 (Ⅰ), (Ⅱ)』ダイヤモンド社)

Saxenian, A (1994) *Regional Advantage - Culture and Competition in Silicon Valley and Route 128-*, Harvard University Press.(大前研一訳『現代の二都物語』講談社, 1995年)

高橋美樹 (2003)「イノベーションと中小企業」日本中小企業学会『中小企業存立基

第5章　地域におけるニューバイオ関連産業クラスターの形成と発展のメカニズム

　　盤の再検討』同友館
友澤和夫(2000)「生産システムから学習システムへ」『経済地理学年報』第46巻4号
Utterback, J. (1994) *Mastering the Dynamics of Innovation*, Boston : Harvard Business School Press.（大津正和・小川進訳『イノベーション・ダイナミックス』有斐閣，1998年）
Utterback, J. M. and W. J. Abernathy (1975) "A Dynamic Model of Process and Product Innovation," *Omega*, Vol.3, No.6.
von Hippel, E. (1988) *The Sources of Innovation* : Oxford University Press.（榊原清則訳『イノベーションの源泉』ダイヤモンド社，1991年）
(株)矢野経済研究所(2002)『バイオベンチャーの現状と展望』
吉川智教(2001)『研究開発型ベンチャー企業の産業クラスターとモノ作りと新製品開発拠点の集積の論理の違い』ベンチャーズ・レビューNO.2

第6章

中小企業間における共同事業の構造
航空・宇宙関連部品調達支援プロジェクトを事例として

山崎　淳

1. はじめに

1　研究設問

　意欲的な中堅・中小企業の中には、共同事業を目的としてグループを形成する事例が見られる。このような複数の中堅・中小企業による共同事業は、共同事業を行なう企業間で経営資源の補完がなされ、新たな事業展開を図るきっかけになるのであれば、共同事業を行なう現象は理解しやすいが、現実には共同事業が当事者にとって利益をもたらすことは限定的である。共同事業を行なっていることが、経営の積極性を示すことにつながり、体外的な評判を得ることや、活動を通じて当事者である個別企業の組織が活性化することなど、ある意味副次的な効果が主に評価されるような状況である。

　では、なぜ共同での活動を行ない実践しているのだろうか。この問いが本研究テーマの根底をなす問題意識である。そして、共同事業において中堅・

中小企業間を結び付けているのは、共同事業から各企業が期待する利益（当初の目的の利益）という経済合理性だけでなく、経営者を結び付ける価値観であることや、経営における客観的な評価、判断だけでなく経営者の主観的な考えであったり、目に見える物理的なものでなく精神的なものの要因が少なくないのではないだろうかという研究設問を設定した。

　なお、共同事業とは、「複数の企業が中心となって（支援機関、専門家が含まれることも想定される）新たな事業化を図ること」と、ここでは定義しておきたい。

　もちろん、経済合理的な判断や客観的な経営判断の要因を軽視するわけではないが、共同事業という中堅・中小企業の経営行動を通して中堅・中小企業の実態をより浮き彫りにするために、これまで見落とされがちだった共同事業内に共有される価値観、精神的なものではあるが、具体的に共同事業を行なっていく上で、グループ内で相互理解がなされ、共同事業という経営行動に影響する次元を探ることとした。

　これまで、企業間の関係については、さまざまな視点からの研究が見られる。組織間関係論（interorganization theory and management）では、企業と企業、利害関係者との関係のあり方について研究がなされているが、その中の中核的パースペクティブである資源依存パースペクティブ（resource dependence perspective）によると、①組織が存続していくためには、外部環境から、諸資源を獲得・処分しなければならない。②組織は自らの自立性を保持し、他組織への依存を回避しようとし、またできるかぎり他組織をして自らに依存させ、自らの支配の及ぶ範囲を拡大しようとし、依存を受け容れざるをえない時には、それを積極的に取り扱うという行動原理を持つとしている。共同事業内においても上記の考え方は当てはまるが、共同事業の実態からするとそれだけでは組織間のありようをうまく説明できていないのではないだろうか。実際、「組織関係を組織間の資源交換・依存関係を中心にとりあげているが、組織関係は組織と組織との間のモノ・カネ・ヒトを媒介する関係に限られない。」として、「組織と組織の間には、信頼関係が形成されるとか、共有され

第 6 章　中小企業間における共同事業の構造

た価値や規範が形成・維持されるといった関係づくりがある。資源パースペクティブで捉えることは難しい。」山倉健嗣(1993)と資源パースペクティブの限界が指摘されている。

　また、共同事業を複数の組織からなる水平的でルースに結合されたネットワーク組織と捉えてみても「ネットワークを結合させているものは、価値観であり、何らかの物体ではない、ネットワークの紐帯は客観的なものというより主観的なものである」(Jessica Lipnack &Jeffrey Stamps(1982))と指摘されている。

　以上を踏まえ、研究設問の答えを共同事業の行なわれているフィールドから求めるべく、調査を行なうこととした。

　実際にフィールドでの調査に出る前に、研究の焦点を絞るために共同事業が行なわれているフィールドをよく知る共同事業の実践者に本研究に関する意見を聞くこととした。そこで、神奈川県を中心に共同事業を含む異業種交流活動の支援を約30年間行なってきている神奈川県異業種グループ連絡会議(略称：異グ連、以下、異グ連)[1]の事務局長 A 氏から2004年7月にアドバイスを受ける機会を得た。

2　本論における研究の範囲

　本論における研究は、共同事業の実践者としての意見を伺った A 氏から、2004年7月の面談の翌日に異グ連の事業化支援プロジェクトの1つである航空・宇宙関連部品調達支援プロジェクト(略称：まんてんプロジェクト、以下、まんてんプロジェクト[2])から生まれたJASPA株式会社(Japan Aerospace Parts Association)の設立披露会と会員企業技術展示会が開催されることが予定されており、その会へ参加することを勧められたことから始まっている。

　共同事業の参加者間にどのような世界が見られるのかを調査するには、調査者が実際の活動に参加し、共同事業内に起こるさまざまな出来事や、試行錯誤の過程を共有することが重要である。そのようなことを考えると、①まんてんプロジェクト及びJASPA(株)は、新たにプロジェクトが発足し、これ

から活動が始まろうとする段階にある事例であり、当事者にとって、まだプロジェクトの発足に至るまでの記憶が新しく、さまざまな情報の入手が期待できること、②今後、活動が本格的に行なわれ、その活動が行なわれている場にリアルタイムに立ち会えるチャンスがあり、これらを捉えることは、本研究の課題を明らかにする上で重要であると判断し、このような共同事業の事例に出会うチャンスはなかなかないことから調査対象とすることを決めた。

従って本論の研究対象は、共同事業が形成し活動が始まった共同事業の初期段階にある。そこで、研究の範囲としては、現時点でこそ明らかにしておくべき内容であると判断した①共同事業の構想がどのように始まったのかについて、まんてんプロジェクト設立の経緯とそのプロジェクトから生まれたJASPA（株）の設立の経緯、②共同事業の構成員それぞれの参加への経緯、③JASPA（株）の取締役就任という共同事業の中核的役割を果たすことに至った経緯を捉えることまでを範囲とした。

2. 研究方法と調査対象

1 研究方法

(a) 方法論

共同事業を行なっている中小企業の当事者たちが作り上げている世界を理解することを主眼において方法論を検討した。共同事業の当事者の視点から捉え、解釈していく方法論が求められることから質的研究として、エスノグラフィック（民族誌的）な方法を試みることとした。

エスノグラフィーとしてのフィールドワークであるから、共同での活動を、当事者が行なう各種の会議や、イベントなどが行なわれているその場の中に入り込み長期的に観察する参加観察、個別にインタビューをすること、あらゆる資料の収集を考えている。

今回、フィールドワークで行なったインタビューでは、オーラル・ヒスト

リーの方法*3による研究の成果を参考とした。日本では、オーラル・ヒストリーは口承史として古くから存在し、民間伝承として柳田國男らの民俗学によって収集されてきている。

なぜ、オーラル・ヒストリーの方法を参考にしたかについては、中村正則(1987)が主張する文献史料中心の歴史学に対するオーラル・ヒストリーの4つのメリットを示したうえで説明したい。それは、4つのメリットがあるからこそ本研究は、オーラル・ヒストリーの方法を参考にしているからである。

第1に、「記録を残さない底辺民衆の歴史や生きざまを明らかにすることによって、搾取される側、侵略される側の感情や思考にふれさせることになり、歴史の複眼的な見方を可能にさせる」、第2に、「オーラル・ヒストリーは社会の構造と人間との緊張にみちた拮抗の関係を把握するうえで有効な方法となる」、第3に、「文献中心の歴史学とちがって、オーラル・ドキュメントは臨場感・迫真性・直接性、総じて歴史叙述に生彩を与えることができる」、第4に、「オーラル・ドキュメントによって文献資料の読み方が変わってくる場合がある。あるいは文献資料の間違いを訂正することができる場合がある」。

以上を踏まえ、本研究では、第1に、研究対象の中小企業を特別な存在としてではない、大多数の中の中小企業として捉え共同事業の活動を通して中小企業の実態を明らかにしたい。第2に、より深く当事者の世界のありようを明らかにするうえで、中小企業の経営者の歩んできた社会人としてのキャリアとその時代、そしてその背景を持って主体的に共同事業に参加してゆく姿を捉えたい。第3に、共同事業に参加する当事者に当事者の世界について自ら語ってもらうことで、より臨場感・迫真性・直接性を際立たせ、生き生きと中小企業を捉えたい。第4に、オーラル・ヒストリーの方法により、中小企業に対する新たな視座が求められることを期待した。

オーラル・ヒストリーの方法で、実際にどのような言葉で行為を表しているのか、その言葉が当事者の世界の中でどのような意味を持ち、そこから何が生成しているのか、共同事業について、当事者の言葉をとおしてどのよう

な構造が見られるかの理解に臨むこととした。

　ただ、本研究は、オーラル・ヒストリーが中心に取り扱う、個人のライフ・ストーリーとは異なり、中小企業が作り上げている共同事業の経営についての理解に臨む企業研究であることから、共同事業の当事者に認識される現実の経営における緊張と矛盾のせめぎ合いの中での判断、行動を丁寧に捉えていくことに重点を置き、客観性の確保にも注力している。

　オーラル・ヒストリーという口述の信頼性の確保については、調査者として、調査対象者の歩んできたキャリア形成の道程と、時代背景との対比、複数の人に同じ質問項目を投げかけることにより矛盾点や齟齬がないかを確認をするようにした。なお、インタビュー調査の中で、事実との対比による議論、また、調査者としての見解や、持論を持ち出しての議論は、調査対象者を誘導することにもつながることから避けた。

　オーラル・ヒストリーにおける調査するものと調査されるものとの関係については、日本を代表する民俗学者である宮本常一の代表作「忘れられた日本人」の中に、「相手の人が私の調子にあわせるのではなく自分自身の調子で話してくれるのをたいへんありがたいと思うし、その言葉をまたできるだけこわさないように皆さんに伝えるのがわたしの仕事の1つかと思っている」（宮本常一（1984））と調査方法の秘訣の一つが書かれているが、本研究も調査者としてインタビュー相手が「自分自身の調子」で話してもらえるように心掛けた。

　インタビューは、調査対象者の心理的負担を極力低減し、当事者として自然に語ってもらうことを優先し、1対1の面談とした。調査者が1名ということもあり、聞き逃しを避けるためにICレコーダーを活用している。

　インタビュー前の事前の準備は、会社案内や対象企業のホームページ、取引先のホームページなどで情報を得るようにした。事前に会社の概要と社歴、調査対象者の職歴などを記載したカルテを作成しておいた。A氏については、事前の面談で入手した資料、冊子、新聞記事と異グ連のホームページなどで情報を得た。ただ、事前に入手した情報により先入観を持つことがないよう

第6章　中小企業間における共同事業の構造

に留意した。

　本論に関わる調査期間は、JASPA設立披露会が行なわれた2004年7月から5名分のインタビューを終えた8月末までの期間である。

　インタビュー回数は、各人1回、1時間の面談。なお、A氏については、既に述べたように、インタビュー以前に、共同事業の実践者として1度面談しアドバイスを受けている。

　面談場所は、調査対象者の本業が行なわれている場所を第一に考え選定した。JASPA社長B氏は、JASPAの入居するビルの応接室と喫茶店、C氏は、C社事務所、D氏は、D社事務所、E氏は、本人の希望でJASPAの入居するビルの応接室で行なった。なお、E社は工場が新潟にあり、横浜の本社は事務所機能のみであることから社長の申し出どおりにJASPA（株）の応接室で行なった。

(b)　調査項目

　インタビューを始める前に、調査者の簡単な自己紹介をしたうえでインタビューの目的を伝えた。インタビューの目的に関しては、研究テーマ及び具体的な狙いについては詳細には言及せず、「中堅・中小企業の共同事業に関してどのような活動がどのように進められているかをより詳しく実践者の方から話を聞くためのインタビューである」ことだけを伝え、理解を得た。

　インタビュー調査の流れとしては、まず、はじめに、調査対象者の個人として「学校卒業後、仕事との関わりを通して現在まで歩まれた道を自由にお話いただきたい」とお願いした。

　その後の質問項目としては、「まんてんプロジェクトの発足から、JASPA（株）設立に至るまでの活動の経緯について」、「まんてんプロジェクトの参加の経緯」、「JASPA（株）設立の経緯と、取締役の就任の経緯」、「自社の経営課題」、「JASPA（株）の経営課題」、「自社におけるJASPA（株）の位置づけ」、「JASPA（株）での社長の役割は何か」、「まんてんプロジェクト、JASPA関係の仕事の工数（全仕事における仕事の時間の割合）」、「会社概要に関して」であ

る。なお、話の中で、別の項目について話が及んだ場合、その項目は既に述べられたと考え、改めて項目を設けて質問し直すことはしなかった。

(c) そのほか

インタビューの後には、工場見学をお願いし、企業の利益の源泉である工場の中から企業の実態を観察することとした。工場見学を行なったのは、C社、D社である。なお、E社については、工場の所在が新潟県であるため今回は工場見学をしていない。

2 調査対象

調査対象の共同事業は、異グ連の事業化支援プロジェクトの1つである、まんてんプロジェクトとそのプロジェクトから生まれたJASPA（株）である。そして今回のインタビュー調査の対象者は、JASPA（株）の代表取締役社長と取締役でかつ、会社もしくは、個人でJASPA（株）に出資をしている人物を対象とした。JASPA（株）の社長はもちろんのこと、出資の有無を1つの指標と考えて、出資金を負担している企業の社長もしくは個人は、より共同事業への関与が高いと判断した。従って、代表取締役社長B氏と取締役では、A氏、C氏、D氏、E氏が対象となった。これは、JASPA（株）の取締役9名全員を対象とするのが理想ではあるが、第一段階の調査として計5名へのインタビューとした。取締役のC氏、D氏、E氏はそれぞれ中小企業の経営者である。また、A氏は、異グ連の事務局長であり、まんてんプロジェクトの構想、設立準備段階から、JASPA設立に至るまで中心的役割を果たしている。

なお、今回対象に含めなかった取締役の5名は、財団法人神奈川中小企業センターのビジネスコーディネータ[*4]である。

今回インタビューを行なった3社の社長は、いわゆる中小企業の経営者である。社長個人としても会社としても、単独では事例研究の対象となることや、新聞、雑誌記事に取り上げられることのないようなごく普通の中小企業である。そのような中小企業を、統計データの中の1社という「埋もれてし

第6章　中小企業間における共同事業の構造

まう存在」ではなく、当事者である社長の言葉をとおして理解を試みた。
　以下、まんてんプロジェクト及び、JASPA（株）について概略を記しておきたい。

（a）　まんてんプロジェクト
　まんてんプロジェクトは、異グ連の事業化支援プロジェクトの中の1つである。また、このプロジェクトは、特定非営利活動法人（NPO）大田ビジネス創造協議会[*5]との連携がなされている。プロジェクトの参加企業の立地は主に神奈川県、東京都の企業であるが、異グ連、大田ビジネス創造協議会のそれぞれの活動拠点である神奈川、東京に限定するのではなく、日本の中小製造業の基盤づくりを目指していることから、特定の地域に限定したものではなく、全国的な広がりを期待している。
《まんてんプロジェクトの概要》
　　（2004年7月14日のJASPA株式会社設立披露会の配布資料による）
　　独立行政法人宇宙航空研究開発機構（以下JAXA）[*6]と共同で航空・宇宙関連部品の開発製造を行なう中小企業グループ。
　　参加の条件は、登録料1万円の納入
　　2004年7月14日現在42社参加
　　参加企業の所在は、神奈川県23社（構成比54.8％）、東京都17社（構成比40.5％）、千葉県1社（構成比2.4％）、愛知県1社（構成比2.4％）
　　会長：C氏（C社代表取締役）
　　事務所：横浜市中区尾上町5－80神奈川中小企業センター5階、神奈川
　　　　　　異業種グループ連絡会議内

（b）　JASPA株式会社（Japan Aerospace Parts Association）
　　会社の概要
　　（2004年7月のJASPA株式会社設立披露会の配布資料による）
　　代表取締役：B氏

取締役：A氏、C氏、D氏、E氏、F氏、他4名
本社所在地：横浜市
事務所：横浜市
設立年月日：2004年4月
資本金：1000万円
事業目的：
- 日本の中小製造業は高度な加工技術やユニークなアイデアを持ちながらも、品質管理・保証の体制や営業体制を自社内に持てないため、航空・宇宙ビジネスに直接的に参加することが困難であるため、下請としての間接的な参加に留まらざるをえなかった。
- わが社は、この問題解決のための仕組みを提供することを事業目的として設立した。今後は、全国の中小企業、研究機関等との連携により、わが国の航空・宇宙産業の基盤拡大と活性化に貢献するとともに、中小製造業の技術力向上と国際競争力の強化の促進に貢献したい。

事業内容：
1. 航空・宇宙関連部品の品質と信頼性の管理、保証業務
2. 航空・宇宙関連部品の開発。製造の受託業務
3. 航空・宇宙関連及び一般工業技術、製品の国際電子取引の仲介業務
4. 品質保証に関する指導、コンサルティング業務

3. 分析及び結果

インタビュー後の分析作業としては、インタビューの記録に使ったICレコーダを使い、インタビュー内容を文字変換(ワープロ化)した。そして、そのトランスクリプトを丹念に読み、当事者が作り上げている世界を理解するための手掛かりとなると思われるキーワードを抽出した。抽出の基準として

は、繰り返し使われる言葉、当事者の位置づけや状況を表す言葉、当事者の世界で生じている、もしくは生じた出来事の時間的推移を表す言葉、変化の様子を表す言葉、人及び組織間の関係性を表す言葉などである。

5名それぞれのインタビューについて、キーワードとなる言葉のカードを作り、そのカードを使い、言葉の関係性に基づき分類、整理し、共同事業にどのような構造にあるかを見やすくするよう試みた。

1 まんてんプロジェクト設立の経緯と背景

まんてんプロジェクトの設立の経緯は、異グ連事務局長のA氏が、2002年5月に（財）神奈川中小企業センターのビジネスコーディネータであるF氏（JASPA（株）取締役）から同氏が委員をつとめる宇宙開発事業団（NASDA）、宇宙用部品技術委員会の報告書「宇宙用部品技術委員会報告書—宇宙用部品の再構築に向けて—」宇宙用部品技術委員会（2003）[7]を入手し、それに興味を持ったのが最初のきっかけである。

報告書には、かつては国産技術の育成を目指してロケット・人工衛星の部品国産化率は90％以上あったが、経済性の向上・国際協調の政策へ移行したことにより、現在、部品の国産化率は30％程度にまで落ち込んでいる現状が示されていた。

国産化比率の低下の原因としては、①衛星・ロケットの製作コストの削減圧力によりコスト効率が要求され、部品等の国産化の施策も転換されるようになったこと、②HⅡロケットの打ち上げ失敗などが相次いだため、宇宙開発投資が減少し、その影響を受けて宇宙用部品の需要が激減した。その結果、生産量が少ないことから採算面で厳しくなったこと。③技術者の確保、製造設備の維持が難しいこと、④近年の厳しい経済環境下にある大手メーカーが事業の選択と集中を推し進めたことにより採算性が重視され、この分野の撤退が相次いでいることなどが挙げられる。

そして、なぜ国産化率の低下が問題であるかを報告書から読み取ると、①輸入部品の米国[8]の輸出許可審査等に時間を要すること、②輸入調達先が一

方的な製造中止をすることがあり、安定的な調達に支障があること、③不具合時に情報の開示の制限から十分な故障解析ができないことが挙げられている。

航空・宇宙分野は、中小企業にはとても新規事業としてプロジェクトを立ち上げることができる分野ではないと思っていたが、報告書を読み情報を得てゆく過程で、次第に中小企業にとっても戦略的に取り組める分野として考えられるようになった。

そして大量生産品の生産が中国へシフトしてゆく中で多品種少量生産品により生き残ってきた日本の中小製造業にとって多品種少量生産品である航空・宇宙分野は、ある意味、得意な分野でもあり、挑戦すべき分野だと理解するに至っている。

そこで、大手が採算を重視し、撤退しているものの、航空・宇宙関連部品はこれからも国内で製造することが需要者側から求められていること、これまでも部品を製作していたのは、大手の下請け中小企業であることから、異業種交流の手法を適用することで大手を通さず中小企業が受注製造できる可能性があると判断した。そして、2003年3月に東京都墨田区(すみだ中小企業センター)でNASDA、NALの両機関主催で開催された「宇宙航空技術交流会」に参加し、単に大手の撤退による直接受注のチャンスのみならず、新たな技術開発を支える、新たな技術提案を大企業はもちろんのこと、中小企業、ベンチャー企業から導入することを求めていることを知り、中小企業・ベンチャー企業が航空・宇宙分野に参入できるチャンスがあることを知ることになる。そして参入の機会があることを確信して、異グ連の新たな事業化支援プロジェクトとして立ち上げるだけの体制が整うかを判断するために、(財)神奈川中小企業センターのビジネスコーディネータに相談した。その結果、協力するビジネスコーディネータが集まり体制が整うこととなった。

支援体制は見通しがついたが、実際にプロジェクトに参加する中小企業が存在しなければ成り立たないが、アンケート調査や新聞記事でプロジェクトの構想を知らせたところ、プロジェクトを立ち上げるだけの反応があった。

第6章　中小企業間における共同事業の構造

そして、具体的に、参加者を募ってプロジェクトを進めるべくNASDAを招いての説明会、見学会を開催している。

このような活動を通してプロジェクト設立の機運が高まり、2003年9月にプロジェクトが設立された。

《まんてんプロジェクト設立の経緯》
　　2003年2月テクニカルショウ横浜（工業技術見本市）で募集葉書の配布
　　2003年3月大田区工業展でも募集葉書の配布
　　2003年4月、5月異グ連主催で、NASDAを招いた説明会開催
　　2003年7月異グ連主催でNASDA筑波宇宙センターの見学会開催
　　2003年9月NASDAの第1回宇宙開発利用産学官連携シンポジウムで発表
　　2003年9月NASDAの出席のもとで発会式

2　JASPA株式会社設立の経緯と背景

航空・宇宙分野に中小企業が参入する上で最大のネックは、品質保証[*9]である。中小企業にとって、自社で品質保証体制を整えるのは極めて困難である。そこで、2003年9月にまんてんプロジェクトを発足後、協同組合を設立し、まんてんプロジェクトの会員のために品質保証の機能を提供することで、中小企業の航空・宇宙分野への参入を目指すこととなった。しかし、協同組合を設立する前に、JAXAから発注[*10]の打診を受けることとなる。発注元であるJAXAにとって契約相手が法人であることが前提になるが、その時点では法人が存在しないため、急遽まんてんプロジェクトの会長の企業であるC社が受け皿として2004年2月に契約を行ない、同年3月に製品を納入している。ただ、今後の活動のことを考えると組織が必要であることは認識しており、協同組合を設立する予定であった。その後、中小企業庁の施策である新連携対策委託事業のパイロット事業委託費2,000万円の募集があることを知り、応募を決め、応募になんとか間に合わせるためにも法人化を急いだ。当初考えていた協同組合の設立は、A氏の経験からすると設立許可までに早くても3カ月かかり、募集期限に間に合わない。しかし株式会社であれば、資本金

1千万円を集めることができれば設立可能なので株式会社を設立することにした。そこで幹事会社の3社と、社長就任予定者だったB氏、A氏で資本金を負担することになったという経緯がある。

《JASPA株式会社設立の経緯》
　　2004年4月：JASPA（株）設立
　　2004年7月：JASPA（株）設立披露会と会員企業技術展示会開催

3　本調査の対象者のまんてんプロジェクト参加及びJASPA（株）取締役就任の経緯

　まんてんプロジェクト設立と同時に、活動に積極的な企業の中からプロジェクトの幹事会社が決められた。その経緯をA氏は「この何回かこういう部分（プロジェクトに関する説明会や見学会、プロジェクトの会合など）をやる中で、なんでもそうだけど中心でやっていってもいいよという会社がね、出てくるわけですよ。最初からわかっていたわけではないから。その入れ込み方を見て、その相談する人をだんだん絞っていくわけですよね。例えば、あの、見学会などをやると質問をたくさんするとかね、もしこういうようなものを、『プロジェクトを作るとしたら自分は賛成するよ』とかね。そういう人を大体ピックアップをして、それで、今度は、幹事みたいな『世話役をやってくれませんか』と。それで『いいよ』というような人達が中心になってくるわけです」と述べている。

　そして、まんてんプロジェクトの幹事会社であるC社、D社、E社の社長3名と、ビジネスコーディネータ6名がJASPA（株）の取締役に就任している。

　これは、株式会社設立を急ぐこともあり、合意を得やすいプロジェクトの幹事会社3社の社長とまんてんプロジェクトの協力体制の核であり、事務局的役割も果たしているビジネスコーディネータが役員に就任したということである。

　幹事会社の決定は、A氏のこれまでの人脈の中から適任者を選定することを最優先するということよりは、自ら積極的に取り組もうとする意気込みが

どの程度であるかが重視されている。結果としては、E社長以外は、A氏とこれまで何らかの接点があった人が幹事会社となり、従ってJASPA(株)の取締役にも就任している。

なお、JASPA(株)の取締役で、中小企業の経営者である3名の共通点は、下請企業のいわゆる「機械加工屋」の2代目社長であることである。

以下、インタビューを実施した、5名について各人の略歴と航空・宇宙分野との関わり、まんてんプロジェクトへの参画の経緯とJASPA(株)の役員就任の経緯を記しておきたい。

(a) JASPA(株) 代表取締役社長 B氏

B氏(1936年生、68歳)は、大学(機械工学)卒業後、大手部品メーカーに就職し、精密バネの製造技術を担当した。その後、新事業としてゴルフシャフトを製造することになり、子供の頃からゴルフに親しみゴルフに詳しい技術屋であるB氏が新事業の担い手として指名されている。B氏は、新事業として1959年に設立されたゴルフシャフト製造メーカー(売上高：33億円(2003年6月))の設立時から参画している。1993年から2001年6月まで社長、2003年6月で顧問を退任している。

B氏は、異グ連の異業種交流活動の1つである85神奈川異業種交流プラザ(略称KIK)にゴルフシャフト製造メーカーの人間として参加し、その会の会長にも就任している。その活動の中でA氏との接点があった。

まんてんプロジェクト設立後にA氏から、まんてんプロジェクトの事務局は技術屋が中心であり、企業経営の経験のある人材が必要であることから、手伝って欲しいとの申し出があり、それに応じたというのがプロジェクトと関わるきっかけである。これまでのキャリアの中で、航空・宇宙分野に携わった経験はない。その後、JASPA設立にあたり、社長に就任している。

A氏によると、別のプロジェクトで、技術系の社長を引退した人を集めて技術開発の専門の会社を設立する構想があり、その中で、2003年にゴルフシャフト製造メーカーの顧問を退任したB氏に協力を求める計画であった。

今回、JASPA（株）の計画が先行したため、JASPA（株）の代表取締役にお願いしたとのことである。

（b） JASPA（株）　取締役　C氏（まんてんプロジェクト会長）

C氏（1941年生、63歳）は、高校卒業（鉄道関係の学校の機関科で機械設計などを学んだ）と同時に父が1959年に創業したC社に入社し、父とともに事業を営んできた。1980年に社長（2代目）に就任している。

航空・宇宙分野との関係は、1970年にC社が日産自動車（株）宇宙航空事業本部から人工衛星「おおすみたんせい」に関わる各種軌道制御製品の生産を依頼されたことから始まる。「おおすみたんせい」は我が国初の人工衛星である。航空・宇宙分野は、C社の現在の事業の柱である、航空機部品製造、半導体関連ユニット製造、光学機器開発、精密機器製造、医療・介護機器製造の5分野の中の1つである。

まんてんプロジェクトへの参加の経緯は、2003年2月に工業技術見本市（テクニカルショウヨコハマ）や3月の東京都大田区工業展で異グ連が配布したプロジェクト参加者の募集のアンケートやプロジェクトに関する新聞記事を見て強い関心を持ち異グ連のA氏に連絡したことが参加のきっかけである。A氏によると、異グ連のプロジェクト参加への呼びかけに真っ先に反応（A氏に連絡した）したのが、C氏であったそうである。その後、A氏から航空・宇宙分野に「自分の夢をかける」C氏にプロジェクトの会長の就任依頼があり、応諾している。

A氏とは、20年来の知人である。1954年東京で設立された中小企業家同友会のメンバーとして参加した勉強会にA氏が参加していたことがきっかけである。C氏がA氏に電話した時のことをA氏は、「Cさんから電話がかかってきてね、『お前（A氏）、こういうの、航空宇宙やるようじゃないか』と、『実はそうだ』と、そしたら、彼（C社長）は彼で、『実は前から航空部品作っていたんだ』、『じゃあちょっと手伝ってくれよ』と、こういう、とんとん拍子で、両方とも知っているもんだから、そういうことがやっぱり、きっかけ

になっていますよね」と述べている。
《会社概要：C社》
　　主たる製品及び得意技術（まんてんプロジェクトの紹介資料による）：
　航空機、宇宙機器部品の製作、難加工材の複雑形状部品の機械加工技術
　　本社所在地：東京都練馬区、売上高350百万円（2000年4月）、資本金45
　百万円、従業員数24名

(c)　JASPA（株）　取締役　D氏
　D氏（1949年生、55歳）は、大学卒業後、大学院（航空工学専攻）に進学するとともに、父の経営するD社の手伝いを始める。大学院修士課程を修了後、D社に就職し、1980年に代表取締役社長（2代目）に就任した。
　航空・宇宙分野との関係は、父と親交のあった木村秀政氏（1904年～1986年、財団法人輸送機設計研究協会（1957年設立）の技術委員長として初の国産旅客機「YS-11」の基本設計に携わったことなどで有名。元日本大学副総長）の影響を受けたことがきっかけである。木村氏が教授を務めていた日本大学で航空工学を学び修士課程を修めている。大学1年の時には、木村氏が米国の航空事業視察団の団長であったことから、視察団に同行する機会を得ている。父は、個人で建築板金加工業（神社仏閣の屋根の板金）を営んでいたが、1943年に創業したD製作所（1952年に解散）の創業時の事業が軍需による航空機用無線通信機の製作（プレス板金）であったことが事業としての航空・宇宙分野との接点として挙げられる。戦後、これまでの軍需関連の仕事がなくなり、自動車部品の精密加工へ移行したことから、現社長が入社してから現在まで、航空・宇宙関係の仕事を手掛けたことはない。しかし、2003年をD製作所の創業から60年の節目の年と捉え、「本家返り」、つまり航空・宇宙分野の仕事に取り組みたいと考えていた。
　丁度その頃、別件で（財）神奈川中小企業センター所属のビジネスコーディネータと接点があり、そのコーディネータとのやり取りの中で、以前手掛けていた航空・宇宙分野の仕事を再びやりたいという将来展望を話したところ、

異グ連で航空・宇宙関連のプロジェクトを立ち上げようとしていることを教えてもらい、すぐに参加を申し込んでいる。その後、まんてんプロジェクトの幹事会社となっている。

A氏との接点は、約20年前に遡る。D氏は、同社が立地する藤沢市の異業種交流会の「湘南ハイテクソサエティ」の立ち上げ発起人となり、2代目の事務局長となっている。そして、毎月の事務局長会議が当時のA氏の勤務地である工業試験所で行なわれていたことで、A氏との接点が生まれている。しかし、ここ数年は関わりが途絶えていたという。

会社概要：D社

主たる製品及び得意技術（まんてんプロジェクトの紹介資料による）：航空機用通信機、コックピットのパネル等の製作やステンレスの精密深絞り加工

本社所在地：神奈川県藤沢市、売上高760百万円（2003年7月）、資本金45百万円、従業員数50名

(d) JASPA（株） 取締役 E氏

E氏（1958年生、46歳）は、高校卒業後、電機専門学校に入学したものの、「毎日むなしく過ごし」、中退。その後、結婚を機に父が1964年に創業したE社に入社する。1999年に社長（2代目）に就任。

航空・宇宙分野については、E社は、およそ10年前から航空・宇宙関連の精密部品の加工を手掛けている。

まんてんプロジェクト参加への経緯は、まんてんプロジェクト発足とそれに関わる講演会と説明会の開催を紹介する新聞記事に関心を持ち、異グ連に電話で問い合わせたのが最初のきっかけである。新聞記事に記載されていた会には出席できなかったが、JAXAと直接取引きするということに関心があることから、その後、異グ連が主催したNASDAの筑波宇宙センター見学会に社員を参加させるなどしてまんてんプロジェクトに関わるようになり、その後、幹事会社となっている。

A氏とは、まんてんプロジェクトへ参加するまで接点はなかった。

《会社概要：E社》
　　主たる製品及び得意技術（まんてんプロジェクトの紹介資料による）：難加工材の精密切削加工、同時5軸3次元加工による複雑形状加工
　　本社所在地：神奈川県横浜市、売上高約700百万円（2003年7月）、資本金32百万円、従業員数60名

(e)　JASPA（株）　取締役　A氏

A氏（1943年生、61歳）

　A氏は、異グ連の事務局長である。大学（機械工学）を卒業後、神奈川県工業試験所に入所し、機械系の研究室に入っている。入所2年目に兼務で労働組合の役員になり、組合活動としては、処遇改善の運動のみならず、工業試験所のあり方や、研究のあり方など、業務のあり方を正面から捉えてきた。そういった活動の中で、商工行政や工業試験所の事業について、「利用者である中小企業にとってプラスなのかマイナスなのか」という議論をしてきたという。「プラスになる方向に自ら働くということが、公務員の理想像」であるという考えから行政の本質に関わる問題を労働運動として行なってきた。その後、研究者としてキャリアを積むことに見切りをつけ、工業試験所の支援業務へ内部異動を希望して技術者、経営者をグループする技術研究会の事務局を担当する。それが、異業種交流活動に携わる原点である。

　中小企業が県の公的な試験研究機関を利用しようという動きのある中で、これまで中小企業者、規模の小さい会社に対する対応を充分してこなかった工業試験所と中小企業の接点をつくることを試みてきた。労働組合運動の中で中小企業の経営者団体と関わりを持つようになり、中小企業サイドとの接点が生まれ、一方では労働組合運動で交渉した県庁の幹部と接点ができ、異業種交流に必要な両サイドの人脈を形成している。そのことが、異業種交流や経営者に対しての「前向きの相談」に生かされている。そして、「異業種交流という手法を活用して新しい事業をつくっていく、あるいはその雇用に結びつけるという、これが、中小企業支援機関としての大命題」であるとして、

さまざまなテーマを設定し、異業種交流の手法により、新しい事業の創出を試みている。そのテーマ設定のあり方については、「1つ1つのテーマを、分野を掘り下げることによって、そこに今の日本社会の持つ基本問題にぶつかってそれを改良改善するということがね、すごく社会的に意義がある。単に、そのa社、b社の金儲けを手伝うんじゃなくてさぁ。あの日本社会の難しい問題を改良改善、これは公務員がやらなきゃいけない」と述べている。

そのような考えに基づいて異グ連の活動では、テーマを「環境」、「建設」、「安全」、「健康」、「福祉」など16のカテゴリーを設け、その中に合計55のプロジェクトが設定されている（2004年2月現在）。その中で、「製造業」に関して、A氏は、「ちょうど中国市場がね、大きく台頭する中で日本の製造業のあり方、中小企業製造業のあり方がね、大問題になってて、そこに仕事をどう確保していくかっていう、まさに、日本の根本問題ですね、その根本問題を解決するきっかけにもね、なる可能性があることに気が付いたんですね」というように、日本の製造業についての問題意識に3章1節「まんてんプロジェクト設立の経緯と背景」で既に述べたように、宇宙用部品技術委員会の報告書「宇宙用部品技術委員会報告書」を入手したことが契機となり、まんてんプロジェクトが「製造業」カテゴリーの中の1つとして動き出している。

A氏は異業種交流や共同事業という集団による活動は、困難性を伴うが、それを試行錯誤しながら行なうことによって得られる経験は、中小企業同士による学びであり、企業のレベルアップに結びつくと考えている。そして中小企業にとって自立のための「経営革新」の機会になると考えている。専門家が指導するのではなく、また大企業を頂点として組織化してやるのではないことに大きな意味があるとしている。

まんてんプロジェクトを2003年9月に設立した時点で、自身の立場、役割についてどのようにすべきかが検討されている。A氏としては、立ち上げを支援するのが自分の仕事と認識していることから、設立を機にプロジェクトから「手を引く」予定だった。そのため、まんてんプロジェクトの事務局には名前が出ていない。しかし、事務局のメンバーからの要請で顧問として残

ることになっている。これは、まんてんプロジェクトのメンバーとJASPA（株）にとって、経営戦略、販売戦略、事業戦略などプロジェクトの理論化や政策的にどうするかを問題提起し、とりまとめを行なうなど中心的な役割を果たしてきたという経緯と、A氏の幅広い人脈と補助金の申請等に関する実務レベルの高さによるものである。これから、JASPA（株）を軌道に乗せるための資金の確保のために、補助金等を活用することが求められるからである。

4 解釈

（a） 共同事業の構造

　研究方法で既に述べたように、5名の共同事業の当事者が語った言葉の中から当事者たちの世界の中で特徴的かつ重要なキーワードとなる言葉を抽出し、そのキーワードを関係性に基づき分類、整理した。ここでは、分類、整理したものを全体として再構成し、共同事業がどのような構造にあるかの説明を試みたい。分類、整理し作成したのが、図6-1の「共同事業の構造」である。

　まず、中小企業間の共同事業であるから、共同事業の担い手であり主役の(A)中小企業、経営者を中心に俯瞰してみたい。中小企業者における現状の認識は、(B)大企業を頂点としたピラミッド構造の中に組み込まれた存在としての「下請企業」として位置づけられている。このような自社の位置づけがそれぞれの社歴をとおして現在に至るまで「受注下請け体質」という言葉が表すように意識面にまで染み付いている。その位置づけにおける(C)努力をしているが、受注する仕事についての「ギリギリ」「カス」「一番大変な」「人が嫌がる」「面倒な」「儲からない」「安い」という言葉が示すように、「条件の悪く」、かつ「儲からない」仕事に取り組んできたことが読み取れる。そのような仕事でも、「技術屋」として「あまり食えない」までも「飯の種」にしてなんとかやってきた。その(D)経験を通して技術的に認められるようになるまでに鍛えられ、技術レベルを高め、技術に対しての「自信」と「誇り」を持つまでに事業基盤を固めるに至っている。しかし、大企業を頂点としたピラ

図6-1 共同事業の構造

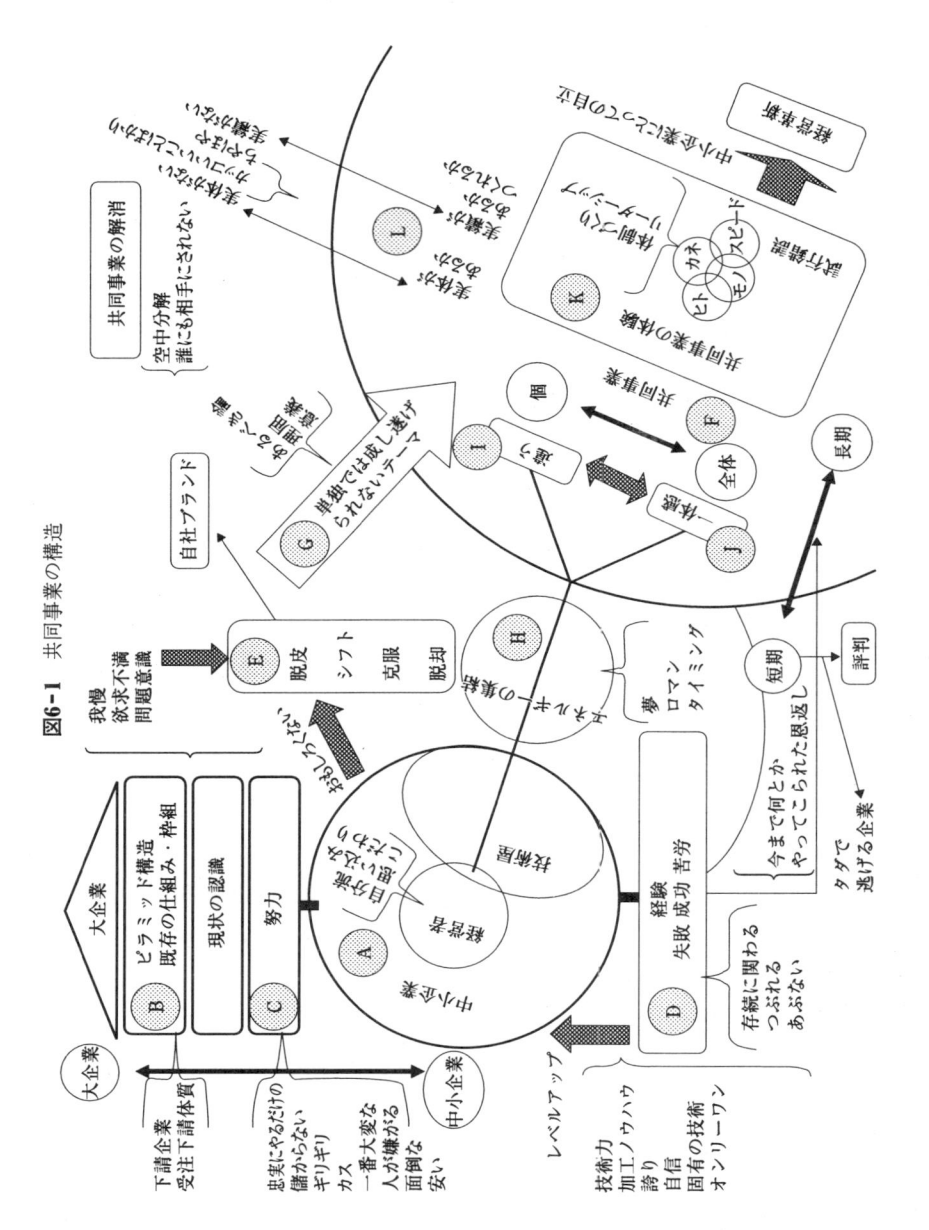

第6章　中小企業間における共同事業の構造

ミッド構造における位置づけは変わらず、仕事を「忠実にやるだけの」「下請企業」のままである。そのような現状の中で、培った技術力を中心に企業を成長させる過程で、中小企業として、下請企業として位置づけられた現状に対する認識とそれを起因として問題意識が高まり、(E)現状からの「脱皮」、「シフト」を切望するようになっている。そして、ただ現状に甘んじることなく、「ずっと我慢する」だけの存在ではない姿が垣間見られる。例えば、「自社ブランド」を目指し、自社開発製品に取り組み（3社とも）、製品を世に送り出している。しかし事業におけるその製品のインパクトはごく小さなものである。

そして、(E)「脱皮」、「シフト」の本流として、共同事業への参画が現実に挑戦できる対象として(F)共同事業が視野に入ってくる。(G)単独では成し遂げられないことへの挑戦を後押しするのは、大企業を頂点とした、ピラミッド構造という既存の枠組の中で位置づけられた下請企業からの(E)「脱皮」、「シフト」への強い意思に基づくエネルギーと、(G)単独では成し遂げられないことに賛同する中小企業の経営者に生成する同じ中小企業の経営者としての(D)経験に基づくエネルギーである。そして共同事業の構想に対しての「夢」、「好き」、「ロマン」、「チャンス」、「いい気持ち」、「必然性」などを「タイミング」よく(H)集結し、動き始めている。

このような状況をD氏は、「いろんなルートがたまたまこう、一時期にわーと、あるんですね、時代の流れの中で。今回のまんてんプロ、JASPAつくるときもそうですけど、全ての条件がわーと、こう、エネルギーが高まって、で自然にその中に組み込まれていく時期があるんですが」と表現している。

そのようなエネルギーの集結による力が共同事業の起爆剤となっている。そして、そのエネルギーが共同事業に向かったのは、(G)単独では成し遂げられないテーマであること、そしてそのテーマが「あるべき論」「理屈」として「意義」のあるものであることが根底にある。テーマは、航空・宇宙関連部品調達支援プロジェクトであり、航空・宇宙部品分野に参入するには、品

質保証が必須となるが、中小企業が単独では、品質保証までをこなすことは不可能であるからである。

　時代の流れの中で、今こそチャンスがあり、共同事業として挑戦することでチャンスをつかむことが可能であることを理解して共同事業が行なわれるに至っている。

　中小企業は、「社長が何をやりたいか、何を考えているかで90％以上きまってしまう」と述べているように、中小企業であるからこそ、(A)経営者の「思い込み」と、「こだわり」が経営に反映され「自分流」が確立している。そして、それぞれの「自分流」を認識し、それぞれの経営者が(I)「違う」ということを理解している。「それぞれの考え方を持ったトップ」、「それなりの自分の意見」を持った存在の集団である。ただ、違うだけでは、共同事業を行なうことは不可能であるが、中小企業であり、かつ技術屋であるということからくる共通の(D)「経験」、つまり、失敗体験や成功体験をしてきたことによる(J)「一体感」や「思いは同じ」という意識があるから共同事業が成立する。(J)「一体感」が、「仲間」、「有志」、「飛行機野郎」という言葉に現れている。

　なお、2004年7月にA氏に共同事業について実践者の話を聞く機会を持った時に、A氏は、「皮肉なことに異業種で構成されていることが、共同化を推進する場合、逆に大きな障害にもなります。あまりにも違い過ぎて、共通項がなかなか見つからない」、「共同開発[*11]は、同業または、近い人がいい。理解ができないとうまくいかない」と述べているが、中小企業であり、技術屋であるという共通性による似たような経験がポイントであり、まったくの異業種であると、「経験」する事柄が違うことから、「一体感」が醸成しないのではないだろうか。

　共同事業についての活動には、やはり困難性を伴うが、共同事業としての(K)体制作りをヒト、モノ、カネ、スピードの経営資源の側面から見てみたい。ヒトは「誰が何をやるのか」、モノは、「実績」をあげるために設備、測定器はどうするか、カネは、「カネの切れ目が縁の切れ目」にならないように

第6章　中小企業間における共同事業の構造

することについて、スピードは、共同事業であるためにそれぞれの「違い」の理解を基本とするからこそ、「スローテンポ」になることのはがゆさなどを感じている。そして、モノ、カネに関しては「きれいごとではなく」、「何でもやる」ことが、組織として活動する上で求められる側面も見られた。

　そして、(L)「実体」があるか、ないか、「実績」をつくれるか、「ちゃんと」組織として、相手にされる存在になれるかが、共同事業の存続に関わる課題となっている。

(b)　対立する概念

　ここでは、図6-1「共同事業の構造」の中に見られる対立する概念について取り上げたい。

　対立する概念間を結ぶ、つまり「矛盾を乗り越える何か」について考えることが共同事業を行なっている中小企業の当事者たちが作り上げている世界を理解することの手掛かりになるのではないかと考えるからである。

　共同事業の構造の中にある対立する概念としてまず、「大企業」と「中小企業」の関係を検討してみたい。

　「共同事業の構造」の中では、「大企業」、「中小企業」という単純に相対する規模の関係ではなく、中小企業者にとっては、ピラミッド構造の中に位置づけられた関係を前提とする現状の認識とその認識に基づく対応を迫る対象としての「大企業」である。

　これまで、中小企業者にとっては、「大きいことがいいことだ」という理想像としての「大企業」であったが、そのような「中小企業」対「大企業」という関係は変化してきている。バブル期以降、大企業の苦戦とその対応策としてのリストラ、分社化という現象を目の当たりにして、「これからは、中小企業だと思いますよ」というように、対「大企業」への意識は変化しつつある。しかし、ただ中小企業を続けているだけでは、既存の構造の中に位置づけられた存在のままであるから、共同事業を通して、自らの描く理想を求め「大企業」対「中小企業」という、相対する関係を超えた、「かくありたい中小企

業」を模索する上で共同事業を行なう中小企業者の姿が「共同事業の構造」の中に見られた。そしてそのことは、産業構造内（＝大企業を頂点とするピラミッド構造）にある大企業と中小企業それぞれの持つ機能を合算して、その全体の機能を新たに中小企業の共同事業による機能を中心に組み換えようと試みているようにも捉えられた。

次に「共同事業の構造」の中に対立する概念が同時に存在することから、共同事業の理解を難しくし、共同事業に合理性と、非合理性の２面を生む対立する概念がある。短期と長期の時間軸の概念と個と全体の概念である。

まずは、短期と長期という時間軸の概念から見てゆきたい。短期の視点で共同事業を見ると、経済的な利益は見出しにくく、共同事業を行なっているという評判などの「ネームバリュー」を高めたり、注目され「ちやほや」されることでの満足感は得られている。ただ、現時点で得られている評判などは、共同事業に期待している本来の利益ではない。共同事業の初期の目標、利益を達成するには、長期的な視点からの取り組みも求められる。共同事業を行なうには、一見すると、共同事業の中心的役割を果たすことが、自社の利益に直接結びつかない限定的な利益のみしか得られない現状があるのになぜ共同事業という手間のかかることをするのかについては、短期的な視点で理解することは難しいが、そこには、中小企業が、短期的な視点のみならず、長期的な視点から共同事業に参加している姿が見られるのである。

そして、それを可能とするのは、共同事業の当事者にとって共同事業は、社運をかけた事業ではなく、共同事業による短期的な利益に固執しなくてもいいだけの事業基盤を築いている中小企業の取り組みであるからである。

当然、資金に充分な余裕があるわけではなく、そもそも組織活動として経済的利益を度外視しての活動は許されない。そこで、直接的な利益ではないが、個別の企業にとって利益につながるような、共同事業を行なっていることによって得られる評判の効果等を勘案して、現時点での共同事業を続けている。共同事業の参加者は、長期的にしか利益が得られず、しかも長期的であるために不確実性の高いような事業に参加するような存在でもないのであ

第 6 章　中小企業間における共同事業の構造

る。

　このように、短期と長期の時間軸の間の中でバランスをとっている。短期的な視点のみでは、共同事業は継続できず、本来の目的は達成されない。短期的視点が強まれば、共同事業は手間がかかるだけの取組みとなるが長期的な視点が強まれば、共同事業を継続することの価値が見出される。現実の経営活動は、より短期的な視点の方が重視される傾向にあることから、長期的な視点に立てるように支える何かが必要であり、その1つが、「共同事業の構造」の中の(D)「経験」から得られるものである。

　長期的な活動を支えるのは、これまでのさまざまな苦労や、企業の存続に関わる失敗などをしてきたが、「今までなんとかやってこられた」「事業を続けられ現在ここにある」、ということに対して、自社の中小企業としての脆弱性を考えれば、自社の努力もさることながら、「皆さんの力があった」という気持ちがある。C氏は、「だからね、私、ここまできたのは、さっきもいったようにね、2軒長屋からね、おかげさまで、ちっちゃなビルもこうやってもたせてくれたということは、やっぱり、なんていうかな、それだけ、皆さんの力があったことなんだから、私はこれからお返しだと思ってんの」と述べている。また、「お返ししながら、ちょっとでもC社のためになれば、それはそれでいいし」というように、長期的には、自社の利益にもつながることを意識している点から現実的な中小企業の思考が垣間見られる。

　短期的な利益のみを狙い、共同事業に参加する企業も見られるようだが、それらの企業は、共同事業を「つくりあげようと来る人」ではなく、「単なるなんかを得ようと」、「ただで」「利用する」だけの存在である。いずれ共同事業から「逃げる企業」、排除される企業である。

　さらに、全体と個の概念について取り上げたい。共同事業では、一企業（＝個）の求める成果以上に共同事業の全体の中に位置づけられ、そこでの役割が優先されるような状況も生まれてくる。図6-1「共同事業の構造」の中の「一体感」と「違う」という認識については、既になぜ「一体感」と「違い」が存在するかについて4節(1)構造の中で説明したが、この「一体感」という

全体と「違う」という個の関係、つまり、個と全体という対立する概念を見てゆきたい。この対立する概念は、共同事業に同時に存在するが、対立する概念をどのように乗り越えているかについて見てゆきたい。

共同事業を進めていくうえでは、お互いを「よく知って」、「一体感」を高め、「違い」を認識し、「緊密な関係」になって、その中から「意思」、「方向性」を決め、全体としての「コンセンサスをつくる」ことによって共同事業を進めていく。お互いをよく知り、「一体感」と「違い」を認識することは、コミュニケーションにより可能となる。そして、「意思」、「方向性」を決めていくうえで、A氏の経験に基づいた話が参考になる。

A氏は、「これは（JASPA（株）＝共同事業）、ある意味で、同レベルのね、取締役がいるわけだからね。新社長で、命令でいくわけではない、だから、そういう意味でも集団的な、集団的な会社を円滑にするというのは大変なことですよね」と共同事業の難しさの要因の1つを挙げた上で、共同事業の体制と運営に関して「結局ね、取締役会をやりますよね、そうすると9名の人間が来て、いろいろディスカッションするから、その時の、そのリーダーシップだとか、やっぱり、その役職でものを言うのじゃなくて、中身で、その優れたことを言う奴が、だんだんリーダーシップをとっていくわけ、また、それを実行する、口だけでなくて実行するということを含めてね、ですから、1年経てばね、そういうのもでてくるでしょうね」と話している。

「個」を「全体」に合わせることが、共同事業に参加する企業に強いられるのではなく、「全体」の中の「個」の中で「優れたこと」とそれを「実行する」ことが、全体の方向性を決めるという原理が働くことで、「個」と「全体」の間が繋がれていくと考えられる。しかし、まだ実態調査により確認されていないため、今後の調査において注目してゆくポイントの1つとしたい。

以上のように、相反する矛盾を結ぶ現実的な行動、つまり現実に共同事業を行なっていることが、「共同事業の構造」を複雑にし、理解を難しくしているが、それこそが、共同事業の現実のありようを理解するうえで重要であると考える。

以上の、共同事業の構造内に同時に存在している「短期」と「長期」、「個」と「全体」の概念間に見られる「合理性」、「非合理性」という別の視点から見ると、「共同事業の構造」の中の蓄積された(D)「経験」が、現実に起こる「非合理性」を受け入れている。それは、単に「非合理的」なことを受け入れるのではなく、「経験」により、何が大切であるかを理解し、経験の蓄積度合いや、経験の種類により事象を見る視点が異なるため合理性と非合理性の関係は違ってくる。そのため、中小企業であり、技術屋であるという共通性による似たような「経験」が共同事業をうまく進めるためのポイントとなるのではないだろうか。

ただ、共通性があっても現実はなかなかうまくいかない。それは、大切なことを理解し、共有していることと、実際に行動してみるのでは、当然のことながら違うからである。

4. 結びと展望

［1］ まとめ

まんてんプロジェクト、JASPA(株)の事例により共同事業の初期段階における当事者の世界がどのようなものであるかを、「共同事業の構造」から浮き彫りにすることを試みた。また、「共同事業の構造」内に見られる対立する概念を示し、どのように乗り越えているか、同時に存在する対立する概念をどのように繋いでいるかについて考えてみた。

ここで改めて、「共同事業の構造」について「意」ということばから整理してみると以下のようになる。

大企業を頂点とするピラミッド構造の中の下請企業である「意識」が染みついているものの、現状には安住せず、「意見」を持ち、問題意識を持っている。問題意識に基づき、自ら「脱皮」、「シフト」する「意志」を持つようになる。そして、航空・宇宙関連分野への参入は品質保証体制の整備というハー

ドルもあり、単独では成し遂げられないことの挑戦であることから共同事業の「意義」を認め、多品種少量生産品である航空・宇宙部品を手掛けることが、日本の中小製造業の基盤を強化する点においても社会的価値のあることへの挑戦であるという「意義」が共同事業へ参画する後押しをする。そして、共同事業を行なう当事者同士、仲間として、「好意」と同じ経験を積んだ同士としての、「敬意」が一体感と相手の違いを理解し、尊重する認識を生成するというように、共同事業の構造を「意」という言葉で説明することができるのではないだろうか。それは、「意」という漢字の意味にある「心の中にこめられている考え」が「共同事業の構造」にある共同事業の紐帯を理解するための1つの手掛かりであるからではないだろうか。研究設問である「共同事業において中堅・中小企業間を結び付けているのは、経営者を結びつける価値観であることや、経営者の主観的な考えであったり、目に見える物理的なものでなく精神的なものの要因が少なくないのではないだろうか」を明らかにする次元を「意」という言葉が表していると考える。

2 今後の課題、展望

本論における研究の範囲は、共同事業が形成され、これから本格的に共同事業が行なわれようとしている段階までである。共同事業の初期段階から調査、研究ができることは、またとないチャンスを与えられたと認識しているが、その反面、現段階では、共同事業の行なわれている現場へ踏み込んだ調査を行なう機会が得られていないため、共同事業の核心である経営行動としての事業が遂行される中での当事者の世界でのやり取りに見られる言葉、そしてそこでの判断、行動がどのような役割を果たし意味づけられているのかを捉えるまでに至っていない。例えば、2005年1月「まんてんプロジェクト全体会議」の場でJASPAの新体制とまんてんプロジェクト会長の交代について説明[*12]がなされているが、そこに至るまでにはJASPA役員間の議論とその上での各人の判断と行動が見られるはずである。初期の中核メンバーで構築された「共同事業の構造」により共同事業が始まり、この構造で共同事業の

第6章　中小企業間における共同事業の構造

活動が進められた結果として中核メンバーの入れ替わりが行なわれ新たな体制が構築されている。

つまり、本論で展開した共同事業の原点としての「共同事業の構造」があり、現在は、新たなメンバー構成で「共同事業の体験」が試行錯誤のうえ進められている。

そこで今後は、このように事業として実績を積み重ねていく過程でのやり取りという図1「共同事業の構造」の「K共同事業の体験」が研究の焦点となってくる。

航空・宇宙関連部品調達支援プロジェクトは、新しい事業の創出という難しいプロジェクトであり、また中小企業の集団による活動は困難性を伴う。事業を進めていく過程では当初の計画とは異なる事態や予想外の展開があることは容易に理解できることであるが、「共同事業の体験」から当事者に認識される現実の経営における緊張と矛盾のせめぎ合いの中での判断、行動を丁寧に捉えていくことで中小企業間における共同事業を形成発展させる構造とその紐帯についてより具体的に活き活きと捉えることが可能となると考える。

◉注
* ＊1　神奈川県異業種グループ連絡会議は、1984年4月20日に設立され、既存組織では最も歴史(2004年に20周年)がある異業種交流の支援組織である。
　　　目的は、「異業種交流グループ間の情報交流を推進することにより、神奈川県内における異業種交流活動を活発化し、もって神奈川県の地域経済振興に貢献することを目的とする」である(神奈川異業種グループ連絡会議規約の目的欄から抜粋)。
* ＊2　まんてんプロジェクトの名称は、NHK朝の連続テレビ小説「まんてん」2002年9月〜2003年3月放送のドラマ名を参考にしている。このドラマは、「いつか宇宙に行きたい」という夢を持つヒロイン、日高満天が国際宇宙ステーションに搭乗するまでを描いた物語である。
* ＊3　オーラル・ヒストリーの方法論については、ポール・トンプソン(2000)の「The voice of the past」の邦訳版、「記憶から歴史へ」を参考とした。ポール・

トンプソンは、1970年にラファエル・サミュエルと共に雑誌「オーラル・ヒストリー」を創刊し、1973年にはオーラル・ヒストリー協会の設立にも加わっている。

*4 　財団法人神奈川中小企業センターのビジネスコーディネータ（2003年時点で35名）は異業種交流を支援する「技術のわかる経営コンサルタント」としての役割を担っている。異グ連事務局長のA氏は、ビジネスコーディネータの人員拡充を図ることに関わったことから、ビジネスコーディネータのことをよく知る。そこで、プロジェクトの体制作りの上でビジネスコーディネータに協力を打診している。なお、JASPA（株）取締役のうち2名は、A氏のかつての職場である工業試験所の同僚である。

*5 　大田ビジネス創造協議会（OBK）は、大田区を中心とした優秀な技術を持った中小企業のニーズと大学、公的研究機関及び民間の創意により生まれたシーズを相互交流させ新しい事業創出のコーディネートを目指す特定非営利活動法人である。
　　　　特定非営利活動法人（NPO）大田ビジネス創造協議会（http://www.obk-npo.jp）

*6 　独立行政法人宇宙航空研究開発機構（JAXA）は、2003年10月1日に宇宙や惑星の研究が中心の「宇宙科学研究所（以下、ISAS）」、次世代の航空宇宙技術の研究開発が中心の「航空宇宙技術研究所（以下、NAL）」、H-ⅡAロケットなどの大型ロケットや人工衛星、国際宇宙ステーションの開発が中心の「宇宙開発事業団（以下、NASDA）」の3機関が統合して誕生した。
　　　　（JAXAホームページ（http://www.jaxa.jp）参照）

*7 　宇宙用部品技術委員会の報告書「宇宙用部品技術委員会報告書——宇宙用部品の再構築に向けて——」は、2002年10月に宇宙開発事業団（NASDA）内部に諮問委員会「宇宙部品技術委員会」を設置し協議した内容をまとめたものである。

*8 　米国は日本の最大の輸入相手国である。日本の宇宙産業地域別輸入高における、米国の割合は76.9％（2003年）である。（社）日本航空宇宙工業会（2004）

*9 　航空・宇宙関連部品の製造には、厳密な規格検査や工程管理などの品質保証が求められるため、高価な測定器や専用のコンピューターソフトが必要である（読売新聞2004年4月20日）。

*10 　受託事業は「小型推力（0.1N級スラスタ能力）試験装置の検討」である。
　　　　具体的には、「人工衛星用の超小型噴射ノズルと、ノズルの能力を調べる

第 6 章　中小企業間における共同事業の構造

推力測定装置など」（神奈川新聞2004年3月8日の記事による）。
＊11　2004年7月にA氏との会話の中で、当初「共同開発」をテーマとして話が進んだので、A氏も「共同開発」と言葉を合わせているが、その後A氏とのやりとりの中で、「共同開発」であると研究開発などの開発の意味合いが強くなることから、開発、販売までの事業化を目指した活動に関する研究を考えている本研究では、「共同開発」よりも「共同事業」の方が言葉として適していることがわかった。そこで、以後、「共同事業」に統一し、使用している。
＊12　JASPAは2004年11月に代表取締役B氏が体調不良のため代表取締役を退任し監査役に就任したことや、取締役C氏、D氏が取締役を退任するなどが重なり新たな局面に入っている。新体制では、取締役F氏が代表取締役に就任し、新たに3名の取締役を迎え入れている。また、まんてんプロジェクトの会長でもあったC氏がJASPA取締役を退任したことに伴い、まんてんプロジェクトの会長職を退任し、顧問に就任している。

◉参考文献

Jessica Lipnack & Jeffrey Stamps (1982) *NETWORKING*, Ron Bernstein Agency Inc（社会開発統計研究所訳『ネットワーキング：ヨコ型情報社会への潮流』プレジデント社）
宮本常一（1984）『忘れられた日本人』岩波書店
中村正則（1987）「シンポジウム　オーラル・ヒストリー――その意味と方法と現在――」『歴史学研究』No.567、p.5、青木書店
日本航空宇宙工業会（2004）『平成15年度宇宙機器産業実態調査報告書』日本航空宇宙工業会
Paul Thompson (2000) *The Voice of the Past*, Oxford University Press（酒井順子訳『記憶から歴史へ』青木書店）
宇宙用部品技術委員会（2003）『宇宙用部品技術委員会報告書――宇宙用部品の再構築に向けて――』宇宙用部品技術委員会
山倉健嗣（1993）『組織間関係』有斐閣

第三部

産業集積の活性化と
新産業創造・ネットワーク展開・企業発展〈2〉
――諸外国の経験から――

第7章

中欧・ハンガリーの
自動車産業サプライヤー・ネットワーク

マジャール・スズキとその1次サプライヤーを中心に

遠山 恭司

1. はじめに

　旧東欧諸国と位置づけられていたポーランド、チェコ、スロバキア、ハンガリーは体制転換と資本主義経済への移行過程のもと、地理的に東に位置するバルト3国やルーマニア、ウクライナなどと区別して、かつての呼称、中欧(Central Europe)と呼ぶのが一般的である。中欧4カ国をはじめ、バルト3国など10カ国は2004年5月に欧州連合(EU)に加盟した。新規加盟国の中で、GDP規模と人口、外資導入規模の面で、中欧4カ国のプレゼンスはとりわけ高い(表7-1)。

　中欧4カ国のうち、ポーランド、チェコ、ハンガリーはドイツ、オーストリアと国境を接し、西側諸国の企業のアクセスは他のEU新規加盟諸国に比べて地の利を有している。事実、かつてEC(欧州共同体)は、1989年、「中・東欧で体制転換の動きが始まると直ちに、『対ポーランド・ハンガリー経済再建援助計画(PHARE)』を打ち出」し、これらの国との経済的つながりを促

表7-1 中欧4カ国の概要（2002年）

	ポーランド	ハンガリー	チェコ	スロバキア
人口	3,861万人	1,015万人	1,019万人	538万人
GDP	1,885億ドル	651億ドル	695億ドル	237億ドル
1人当たりGDP	4,884ドル	6,476ドル	6,822ドル	4,403ドル
対EU平均比[1]	41%	52%	61%	51%
就業構造1次産業[2]	19.2%	6.1%	4.9%	6.3%
同　　2次産業	30.7%	34.5%	40.5%	37.1%
同　　3次産業	50.1%	59.4%	54.6%	56.7%
輸出比率（対GDP比）[2]	28%	61%	71%	73%

注）1）は購買力平価に基づく対EU平均比。
　　2）は2001年第2四半期のデータ。
出所：Peter Havlik et al.(2003), Eurpean Commission(2003).

進しようとした（島野・岡村・田中編(2002)）。また、市場経済化を進める中欧4カ国はEU加盟を前提とした欧州協定締結後（1991年）、資本の自由移動を進める一方、1996年にはEU側による一般工業製品輸入関税を撤廃するなど、着実に西側諸国との経済関係を強化してきた。

　こうしたEU側からの対中欧諸国支援と中欧4カ国による市場経済化および諸制度のEU基準への適合、外資導入による経済発展路線が、双方の経済的結びつきを一層強固なものにしてきた。EUの対外投資先としては中・東欧地域がアメリカに次ぐ地位を確保しており、すでに1990年代前半期には「ポーランド、ハンガリー、チェコの3カ国がドイツを中心とするEU企業の国際分業の一環に完全に組み込まれ」た（前掲、島野他編）。

　このような状況下、日本企業の欧州事業において、中欧4カ国の経済プレゼンス向上と無関係でいられなくなるのは必然であった。欧州企業と厳しい競争を展開している日本企業にとっても、中欧4カ国は極めて重要な地理的戦略的に位置づけられるようになった。

　中欧諸国のうち、日本の自動車メーカーが完成車組立工場を設立し、乗用車の量産体制を構築、経営しているのは2004年9月末現在、ハンガリーのみ

第7章　中欧・ハンガリーの自動車産業サプライヤー・ネットワーク

である。移行経済国としてはじめて日本の自動車メーカーが進出した国で、どのような現地経営と部品調達が行われているのか、ハンガリーでのオペレーションにおける固有の問題点などについて、これまで分析の対象となることはまれであった(森・岩田(1996)、井口(2000)、下川他(2004)、遠山(2005))。

中欧の体制転換から現在に至るまで、欧州の自動車産業は、巨大メーカーの国際的再編とグローバリゼーション、東方移転などによって生産体制や戦略を大きく変化させつつある。西欧と米国、アジア・中国の自動車産業調査研究が進められる中、中欧地域にも目を向けておく意義が少なくないと考え、先述の通り、中欧で唯一日本の完成車メーカーが生産実績をあげているハンガリーにおいて、現地調査を2003年春と夏に実施した。以下、本稿では、ハンガリー自動車産業の特徴を明らかにし、同国で中心的な役割を演じてきた乗用車生産メーカー、マジャール・スズキのサプライヤー・ネットワークの実態とそこに内在する諸問題について、現地日系企業および民族資本企業ヒアリング調査の結果から明らかにしたい。

2. ハンガリー自動車産業の概要

旧コメコン体制下においては、乗用車生産が旧ソ連、旧東ドイツ、チェコ、ポーランドなどに割り当てられた関係上、ハンガリーはコメコン諸国向けバスの生産拠点であった。体制転換後、かつての国有バス・商用車メーカー(Raba、Ikarus)は解体・民営化(外資へ売却)され、現在でも同国の輸出に貢献している。ハンガリー政府は1989年の体制転換以前から、周辺産業を含めれば経済効果の非常に大きい乗用車生産を嘱望しており、諸外国の完成車メーカーに対して同国における組立工場誘致を模索していた(森・岩田(1996))。

表7-2 ハンガリーにおける自動車メーカー拠点の概要

	マジャール・スズキ	オペル・ハンガリー	アウディ・ハンガリー
設立年	1991年	1991年(旧GMハンガリー)	1993年
所在地	エステルゴム市	セントゴッタード市	ジョール市
従業員数	1,980名	1,300名	5,100名
生産品目・能力	乗用車組立：8.5万台／年 2モデル(ワゴンR、イグニス)	エンジン：57万台／年 シリンダーヘッド：46万台／年	エンジン：120万台／年 組立：5.5万台／年(2モデル)
現地調達率	25％	エンジン関係：約5％	10％
特徴	・完成車組立中心の唯一の工場 ・欧州への輸出強化 ・現地調達先を積極的に開拓 ・一部モデルでオペルと共同購買	・99年に完成車組立中止 ・以後、キーコンポーネント拠点 ・欧州最大のエンジン工場 ・生産性・品質で高水準	・ドイツ国外唯一の欧州拠点 ・全モデルのエンジンを生産 ・VW、シェコダ、セアト向含む

出所：ヒアリングおよびJETRO(2002)による。

1 外資完成車メーカーと輸出入

　ハンガリーで資本主義の導入と民主化が進む中、同国は欧州諸国に比べて圧倒的な低賃金と欧州市場へのアクセスの利便性を武器に、外資導入に積極的な政策展開を推進した。それに応じる形で、乗用車およびエンジン生産拠点の設立を目的にオペルとスズキが1991年に、エンジン生産拠点としてアウディが1993年に進出した(表7-2)。現状では、スズキの現地法人のみが完成車組立を主力で行う唯一の工場となっており、オペルとアウディはエンジンやミッション部などキーコンポーネントの生産を主要業務としている。3社に共通する点は、いずれの企業にとってもハンガリー拠点は欧州の重要な戦略拠点と位置づけられていること、および輸出比率が高い点である。

　これら外資3社の生産拠点の稼働開始とともに、ハンガリーの自動車産業の主役はそれまでのバス・商用車メーカーから外資乗用車メーカー3社に取って代わられることとなった。それを如実に表しているのが同国自動車産業の貿易動向の推移である(表7-3)。

　表7-3によれば、1992年時点ではバスの輸出額が乗用車のそれを大きく上

第7章　中欧・ハンガリーの自動車産業サプライヤー・ネットワーク

表7-3 ハンガリー自動車産業の輸出入推移

(単位：100万HUF)

		1992年	1993年	1994年	1995年	1996年	1997年	1998年	1999年	2000年
輸入	乗用車	24,132	35,597	53,958	52,165	50,604	79,781	134,889	179,577	210,135
	バス	959	1,058	1,493	1,167	1,119	1,334	1,763	3,486	3,114
	トラック	12,831	18,161	23,390	24,709	28,295	44,370	72,598	82,623	91,903
	自動車部品	6,992	14,939	21,853	18,937	49,556	53,670	103,859	178,062	225,301
輸出	乗用車	1,798	4,735	13,793	23,522	53,086	62,677	117,646	320,117	405,116
	バス	17,840	22,292	11,541	14,231	16,097	41,765	25,053	18,260	25,420
	トラック	539	662	945	1,696	1,660	1,900	1,715	3,233	2,404
	自動車部品	16,028	17,157	22,411	30,962	43,688	66,722	112,752	145,540	205,951

出所：JETRO『ユーロトレンド』2002年7月号。

回り、その格差は10倍程度もあった。ところが1994年頃から外資メーカーの乗用車生産・輸出が軌道に乗り始めてくると、乗用車輸出額がバスのそれを上回り、2000年では乗用車輸出4,051億HUF（ハンガリー・フォリント、1フォリント約0.5円）に対してバス輸出額はわずか254億HUFとなっている。ただ、ハンガリーのバス事業は他の中欧諸国に比べて歴史と実績を積んできた背景もあり、バス輸出は堅調に推移し貿易黒字に貢献している重要部門であることは間違いない。

　他方、自動車部品に関しては、1990年代半ばころから外資3社の完成車生産とエンジン・キーコンポーネント部品の生産台数の増加に伴って、部品輸入額が大幅に増大している。また、それらの部品は完成品として出荷されるため、それを反映して部品輸出額も当然ながら拡大している。

2　中欧諸国の生産台数

　次にハンガリーの自動車生産規模を、チェコ・ポーランドと比較してみよう（表7-4）。
　体制移行直後の1990年では、ハンガリーは旧コメコン時代から乗用車メーカーを擁していたポーランド、チェコの20～30分の1に満たない8,000台を生

表7-4 中欧3カ国の乗用車生産台数の推移

(単位：1000台)

	1990年	1995年	1998年	2000年	2002年
ポーランド	306	364	421	505	310
チェコ	238	228	378	455	447
ハンガリー	8	48	105	137	142
3カ国合計	552	640	904	1097	899

出所：JETRO『ユーロトレンド』2002年7月号、日本自動車工業会。

産するにすぎなかった。その後、スズキとオペルの完成車生産が始まり、1990年代中頃から自動車生産は拡大の一途をたどり、1998年には10万台を超え、2002年では約14万台を生産するまでになっている。とはいえ、ハンガリーの乗用車生産台数は、2002年においてもポーランド・チェコに比べて未だ半分以下の水準で、ハンガリーが生産小国であることに変わりはない。

では、主要な欧州先進工業国の乗用車生産台数（2002年）を確認しておくと、ドイツ512万台、フランス328万台、スペイン227万台、イギリス163万台、イタリア113万台となっており、拡大前のEU15カ国全体で1,481万台を生産している。西側主要諸国に比べれば、中欧3カ国の合計生産台数ですら、イタリア以下であるとともに、イギリスの約半分程度といったところであることが確認される。

しかしながらハンガリーが乗用車生産小国であるとはいえ、日本企業がそれを主導し、1990年代後半以後、着実に生産台数を増やしながら、中欧地域における自動車生産国の一角といえるまでの地位を築いてきた事実は注目に値する。

ハンガリー経済の中において、自動車産業は工業生産高の約14％を産出し、総輸出の約23％を占め、雇用者数約10万人を擁する重要産業となっている（HITD（2002））。その主役は外資完成車メーカー3社をはじめ、先進各国から進出した外資系部品メーカーであり、部品企業は280～300社とされる（前掲同）。しかし民族系自動車関連企業は一般に小規模・小資本で、1次サプラ

第7章　中欧・ハンガリーの自動車産業サプライヤー・ネットワーク

表7-5 中欧4カ国へ進出・計画中の日本企業（2003年3月）

	製造業	販社その他	総数
ポーランド	26（18）	48	74
ハンガリー	33（19）	54	87
チェコ	56（29）	62	118
スロバキア	8（5）	4	12
合計	123（71）	168	291

注）かっこ内は自動車関連企業。
出所：『日本経済新聞(夕刊)』2003年8月19日号。

イヤーはわずかにとどまり、そのほとんどが2次・3次サプライヤーか資材・サービス企業といわれている。

3　部品産業と日系企業の直接投資

　大手の部品企業となるとすべて外資の直接投資や買収会社であり、ドイツをはじめアメリカ、フランス、日本などの有力部品メーカーである[*1]。
　ここで日本企業の中欧諸国への直接投資状況をみてみよう（表7-5）。
　中欧4カ国へすでに進出、あるいは進出を決めた日本企業の総数は291社にのぼり、製造業だけをみてみるとこの3年間で倍増したとされる。中でも自動車関連の企業進出件数が123件中71件と58％で全体の約6割を占め、直接投資を牽引している。製造業を国別にみると、チェコが56件と最大の投資先となっており、ハンガリーの33件、次いでポーランドの26件が続き、スロバキアは8件と中欧4カ国の中では停滞している。
　最大の投資先であるチェコで目立つのは、トヨタ系の自動車部品メーカーの進出で、デンソー、アイシン精機、東海理化、豊田工機、愛三工業など大手有力メーカー群が名をつらねている。これはトヨタ・プジョーの合弁工場がチェコ・コリーン市で2005年に立ち上がることを契機にした、トヨタグループの進出ラッシュによるものである。
　乗用車組立工場としてスズキがいち早くハンガリーに進出したにもかかわ

らず、ハンガリーへの自動車関連企業の進出件数は19件で、ここへきてチェコに大きく水を空けられた形となっている。そこにはトヨタとスズキの企業規模、現地生産の規模、グループ部品メーカーとの企業間関係、部品メーカーのグローバル戦略、ハンガリーとチェコの投資環境など、さまざまな要因が考えられる。

　ともあれ、日系自動車部品企業の中欧地域への直接投資は、各国の用意した投資インセンティブや経済社会状況によるところが大きい。とりわけ移行経済体制への転換後、ハンガリーでは東欧革命で果たした政治・社会的先進性、教育水準の高さ、賃金水準の低さ、他国に比べて整備の行き届いた高速道路網などのインフラ、工業団地（Industrial Park）の造成、外資誘致インセンティブ政策の展開は、いち早く海外資本の信用を得たといってよい。しかし1990年代後半になるとインフレと労働コストの上昇、失業率の低下、他の中欧諸国の外資誘致積極策と競争激化が進行し、近年ではハンガリー以外への直接投資も盛んに行われるようになったのである。ハンガリーにおいては、情報機器や家電などの外資系組立工場では、ルーマニアやウクライナなどさらなる東方移転がすでに始まっている。

　また、投資インセンティブといった法人税免除等の優遇措置は、2004年の拡大EUへの加盟を契機に改変・廃止され、今度は各国の法人税率引き下げ競争という新たな局面を迎えている。たとえばスロバキアは法人税率25％を19％へ、ポーランドは27％を19％へ引き下げることを決定し（共に2004年施行）、これを受けてハンガリーは現行19％を2006年に12％に引き下げる計画といわれる（『日本経済新聞』2003年7月21日号）。国民資本に基づく経済発展が軌道に乗る状況に至らないまま、外資導入に依存した経済発展政策を続ける中欧諸国の法人税引き下げ競争は、将来的な財政健全化よりも、一層の外資誘致とさらなる東方移転・撤退の阻止を優先したきわどい政策展開といえる。

第7章　中欧・ハンガリーの自動車産業サプライヤー・ネットワーク

4　自動車産業政策の不在

ところで、自動車産業はハンガリー経済の中で重要な位置を占めているにもかかわらず、ハンガリー政府の産業政策としては、自動車産業での自国資本企業の育成について重点施策を展開するまでには至っていない。そもそも乗用車生産のための工業基盤、部品産業の裾野が形成されてこなかったという経緯や、自動車部品生産に必要な生産設備など投資コスト負担に耐えられない民族資本の零細性と資本不足、資本調達アクセスの未整備から、重点政策対象になりにくい条件があるものと思われる。

そうした結果、たとえば、完成車メーカーに対しても国内での現地調達比率の義務づけを行っていない。これは国内自動車産業の工業基盤が脆弱であるため、完成車メーカーの反発を招くだけでなく、国内産業の実力が伴わない現状から必然のことと思われる。それに、EU加盟に取り組む中欧各国ではEU原産地基準の適用が見込まれており、独自の特定産業規制を採用することが困難なことは自明であった。

次に、すでに技術、品質管理、経営管理、マーケティングで高度な知識と資本を要する自動車産業にあって、資本不足の著しい民族資本企業に対して財源に乏しい政府・地方政府の取れる支援策には信用リスクの面からも困難があった。したがって自動車産業については、外資誘導のインセンティブ付与とそのための工業団地等のインフラ整備が優先されてきたのである。

とはいえ、海外開発援助などの資金を利用した、ハンガリーサイドによる公的なローカルサプライヤー開発支援が、ハンガリー生産性センター（HPC）を窓口に1996年以来実施されてきた。HPCの主要業務はハンガリー企業・中小企業の生産性向上のための啓蒙・普及活動を主とし、具体的には欧米の近代的経営管理のトレーニングや日本的生産管理（5S、改善、JIT、TQC、TPM）の教育・実践などをサポートすることである。ただ、近年、ハンガリー政府の組織改編に伴い、HPCのスタッフは縮減されてしまい、スタッフの理想や努力が十分に実行できる環境ではなくなっている。下請け企業支援も同セン

ターの業務に数えられているものの、指導料金は高く、自動車産業に特化している訳ではない上に、組織縮小の影響も追い打ちをかけている[*2]。

　また、世界的に流行しているクラスター政策という点では、国家推進プログラムとの鳴り物入りで自動車クラスター構想(西部の工業都市ジョール市が拠点)が2000年に立ち上げられたものの、目立った効果は未だ現れていない[*3]。

　最近では政府の直接投資誘致政策に変化がみられ、労働集約的な工場誘致ではなく知的労働を雇用するR&D部門の直接投資を誘致する方向が強く打ち出されている。それに伴い、一部の外資企業の開発投資が活発化する気配であるが、それがサプライヤー・ネットワークの形成に及ぼす影響はそれほど期待できないといってよい[*4]。

3．マジャール・スズキの現地経営
　　――調達と生産

　スズキのハンガリー完成車組立工場進出は、同社唯一の欧州拠点としてすでに1980年代半ば頃から考慮され、戦略的にも重要な拠点として立地が検討された。体制転換より以前の段階で、ハンガリー政府が「国民車の生産を嘱望していた」ところへスズキの方からアプローチして、結果的には体制転換後、現地政府や日本商社などとの合弁企業として1991年にマジャール・スズキが設立されたのであった(前掲森・岩田)。スズキ側としては、国情の安定性、民族紛争の危険の低さ、良好な労使環境などに加え、政府の推進した各種の外資優遇措置が受けられるなどを考慮した結果とされる。2003年現在では、その後の増資や合弁先の株式売却に伴い、98％の株式をスズキ側が所有しており、完全に経営権を掌握している。

　マジャール・スズキの工場は、首都ブダペストから北西に約50キロのエステルゴム市に、「元ソ連軍の軍事演習場をハンガリー政府から安く払い受けて」建設された(前掲森・岩田)。地価の安さ、首都から約1時間の距離、ド

第7章　中欧・ハンガリーの自動車産業サプライヤー・ネットワーク

ナウ川の輸送網の利便性、労働力の集めやすさ(失業率の高さ)などを考慮したものであった。

1　低価格・スモールカーの投入と市場

　同工場の第1弾生産モデル・スウィフトは、同国初の小型量産乗用車であり、その価格の安さともあいまってハンガリーの国民車的存在となり、1999年時点ではこのモデルのみで年産で7万台が生産されるまでとなった(図7-1)。スズキは国内外を問わず、原則として「大手と競合しない」小型乗用車というニッチの分野へ参入し、ハンガリーでは「最も売れているOPEL車のASTRA」より下のクラスからエントリーした(森・岩田)。2002年を最後にスウィフトの生産は打ち切られ、2003年よりワゴンR＋(2000年立ち上げ)と新規投入したイグニスの2車種を生産している。このように、スズキは得意な軽自動車技術を活かした低価格コンパクト乗用車の生産に特化し、ハンガリー国内市場とヨーロッパ市場への投入を戦略的にねらったところに同社の特徴がある。

　マジャール・スズキで生産される約70％の乗用車が、欧州各国その他へ輸出され、約25,000台がハンガリー市場へ供給される。工場は2交代制で、稼働率は残業を含めて非常に高く、フル操業の状態である。2002年度決算で黒字を計上するに至ったものの、累積赤字の解消は今後の課題に残されている。この工場では生産のみが行われ、生産車種の開発はすべて日本のスズキで行われる。

　ところで、ハンガリーの自動車市場は1998年を境に大きく成長を続けており、それに合わせる形でマジャール・スズキのワゴンR＋投入と生産能力拡大が軌を一にしている状況がみてとれる(図7-2)。

　ハンガリーの自動車市場は1995年以降、堅調な伸びを続けているとはいえ、2002年で年間20万台に満たない小規模な市場にとどまっている。

　国内販売シェア(2001年)では、スズキが19.5％で首位、2位がオペルで15.3％、次いで上位に猛追しつつあるルノーが10.8％、以下、フォルクス

図7-1　マジャール・スズキの生産台数

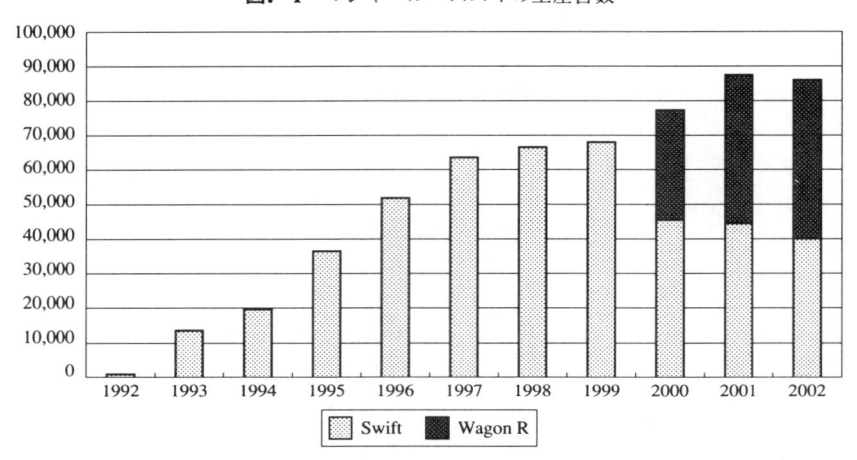

□ Swift　■ Wagon R

出所：マジャール・スズキ資料による。

図7-2　ハンガリーの乗用車市場

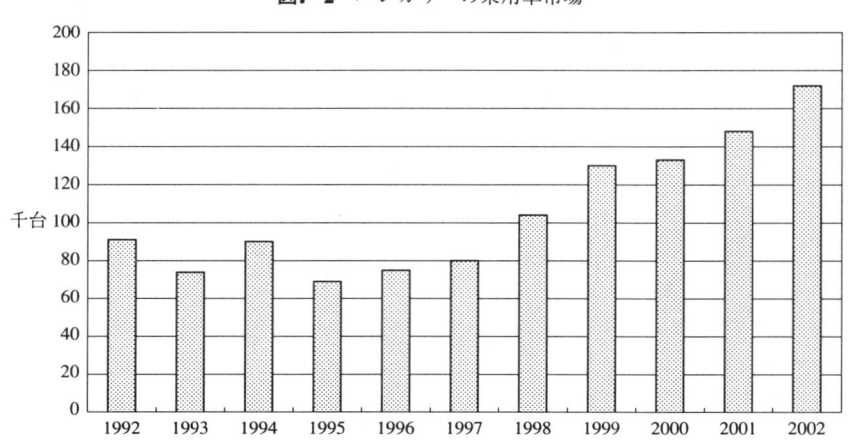

千台

出所：B社資料による。

第7章　中欧・ハンガリーの自動車産業サプライヤー・ネットワーク

ワーゲン8.9％、プジョー7％となっている。マジャール・スズキからは現地生産25,000台と輸入車約33,000台が同国市場へ供給されている結果、スズキは同市場でここ数年首位を維持している。

　小さな市場だが成長軌道を継続しているハンガリー自動車市場のもとで、マジャール・スズキは2003年の生産計画を89,000台とし、そのうち52,000台を輸出するという。さらに今後2,000億HUG（約1,000億円）を投じて隣接地に工場を増設して、2004年末に20万台の生産体制構築を計画している。同社によれば、GMグループの伊フィアットと小型SUV（スポーツ多目的車）を共同開発することに合意し、フィアット社がデザインを担当しスズキの開発した車台を使う。その共同開発車の生産は、マジャール・スズキの工場で2005年後半から行われる予定となっている。

　今後の市場拡大を見据えれば、人口1,000万人規模の同国市場では、年間50万台程度ではないかと予測される。また、同様に中欧諸国全体でも今後の市場拡大が見込まれ、この地域全体では200～300万台市場へ成長する可能性も否定できない。

　マジャール・スズキはハンガリー市場におけるシェアトップを維持するために新モデルを投入し、さらに欧州市場へ輸出を強化すべく、あるいは戦略的なモデルを多国籍チームで開発して生産を担当するために工場拡張するなど、積極的な事業展開を推し進めている。

②　調達・購買政策

　マジャール・スズキの部品調達構造は、内製比率29％、日本からの調達が30％、EUのサプライヤーからの調達が15％、日系を含めたローカルのサプライヤーからの供給が25％という構成となっている。日本からはエンジン部品やトランスミッションなど重要構成部品をユニットで輸入して、工場で組み立てている。車体用の金型はすべて日本から持ち込まれる。

　同社は今後の生産拡大に向けて調達ネットワークの充実と現地化を進めようとしており、国内を含めた欧州地域の調達先を増やす傾向にある。1997年

には欧州地域内の取引サプライヤー数は77社であったが、2003年時点では303社へ3倍を超えて増大しているのである。ところが、取引サプライヤー数は増えていても、地元ハンガリーのサプライヤーは38社から65社への増加にとどまっている。この65社には日系サプライヤー19社や外資系サプライヤーも含まれており、実質的な民族資本の部品サプライヤーは極めて限られたものといわねばならない。

　ローカルサプライヤーは大きく3つに分けられており、第1にマジャール・スズキの要求に応えるノウハウと技術を保有するサプライヤー、第2に多国籍企業のハンガリー子会社、第3にマジャール・スズキの要求に応えるノウハウ・技術を保有しないため水準到達のために同社のサポートを必要とするサプライヤーとなっている。少数ではあるが民営化され、開発力や設計力を高めるための投資をして技術力を高めてきたハンガリー資本の中堅サプライヤーが第1のカテゴリーに、日系をはじめとする多国籍企業が第2のカテゴリーに属している。より低コストな現地調達を高めていくために今後の大きな課題となってくるのは、第3のカテゴリーに当てはまる現地のローカル中小サプライヤーの育成・支援といってよいだろう。

　このカテゴリー3のローカルサプライヤーに対しては、マジャール・スズキが直接行うもの、日系サプライヤーからサポートしてもらうタイプの2つのスキームで育成・支援を行っている。

　前者については、日本的経営方式として改善、5S、かんばんなどの理論と実践を行うほか、マネジメント・トレーニング、サプライヤー集会を開いたり同業の欧州・日系企業の工場見学を実施するなどベンチマークを利用した教育活動を行っている。後者日系サプライヤーにサポートしてもらうスキームとは、マジャール・スズキが日系サプライヤー11社のうちから適当な技術支援パートナーを探しだし、ローカルサプライヤーと日系メーカーで技術支援関係を築いてもらうというものである。しかし、この後者の部分については、後で検討するように、サプライヤー・ネットワークの形成・拡大をもたらすほどには至っていないのが現状である。

第7章　中欧・ハンガリーの自動車産業サプライヤー・ネットワーク

　ところで、ここへきて自動車業界のグローバル化と再編成が進む中、スズキグループ内での国際展開とGMグループの中での展開を同期的に行わねばならない新しい段階を迎えつつある。新規にサプライヤーとなるためには、その部品メーカーは、そうした世界同期生産や世界的な供給体制といった、より厳しい審査を要求されていく可能性が出てきている。ハンガリー拠点のみへの供給であったとしても、同社資料によれば、まずISO9000とISO14001、さらにQS9000の認証は必須条件で、さらに経営方針、品質管理、取引実績報告、開発・イノベーション能力、データ・文書管理体制、購買プロセス、調達先のトレーサビリティ、生産体制、技術レベル、資材在庫管理、財務内容といった項目で厳しい審査を経なければならない。もちろん、次期モデル用の部品を受注するためには、日本でスズキの開発プロポーザルに応募・提案し、GMグループの購買情報にもクリアしなければならないのである。

　さらにサプライヤーとして取引を開始した後、年に1度のサプライヤー評価を品質、購買、物流部門で第1段階として、第2段階では品質・不良、コスト低減、納入実績と柔軟な対応、イノベーション・開発力といった項目で評価され、A〜Dまでの4段階でランク付けされることになっている。

　実際、現地の中小資本にとっては、マジャール・スズキのこのようなサプライヤー取引条件はハードルとして決して低いものとはいえず、先にみたようにローカルサプライヤーの数は徐々にしか開拓できていない状況といえる。

　ハンガリー国内の自動車販売トップシェアメーカーであり、かつ、完成車組立の先陣を切って直接投資して設立されたマジャール・スズキは、同国経済における重要なプレイヤーという地位を揺るぎないものとしている。しかし、その調達構造は、7割が拡大EU調達でEU輸出基準をクリアしているものの、ローカル調達は25％にとどまり、そのうちの多くを日系サプライヤー11社が供給するものであった。ローカルコンテント規制のない中で、高品質のコンパクトカーを主力商品として勝負しなければならない同社の調達政策では、EU市場への輸出基準クリアが実質上の第1の基準に設定されている。これは英米両国とは大きく事情を異にしたものとなっている。その下で、マ

ジャール・スズキのハンガリーにおけるサプライヤー・ネットワークの実態を繙解くため、日系進出メーカー3社と現地資本企業1社のケーススタディを次節で行う。

4. 部品サプライヤーの現地経営と
サプライヤー・ネットワーク

　これまでの日本の自動車メーカーと部品メーカーの海外直接投資は、欧米・アジア諸国に完成車メーカーが投資を行えば、現地での部品供給をサプライヤー側が求められて同じ国あるいは近隣諸国に工場を建設するという基本立地パターンができあがっている。特に欧米では現地における部品調達率は経済摩擦回避とコスト削減の両面から自動車メーカーにとって不可欠な課題であり、それに応えるために部品メーカーの現地進出が促されてきたのである。日本の代表的完成車メーカー3社が進出した英国では、部品メーカーの直接投資件数が最も多く、自動車産業の集積地と化している。

　マジャール・スズキの場合は先にみたように、ハンガリー政府による独自の現地調達率規制はないものの、やはり現地からの調達で生産コストを引き下げて商品価格を抑えながら販売シェアと輸出台数を伸ばす必要から、日系部品メーカーの一部に現地進出を要請してきた。しかし、スズキのお膝元である静岡県のスズキ系サプライヤーは2003年時点で、まだ1社もハンガリー拠点を設立していない。

　日系自動車メーカーの欧州拠点の生産台数をみると、英国トヨタが年産24万台、英国日産が同33万台、英国本田が同25万台、仏トヨタが同18万台、計画中のトヨタ・プジョーのチェコ合弁工場が年産30万台（予定）となっている。これらと比較すると、マジャール・スズキの生産台数年産約9万台という数字は、非常に低いことが明らかである。今後、同社は伊フィアットとの共同モデル投入や工場拡張による生産能力倍増を計画しているが、それが実現してようやく先の大手自動車メーカーと肩を並べる段階となる。こうした事情

第 7 章　中欧・ハンガリーの自動車産業サプライヤー・ネットワーク

から憶測すれば、大手メーカー系列サプライヤーに比べて資本規模に劣るスズキ系部品メーカーが、年産 9 万台の規模で現地進出するのは考えにくいものと思われる*5。後にみるように、大手日系部品サプライヤーであっても、スズキ向けの供給目的というだけで現地経営を行って採算が取れるかどうかは疑問視されるのも事実である。

その結果、スズキから要請を受けてハンガリーに進出し、現地で部品供給をしている部品企業は、いわゆる大手資本に属する部品サプライヤーや中堅クラスで北米事業など海外生産オペレーションを経験済みの有力サプライヤーに限られている。

以下では、スズキのハンガリー現地生産に応える形で進出し、現地調達ネットワークの一翼を担っている日系サプライヤー 3 社、民族資本として 1 次サプライヤーの一角に参入した現地企業 1 社を例に検討を進めたい。

1　MT用クラッチ部品加工メーカー：A 社

A 社は日本国内のほとんどの自動車メーカーと取引関係をもつ大手メーカーで、日産のNRP（リバイバルプラン）を機にトヨタ系大手メーカーが株式を取得して、現在、資本構成上はトヨタ系のグループ企業である。

同社のハンガリー法人設立は他の日系自動車部品メーカーのどこよりも早い1993年で、マジャール・スズキの立ち上がり直後のことであった。この現地法人設立に当たってはスズキ側の要請もあり、A 社にとってスズキとの日本国内での取引関係をさらに確実なものにしていくための戦略的な投資を意味していた。つまり、欧州では今でもマニュアル車が主流のため、クラッチ関連部品の欧州サプライヤーは競争力をもっており、仮にマジャール・スズキが欧州サプライヤーからクラッチ部品を調達して、それがコスト的にも品質的にも良いものだとなれば日本でも採用されかねないと、同社では危惧しての現地法人設立だったのである。そこで当初は現地企業から10％の資本出資を受けて生産を開始したのだが、配当が出ないとメリットがないと相手側が申し出てきたため現在、現地資本は引き上げている。

立地先のタタバーニャ市は、合弁先が近いということで、市の工業団地（カスタム・フリー・ゾーン：CFZ）が進出先となった。進出からすでに10年を経ているため、法人税免除期間が切れ2003年度から一般税率が適用されている。

　2003年現在、従業員数35名で平均年齢30歳、日本人駐在スタッフ2名、工場2交代制で年産20万セットのマニュアルトランスミッション用クラッチ部品の生産を行っている。マニュアル車についてはマジャール・スズキの2モデル全量を受注、供給するとともに、スズキとオペルで共同開発したモデル向けにオペル・オーストリア工場へも供給している。

　部品調達については現地調達できるものはゼロで、品質、価格、納期において折り合いがつかないためという。したがって日本からの輸入（免税特恵）をはじめ、鋳物をはじめドイツ、イギリス、スロバキアからの調達となっている。したがって工場では加工機3台で鋳物加工を行い、他の構成部品と組み付けてクラッチユニットとして組立を行っている。

　現場作業者は高卒が一般的で英語を話すことはできない。ワーカーとは現地人の事務所兼工場マネジャーを介して指導したり、報告を受けたりする。英語が話せてマネジメントの分かる管理職クラスを追加雇用したいが、なかなか採用できないでいる。毎年10％ほど人の入れ替えが生じており、すでに合弁時代の社員は1人か2人を残して入れ替わっているという。

　当初は日本へ研修に派遣していたが、その後、同社でISOやQSの認証を受けて自社研修体制が設けられたのでそれで代替している。人の移動もあってのことか、QC意識が根付くところまではいっていないという。ただ、人によって大きく異なるが、ハンガリー人は「工夫したり考えたりすることが好きな民族」のようで、仕事をしながら治工具の改善をする社員も中にはいるといわれる。こうした活動に対しては、改善報奨金という形で報いている。

　マジャール・スズキの受注を取るためには、日本で新型開発が進む中でコンペをかけられ、そこで2割の原価低減要求をクリアした提案を行ってようやく受注に至る。マジャール・スズキ側にしてみれば、欧州メーカーへのス

イッチングコストはそれほど高いものとはならない状況にあり、A社にとっては長年の実績があるからといった安穏とした姿勢ではいられないのが実情である。

すでにA社の工場スペースは拡張する余地がなく、さらなる拡張を行うためには工場を移転しなければならない。マジャール・スズキの2006年体制にどのように対応するかはまだ先が読み切れない段階でもあり、ようやく累積赤字が解消されたともいわれ、難しい判断を迫られていた。

クラッチ関係部品の欧州メーカーへの拡販は大手欧州サプライヤーが立ちはだかっており、さらに自動車メーカーの要求する開発、評価・実験面での貢献のための投資を必要とするため、そう簡単ではない。他方でA社の東南アジアやインド拠点でも欧州へ営業活動を活発化させており、輸入関税込みでも価格競争力があれば採用される見込みもなしとしない。

② 自動車用ワイヤーハーネス製造企業：B社

B社は自動車用ワイヤーハーネスの製造を従業員数400名、日本人駐在員3名で行っている。取引先はほぼ全量、マジャール・スズキである。

進出はグリーンフィールド投資でも合弁設立でもなく、当初は現地企業（現地資本バスメーカーのハーネス製造会社）への技術供与から始まった。マジャール・スズキ設立間もない1990年代初頭に進出要請を受けたので、まず現地企業に対して技術供与してハーネス製造をさせ、納入する形で対応した。世界で事業展開をしてきたさすがのB社でも、いきなりハンガリーでの工場オペレーションは先が読めないことを理由にためらわれたのであろう。しかしさらなるスズキからの現地対応を要請され、B社がグループで74％を出資して技術供与先のローカル企業と合弁会社を設立した。ところが、マジャール・スズキの生産拡大に対応するために追加投資が必要となった折り、現地企業側は採算面を理由に事業の拡大・継続を望まないと申し出たため、B社グループが株式を全量買い取って1996年、現在のB社の設立となったのである。工場立地は以前の合弁先に近いモール市の工業団地（CFZ）の中である。

こうした経緯を現地経営スタッフは、勝手の分からない現地経営事情や情報について現地企業を媒介に学びつつ、少額の初期投資で進められた点を評価し、結果的に合弁を解消したことにより顧客の要請に応えられる投資と事業拡大を行えたと総括している。
　B社グループにとって、ハンガリー工場は中欧ではじめての拠点でもあり、その後のポーランド、スロバキア、ルーマニアなどでのグループ事業展開のモデルケースともなっている。ハンガリー国内でもその後ワイヤー製造工場、コンポーネント組立工場が、それぞれ別法人として追加設立されている。
　同社の従業員構成はスタッフ70名、工場部門330名となっており、工場は3交代制24時間操業である。B社ハンガリー工場の規模は一般的な海外工場規模からみると極めて規模が小さい点が特徴で、通常は2,000名規模となるそうである。このことはマジャール・スズキの生産規模が他の日系自動車メーカー取引に比べて小規模であることを意味し、一定の企業体力と規模をもったサプライヤーだからこそ、可能な投資であったことをうかがわせる[*6]。
　現場作業は労働集約的なワイヤーハーネスの組立作業が中心で女性社員が多く、マジャール・スズキの生産車種別に4本のラインで生産を行う。現場作業者は当初3カ月のトレーニングを受けてラインに配属されるが、この仕事に向かないと考える人はこの間に離職していく。離職率は1997年には8.2％、2002年は雇用増の影響もあり13.3％とかなり高い。ただ、3カ月の研修をクリアした従業員に限ってみると、3％程度に急減するという。ちなみに現地人管理スタッフは合弁時代から離職ゼロを記録している。
　この工業団地内には当社の他に5社の外資企業があるなど、すでに市周辺の労働市場は払底しており、現場作業者は周囲30キロ圏内で募集をかけて、団地内企業で共同運行するバスで通勤させている。現業部門をはじめスタッフの基礎教育水準は高く「勤勉・実直・まじめ」で、とりわけ技術者スタッフは大卒、工科専門学校卒で優秀であると日本人スタッフは述べている。ただ、コスト意識は社会主義時代の影響か、まだまだ十分ではなく、合理化は解雇につながるとか、なぜ電気の節約をしなければならないのか、といった

第7章　中欧・ハンガリーの自動車産業サプライヤー・ネットワーク

レベルから教育しなければならない側面を併せもつのも事実である。

　2000年より改善活動を導入し、当初はまったく理解されなかったが、現在では年間約70件の改善案件が提出されるようになり、積極性もうかがえる。改善提案は1件につき100HUFのインセンティブが設けられており、半年に1度、改善発表会を実施している。

　生産活動に伴う資材・部品調達は、そのほとんどが日本・アジア、EU地域からの調達でまかなわれている。ハンガリー国内での調達はわずか5％で、金属プレート、プラスチック部品、ゴムなど公差の要求が厳しくないものに限られており、供給しているのは現地の中小企業6社である。ローカルサプライヤーを育成するには時間と手間、さらには忍耐が必要だが、現有スタッフでじっくりと取り組める状況ではないのが現状である。

　世界的に自動車業界ではコスト削減圧力が高まっており、特に新モデルのサプライヤー選定の際には、2割から3割の原価低減を要求される形でコンペ方式が普及しつつある。そのためにはVA／VE活動を設計段階から見直し、材料や生産工程まで分析して、スズキの日本での開発段階から積極的に関与して提案を行う必要がある。

　スズキのグローバル調達、あるいはGMグループ内でのグローバル調達という流れが今後さらに進んでいくとするならば、スズキの要請で拠点設立した同社といえども、将来的に100％マジャール・スズキの受注が確約されるとは言い難い状況が見え始めている。同社はそれに対して、マジャール・スズキ100％を死守するとともに、新たな事業の柱を育てていく段階にきていると述べている。現在、2000年以降に現地進出してきた日系部品メーカーからハーネス部品製造を受注するほか、ドイツメーカーへの営業活動を展開中である。

3　イグニッションコイル製造企業：C社

　C社は北米にも2つの生産拠点をもち、グループ総勢1,200名強の自動車用イグニッションコイル専門メーカー(売上の約6割)で、家電・電機向け電子

制御部品の製造も行っている。

　進出立地先はマジャール・スズキのあるエステルゴム市の工業団地（CFZ）で、2000年に設立、2002年から生産を開始した。C社のハンガリー進出はマジャール・スズキ対応であることももちろんだが、欧州の三菱自動車工業とダイムラークライスラーの自動車部品合弁会社（MDCP社：独チューリンゲン）へのイグニッションコイル受注決定が大きな要因となった。MDCP社に供給された当社のイグニッションコイルはエンジンに搭載され、三菱自動車のオランダ子会社ネッドカーで自動車に搭載される。加えて、2004年はじめにダイムラークライスラーの小型車スマートにも採用された（組立はネッドカー）。すでにアメリカでの現地経営で10年の実績をもつ同社ではあるが、欧州市場は未開拓であったため、同社ハンガリー法人は本格的に欧州市場の顧客開拓に力点を置いた戦略投資であると理解される。

　同社製品分野の世界的メーカーはボッシュ、ビステオン、デルファイ、デンソー、そして当社グループのビッグ5といわれる。C社グループを除けば、巨大資本にして複数のキーコンポーネントを供給する世界的サプライヤーばかりである。さらにこのほかにも、ドイツ、フランスに大手メーカーが存在する。C社はこれら大手サプライヤーに対して高品質と製品寿命の長さを売りとしており、製品開発においては日本のR＆Dセンターに60名の開発スタッフを擁して、各メーカーに対する迅速な提案とリアクションを武器に現在の地位を築いてきた。このような同社にあっては、先述したような戦略的拠点として、ハンガリー法人が設立された理由もうなずけよう。

　2003年春現在、C社の社員は32名で、管理・事務・スタッフ部門24名（日本人6名）、現場ワーカー8名と極めて間接比率が高い。これは設立間もない同社では、工場長をはじめ生産管理、品質管理、購買、人事、経理など間接部門マネジャーの採用と教育が進められている段階であることによる。特に品質管理スタッフは5名を擁し、ダイムラークライスラー向けの業務に万全の体制で臨む姿勢である。

　イグニッションコイル100万個（年）の生産能力をすでに保有しているが、

第7章　中欧・ハンガリーの自動車産業サプライヤー・ネットワーク

現状ではマジャール・スズキ向けの20万個（年）の供給分のみとなっており、ワーカー8名に対して日本人駐在員と現地スタッフとで生産指導を行っている。マジャール・スズキ向けが2年後には4倍に、また2004年からダイムラークライスラー向けに100万個の供給体制を計画しており、2004年夏には現業部門を70名規模にまで雇用拡大する予定であった（3シフト24時間稼働）。エステルゴム市にはマジャール・スズキやサンヨーなど大手が立地しており、採用は同社のような後発企業にとっては容易ではない。しかし、よい人材を慎重に採用していきたいとのことである。

　工場は訪問時、かなりの空きスペースがみられたが、上記のように増産体制に備えて、順次設備が増設されていく予定である。現場作業は労働集約的な工程はわずかで、そのほとんどが自動化・半自動化された専用機によって行われ、中にはワーク送りのほとんどを自動供給装置によった自動化ラインまで設置されていた。これらの装置、ラインは日本で設計・調達して、無税で輸入されてきたものである。

　現在8名の現場ワーカーは同社の北米拠点や日本で研修を受けており、日本人管理責任者によればまずまずの評価を受けている。すなわち、「ハンガリー人は新しいことに興味を示し、改善活動にもオープンで、すでにいくつかのことを実行に移しており、かなり洗練されてきている。8名のうち半数は改善マインドをもっているだろう」と述べている。彼らはさらに3カ月にわたる研修を積み、生産業務、技術、設備・保守をOJTによる訓練を受けているため、単なる生産要員ではなく、コンプレックスワーカーとしての資質を備えているといわれる。したがって彼らの平均賃金は相場よりも2～3割は高い。

　資材調達については、鉄芯やターミナルは日本から、銅線はイタリア、ゴム・樹脂関係はオーストリア、スロバキア、簡単なプラスチック部品のみをハンガリーから調達している。金額ベースでみると、日本からの資材輸入が半分ほどとなっている。日本から調達している端子部品については、ハンガリーで調達先を探したいということであったが、それ以外については難しい

との見方であった。

　今後、設備の増強と雇用拡大によって増産体制が整ってくると、ハンガリー拠点は欧州市場ばかりでなく、日本やアジアに向けた輸出拠点とも姿を変えていく予定である。2006年ころから徐々に利益を計上できる見込みとされ、追加投資をしなければ2013年頃には投資の回収ができそうだという。

　以上、マジャール・スズキの日系サプライヤー3社の事例をみてきたが、マジャール・スズキとの取引関係と汎欧州顧客開拓という各社の現地経営は、日本とアジア、先進ヨーロッパ諸国からの部品・資材調達ネットワークに大きく依存しているのが現状である。つまり、日系企業によるローカルサプライヤーの利用は極めて低調で、サブ・ネットワークはこれまでのところ未発達の状態にあることが結論される。その原因は、各社ともに自社の現地工場経営を軌道に乗せ、5Sに始まり、標準作業を徹底し、さらに現地適応させるべく標準作業を改訂・改善し、生産性と品質の向上を実現させるという目先の課題を克服するのが先決で、ローカルサプライヤーの開拓とそれらへの指導や育成に時間とコストをかける余裕がないという実態にある。

　また、ローカルサプライヤー側としては、日系企業と取引するために必要な設備を投資するだけの資本的余裕や調達システムの不在から、投資意欲に欠けるなどの原因があるといわれる。というのは、マジャール・スズキの量産規模と欧米メーカーのそれとでは大きな乖離があるために、日系メーカーからの発注規模の小ささも影響しているようである。さらに、サービス経済化の進行が著しいハンガリーでは、事業機会の選択肢として、自動車産業や製造業に魅力を感じない風潮もなしとしない。このような事態を受けて、JETROの主催する逆見本市も1999～2002年と4回開催してきたが成果が上がらず、2003年度はチェコで開催する運びとなった。

　以上のような環境下で、マジャール・スズキの今後の生産拡張傾向を考慮しても、日系自動車部品企業を結節点としたサプライヤー・ネットワークが中期的に発展的にハンガリー国内で拡大していく見通しは立たない。生産ロットサイズの拡大はローカルサプライヤーにとって魅力を増すに違いない

が、それは既存のローカルサプライヤーに還元される可能性が高い。したがって日系各社の増産対応が、新規ローカルサプライヤーの開拓と外注依存の拡大につながるとは考えにくいと判断される。

④ 民族系大手メーカー：BA社

BA社は社会主義体制以前の1938年創業、国家所有を経て体制転換後、自動車関連製造に特化する形で分割・民営化された、歴史ある企業である。同社は民営化以前、国有企業の自動車部品製造部門として、旧ソ連・コメコン諸国の主要な自動車メーカーLADA、SAMARA、POLSKI FIAT（ポーランド）、SKODA（チェコ）を取引先としていた。現在、民族金融資本を筆頭株主とし、資本金1,150万ユーロ、従業員数790名でプレスおよびプラスチックの自動車部品製造・組立を主に行っている。

表7-6　BA社の製品・顧客構成

製品	顧客
ワイパーシステム	マジャール・スズキ、OPEL、Valeo
ホーン	マジャール・スズキ、本田（伊）
ドアヒンジ	マジャール・スズキ、OPEL
インストルメントパネル	スズキ・パキスタン工場向け
各種プレス部品・プラスチック部品（自動車部品および家電用）	Visteon、PAL、Denso Hungary、ISE、Temic、Philips Hungary、Elekthermax
金型、ツーリング・治工具	自社工場向け

出所：筆者ヒアリングによる。

(a)　製品・顧客構成

主な製造品目とその顧客を示したのが、表7-6である。一見して分かるのは、同社の主要な顧客がマジャール・スズキであるという点である。ワイパーシステム、ホーン、ドアヒンジの3部品については、マジャール・スズキの生産立ち上げ当初から供給を続けてきた。さらに、2003年4月に投入さ

れた新モデル向けのワイパーシステムは日本のスズキから Original Design が出て、それを基に、同社が修正図を作成しながらツーリングを用意して開発を進めていったものといわれる。またスズキ関連では、同社がパキスタンで生産する乗用車に搭載されるインストルメントパネルの組立も行っており、全量、パキスタンへ輸出している。このように、同社はマジャール・スズキの1次サプライヤーであり、民族系企業としてはマジャール・スズキのサプライヤー・ネットワークに成功裏に食い込むことのできた代表的な成功事例といえる。

　一方、ワイパーシステムとドアヒンジの2部品については、OPELポーランド工場への供給も行っており、またホーンについては本田技研イタリア工場で生産する2輪車に搭載されている。これらの部品・顧客サプライヤー・ネットワークにおける同社の位置づけは、すべて1次サプライヤーである。

　上述の自動車関連部品の他にも、自動車用や家電用のプレス部品とプラスチック部品の生産については、ハンガリーほか中欧に進出した多国籍企業数社を顧客としている。Visteon、Valeo、PAL、Denso Hungary、ISE、Temic の各社へ自動車部品関連、Philips Hungary、Elekthermax へ家電関連の各種部品を供給している。自動車部品に限っていえば、これら納入先で同社の部品が組み付けられて最終的に行き着く自動車メーカーとしては、Ford、フォルクスワーゲン、BMW、ダイムラー・クライスラーなどがあげられる。つまり、BA社はこうした自動車メーカーのサプライヤー・ネットワークにおいては、2次サプライヤーとして位置づけられる。世界有数の部品サプライヤー複数との間で2次サプライヤーの地位を獲得しえた経営戦略には目を見張るものがある。つまり、マジャール・スズキとOPELとの取引関係では1次サプライヤーとして、その他複数の多国籍部品メーカーとの関係で2次サプライヤーとして、2段構えのポジショニングでマルチカスタマー戦略をとっているところに、BA社の最大の特色がある。

　このようなマルチカスタマー戦略が分割・民営化から一貫して志向されてきたかといえば、そうではなかった。実際には1996年までは、同社はロシア

第7章　中欧・ハンガリーの自動車産業サプライヤー・ネットワーク

の自動車メーカーとの取引比率が高く、同社の生産する部品はBA社が開発から担当するいわゆる承認図方式による取引関係が売上の約70%を占めていた。当時のマジャール・スズキの生産台数は年産5万台程度しかなかったうえ、OPEL向けもそう多くはなかったのである。したがって、体制転換以前からの顧客であったロシア向けビジネスが同社経営の根幹をなしており、BA社はその時点までロシアビジネスを続けた唯一のハンガリー企業であったという。

　ところが、1997年に生じたロシア金融危機、さらに1998年のルーブル暴落によって、ロシアの顧客に対する価格競争力を喪失してしまった。ロシアのサプライヤーの方が、当社より安い価格で納入できるようになったからだ。そのため同社は1997～98年にかけてリストラを余儀なくされ、新しい顧客を捜さなければならなくなった。この間に西側の多国籍自動車部品企業がハンガリーの投資インセンティブに応じる形で直接投資をしてきたため、BA社の営業開拓先が広がる幸運に恵まれた。同社はリストラとともに、プレス機や射出成形機の入れ替え投資なども行い、徐々に取引先拡大への努力を続けたのであった。したがってロシア時代と現在とでは、基本的に製品カテゴリーは同類ではあるが、顧客と製品モデルは完全に異なったものに入れ替わっている。

　BA社に対する顧客からのコストダウン要請では、マジャール・スズキとOPELのGMグループからは、5%以内の範囲でコストダウン要請が年単位で実施される。そのために同社としては「生産性の向上、改善に取り組まねばならない、スズキからの要請について我々は、No Choiseだ」と苦笑混じりに答えている。

(b)　開発と生産
　同社の主要製品であるワイパーシステム、ホーン、ドアヒンジの3品目については、旧ソ連・ロシア向けビジネスからの歴史を有し、独自の開発力を同社は備えている。かつてのロシアビジネス中心の時代は、同社が設計と開

発を任される承認図メーカー中心のメーカーであったが、マジャール・スズキやOPELからの受注は貸与図方式によるものであった。しかし先述したように、2003年立ち上げのマジャール・スズキ新モデル用ワイパーシステムでは、構成部品のうちアーム、ブレード、モータ、リンケージの4点について主要デザインを担当し、かつモータについては詳細設計までBA社が責任を負ったといわれる。全体設計や詳細設計をすべて任された訳ではないので承認図によるデザイン・インとまではいえなくとも、部分設計としてデザイン・インに参画するなど、貸与図メーカーだったこれまでの関係とは異なり、コミットメントの度合いが高まっている。

同社の説明によれば、現在、自社設計開発によるもの35％、カスタマーとの共同設計によるもの20％、カスタマー設計開発によるもの45％といわれ、前2つの開発パターンに比重を高めていきたいという。

ロシアビジネス時代の経験と蓄積、さらに10年に及ぶマジャール・スズキ向け部品生産の実績、それに3次元CAD／CAMシステムによる開発力の強化があいまって、BA社はマジャール・スズキにとって単なる貸与図サプライヤーから大幅に進歩した存在へと変貌してきたのである。

生産体制の面でも、いくつか特筆すべき点がある。まずは、数台の旧東ドイツ製の大型プレス機が未だ現役で、トランスファープレスは実に30年稼働しているなど、旧式設備も備えている一方で、射出成形機については比較的新しい設備に更新されている点である。プレス機械についてはできるだけ現有設備の生産性向上に努める一方、技術進歩の早いプラスチック生産設備は旧式を更新しなければ受注が取れないためと思われる。

また、同社の生産に必要な金型・治工具類はすべて内製している点が指摘できる。ツールデザイン担当は2名だが、他にも多くのエンジニアを含む、実に87名が金型・治工具部門に所属している。案内にあたった生産部長によれば、このような金型・治工具部門を擁する製造企業はハンガリー国内には存在しないという。また、金型・治工具の生産には、CAD／CAMシステムに対応するNC工作機械やマシニングセンター、3次元測定器などが導入されて

おり、設計データに連動した生産体制が整備されている。

　工場の勤務シフトはプレス部品部門とプラスチック部品部門が3直、インパネやホーンなどの組立ラインが2直、管理部門と金型・治工具部門が1直という体制である。工場現場では3年前より5Sの概念を導入しており、ポスターの掲示で啓蒙活動を行っている。

(c)　資材調達と下請け利用

　資材などの調達については、まず、プレス用の鋼材はドイツから輸入されており、ハンガリー製の鋼材では価格と品質とで折り合いがつかないことが理由という。ワイパーシステム、ホーン、インパネの組立用部品・資材においては、プレス・プラスチックの構成部品はほぼ内製しており、ケーブルについては日本から、コネクター関係の部品は欧州各国からの調達（指定支給）に依存している。したがって、同社における資材の国内調達比率は40～45％のレベルと日系部品メーカーに比べて高い割合となっている。

　BA社の下請け外注利用は、プレス、熱処理、プラスチック成形、金型・ツールメイキング、表面処理、機械加工、小物部品生産などで35～45社を利用している。下請け部品の検査は抜き取り方式ですませられるという。

　プレス部品とプラスチック成形の下請け企業は、ほとんど中小規模、中には零細で1人企業やファミリー企業といったところもある。同社は周辺地域（およそ20キロ圏内）でコストリサーチをしながら、材料支給・工具貸与などをして、今後もこうした下請けの利用を増やそうとしている。下請け先のリサーチには、社内の購買や輸送部門が探し出すほか、社外では商工会議所のデータベースなどを利用しているという。

　彼らに対しては、図面を理解する、作り方を理解する、品質管理ができるようになる、などについて実際にミーティングと実地指導を行い、育成中である。その際に、同社の要求がなぜ重要なことなのかということについて、理解してもらう努力を続けている。

　こうした取り組みは2年前から実施しており、まだ満足できるレベルでは

ないという。それ以前には、下請けと同社の間には大きな隔たりがあり、多くの問題点があったため、こうした活動を通じて品質管理や生産性の向上などにつなげていきたい考えである。今後、このような良質な下請け外注を利用することで、10～13％のコストダウンをすることが可能ではないかと同社ではみている。

　以上みてきたように、BA社はマジャール・スズキの1次サプライヤーとしてそのネットワークに確固たる地位を築きつつ、西側主要部品サプライヤーの2次サプライヤーとしても着実に歩を固めている。しかしこのような民族資本企業による成功例は、非常に限られたものと推察される。一般的には魅力のある製造企業は西側資本に買収されてしまうのであるが、ハンガリー製造業の中でもとりわけ長い歴史をもつBA社経営陣による、自動車ビジネスにかける意気込みと将来性への期待が起因しているのではないだろうか。

　図7-3はBA社の売上高の実績と今後の予想値であるが、2002年の売上高が2,900万ユーロ、2003年が3,300万ユーロと順調に売上を伸ばしている。さらに2004年には4,100万ユーロ、2005年には5,800万ユーロを見込んでおり、この4年間で売上を2倍に拡大するという。そこには中欧諸国で新しく立ち上がる自動車メーカーの生産拠点との新規取引や、既存カスタマーとの取引拡大などが見込まれている。

　こうした売上推移の予想と同社をハブ（結節点）とした自動車メーカーとハンガリー中小零細下請け企業のネットワーク構造は、大変興味深い。日系進出部品サプライヤーがローカル企業の開拓と利用を進められていない状況に比べて、やはり意思の疎通や交渉力、マルチカスタマー戦略といった点でBA社の外注利用の拡大と指導は同社の生産拡大と原価低減に寄与していく可能性が高い。しかし、下請け企業側の零細性とハンガリー中小企業にみられる投資意欲と資本不足は、日本の自動車産業サプライヤー・ネットワークの機能と形成、役割などと同様の成果を生み出すには、まだ到達し得ない状況にあるとみるのが現実的である。

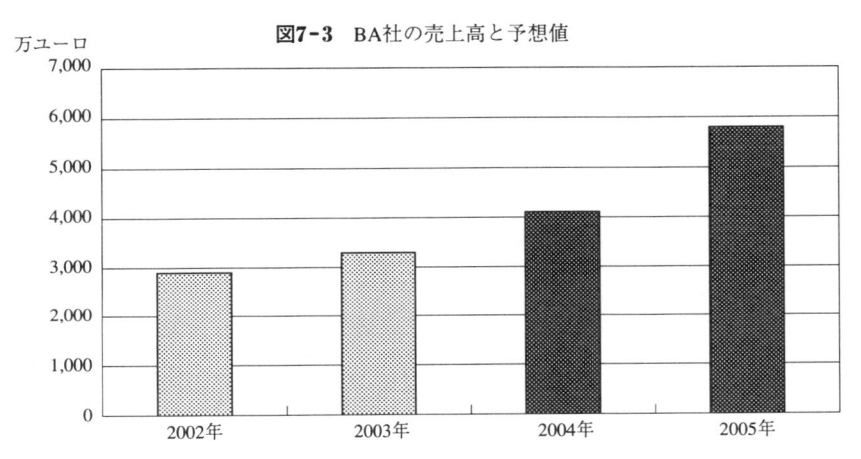

第7章　中欧・ハンガリーの自動車産業サプライヤー・ネットワーク

図7-3　BA社の売上高と予想値

注）2002年、2003年は実績、以後は予想値。
出所：BA社資料による。

　ただ、2次サプライヤーの利用を生産拡大と原価低減の結果から大きな成果を得られるものとBA社幹部が認識し、他方で開発力や生産技術部門に投資をして承認図方式で自動車メーカーとの関係を強化しようとする経営姿勢に、高い戦略的合理性を見いだすことができる。

5．まとめ——中東欧サプライヤー・ネットワークの可能性——

　体制転換以後、工業化と海外直接投資誘致で経済発展を志向してきた移行経済国ハンガリーは、すでにみたように、乗用車生産という面では、正にゼロからのスタートを切ってようやく10年という段階である。
　そもそもスズキ傘下のサプライヤーはいまだ現地に出ておらず、それはマジャール・スズキの生産規模と欧州部品市場へ参入するだけの資本力不足を考慮しての、あるいは生産移転よりは地元雇用を重視するなど、スズキ系サプライヤーの理解しうる経営判断といえる。マジャール・スズキの計画している2005年、生産能力20万台体制になって初めて検討に値するかもしれない

といった状況であろう。

　幸い、2003年春に投入したイグニスは乗用車とSUV（スポーツユーティリティ）を融合させた11,000ユーロの商品で、すでにハンガリー市場では計画の55,000台を超える受注で好調である。加えて2004年の新モデル、2005年後半の伊フィアットとの共同開発モデルの投入が予定されており、小型車に特化した積極展開を進めていく計画である。これらのモデルはハンガリー市場をはじめ、今後拡大するであろう中欧諸国の市場と西欧市場をにらんだもので、それに対応できる部品調達ネットワークの構築とともに、現地調達比率向上が課題となろう。

　日系部品サプライヤーにとって、マジャール・スズキの増産計画への対応が最優先となることは必須で、そうなるとローカルサプライヤーの育成・指導に時間とコストをかけてじっくり取り組む余裕はますますなくなる。これまで行われてきたマジャール・スズキや日系企業のサプライヤー支援の取り組みは、ハンガリー中小企業にとってますます必要とされるに間違いないが、楽観できる環境にないのが現実である。

　ローカルサプライヤーの開拓においても、既述のようにJETRO逆見本市が日系メーカーの要望でチェコに移転された経緯もあり、ハンガリー国内だけを外注先候補の対象としない現実が鮮明化しつつある。ハンガリー国内でのサプライヤー・ネットワーク形成の困難とめどの立たない状況は、先進西側ヨーロッパからの調達と中・東欧エリアへのアウトソーシング拡大を視野に入れたサプライヤー・ネットワークの形成へ、日系サプライヤーの目を向けさせることになりつつある。また、マジャール・スズキの増産に対応するためにも、日系サプライヤーは社内の人材育成や幹部候補採用を避けられないが、人口1,000万の同国では、すでに人件費の上昇と人材獲得競争激化で、そう簡単ではない。

　他方、現地資本の大手BA社のケースでみたように、言葉や文化の壁のない現地資本による新たなサブ・サプライヤー・ネットワークの形成がここ3年ほどの間に生じつつあることも事実である。歴史的な観点に立てば、日本

では、技術力のあるサプライヤーの不足が日本自動車産業におけるサプライヤー・システムを偶発的に生み出し、伸張する需要と生産力の拡大という好条件を背景に世界的にも有力な自動車部品メーカー群を育ててきた経緯がある（酒向（1998））。

　しかし、ハンガリーという国の置かれた状況は、国内市場の狭隘さと乗用車生産基盤の脆弱さ、外資企業主導の自動車産業形成、産業政策の不在、限られた労働市場、中東欧地域の需要拡大と拡大EUへの加盟といった環境下にあり、日本の経験を活かせる状況にはほとんどない。また、産業競争力の観点から自動車産業支援に取り組んできた英国の経験は、同国がそう簡単に真似することのできるものではないのも明白である。

　結論として予想されることは、現地自動車部品サプライヤー中小企業の育成・支援・開発政策あるいはこの分野における起業家創出・育成策が十分に展開されず、未だに実績が芽生えてこない現状では、マジャール・スズキのサプライヤー・ネットワークの下で、日系サプライヤーの現地中小サプライヤーを包摂した多層的サプライヤー・ネットワークが形成される状況にはないということである。マジャール・スズキは1次サプライヤーを、日系各社は2次サプライヤーを開拓・利用するに当たり、乗用車生産の工業基盤という点でハンガリーに勝るチェコ・ポーランド、さらに低賃金といわれるルーマニアやウクライナなどを視野に入れた「中東欧サプライヤー・ネットワーク」の形成を、今後はより一層志向していくのではないかと考えられる。とりわけチェコ、ポーランドとの間には、EU加盟を機に国境通過時の税関手続きが撤廃され、物流面における障害が消滅したことは大きい。

　ハンガリーでは、経済波及効果や雇用面で影響力の大きい自動車産業を誘致したものの、民族資本の脆弱さと自国産業育成政策の不在のまま、拡大EUへ突入してしまった。外資主導で形成されてきた自動車産業のサプライヤー・ネットワークに対して、本格的に民族中小資本を参入・参画させるためには、官民あげてのさまざまな努力と工夫、政策的対応がますます意味をもってくるものと思われる。

※付記

　本研究の現地調査は、関東学院大学経済学部の清晌一郎教授グループ調査の参加（2003年3月：三井教授代表の科研費助成金）と独自の追加調査（2003年7月：筆者勤務先の奨励寄付金学術研究助成）による。ハンガリー生産性センター所長 Norbert Matorai 氏と平塚公一氏（JICA専門派遣員）、現地の日系企業とハンガリー企業の方々には多大なるご協力とご支援をいただいた。記して厚く感謝申し上げます。もちろん、すべての文責は筆者個人にある。

※注

*1　各国の巨大サプライヤーが進出している。ボッシュ、ZF、デルファイ、ビステオン（旧フォードの一部門時に）、バレオ、フォーレシア、リア、オートリブ、コンティネンタル他である（JETRO（2002））。これらの巨大サプライヤーと欧米自動車メーカーのサプライヤー・ネットワークと生産体制再編の中で、ハンガリーを位置づける研究が不可欠だが、筆者の能力を超えているので本稿は日系のみを対象とした。

*2　たとえば、英国自動車製造販売業者協会（SMMT）・インダストリー・フォーラムは、英国貿易産業省の財政支援、日本自動車工業会の指導員派遣援助を受けて、1997年から英国自動車部品産業（特に2次・3次メーカー）の育成・改善・指導による競争力強化を行ってきた。現地に工場をもつトヨタ・日産・ホンダから工場指導の専門家が2003年末まで派遣され、現地企業の指導が行われた。現在も英国主導による活動が他産業にも展開され、継続している。しかし、このような取り組みはそう簡単に導入できるものではない。インダストリー・フォーラムの立ち上げは1995年、行動開始には2年を要した。池田正孝（1995）、SMMTインダストリー・フォーラム（2002）を参照。このほか、英国の地方では、開発公社によるサプライヤー開発支援（下請け支援）も行われている（三井（1995）、三井編（1999））。

*3　ハンガリー北西地域（西トランスダヌビア地域）の自動車産業クラスター事務局におけるヒアリングによる。事務局2名で目下、会員獲得、会員データベース作成、啓蒙・交流・研修に取り組んでいる。会員は外資自動車メーカー3社、地元の中小企業、大学・研究機関など67団体である。Gecse, G. & Nikodemus, A.（2003）も参照。

*4　アウディ・ハンガリーはエンジン生産能力拡大とともに、工場に隣接して

研究開発センターを建設した。また、ユーロ高による競争力低下を懸念し、ハンガリー工場の現地調達率を引き上げる方針を出した。10％だった原調比率を20％に増大させるという。ジェトロのホームページ、国別検索情報による（データは2001年12月）。
＊5　たとえば英国トヨタ工場に部品を供給するために現地法人を設立した部品サプライヤーでさえ、英トヨタ工場の生産車種追加で年産10万台から17万台へ拡大させた時期に進出対応した例が少なくない（田中（2003））。
＊6　同社グループの隣国スロバキア工場では1,800名を雇用しており、さらに20％程度追加雇用する予定である。同工場の欧州取引先はトヨタ、本田、日産・ルノー、ローバー、FORD・マツダ、GMグループである。B社スロバキア工場、2004年3月調査による。

◉参考文献

Commission of the European Communities (2003): *Impact of Enlargement on Industry*, Commission Staff Working Paper, SEC (2003) 234.

Csaki, G. & Karsai, G. (2001): *Evolution of the Hungarian Economy 1848-2000 Volume III*, Atlantic Research and Publications, Inc.

藤本隆宏（2003）『能力構築競争』中公新書

Gecse, G. & Nikodemus, A. (2003): *Clusters in Transition Economies : Hungarian Young Clusters case study*, Innovation and Environmental Protection Department, Ministry of Economy and Transport.

HITD: The Hungarian Investment and Trade Development Agency (2002): *Automotive Industry in Hungary 2002*.

井口　泰（2000）「中・東欧諸国における企業戦略・技術移転ニーズの変化と人材移動——日系企業の現地調査に基づく分析——」『経済学論究（関西学院大学）』第54巻第1号

池田正孝（1995）「ヨーロッパ自動車産業の構造変革と日本型下請システム」日本中小企業学会編『経済システム転換と中小企業』同友館所収

池田正孝・中川洋一郎編（2005）『環境激変に立ち向かう日本自動車産業』中央大学出版部

JETRO（2002）「中欧の自動車産業（チェコ・ハンガリー）」『ユーロトレンド』2002年7月号

JETRO(2003a)「中欧進出日系企業の事業環境(チェコ、ハンガリー、ポーランド)」『ユーロトレンド』2003年3月号

JETRO(2003b)「欧州部品産業(機械、自動車、電気・電子部品)の概況(イタリア、ポーランド、チェコ、ハンガリー、ルーマニア)」『ユーロトレンド』2003年5月号

Havlik, P. et al. (2003): *Transition Countries in 2003*, The Vienna Institute for International Economic Studies.

三井逸友(1995)『EU欧州連合と中小企業政策』白桃書房

三井逸友編(1999)『日本的生産システムの評価と展望』ミネルヴァ書房

森彰夫・岩田憲明(1996)「ハンガリーの自動車産業——マジャール・スズキの視察をもとに——」『経営学研究(愛知学院大学)』第5巻第2号

酒向真理(1998)「日本のサプライヤー関係における信頼の役割」藤本隆宏・西口敏宏・伊藤秀史編(1998)『サプライヤー・システム』有斐閣所収

(社)日本自動車工業会(2003)「拡大EUを契機にさらなる飛躍を目指す——ハンガリー工場を拡張するスズキ——」『自動車工業』2003年11月号

島野卓爾・岡村堯・田中俊郎編(2002)『EU入門(第4版)』有斐閣

下川浩一・藤本隆宏・松尾隆・折橋信哉・加藤寛之・葛東昇(2003)「グローバルブランド戦略の強化と生産システム改革に乗り出した欧州自動車メーカーと、中東欧戦略の強化をはかる日本自動車メーカーと部品メーカーの動向についての実態調査(2003年3月実施)(2)」『経営志林』第41巻第1号

SMMTインダストリー・フォーラム(2002)『たぐいまれなパートナーシップ これまでの軌跡(日本語版)』

田中 彰(2003)「英国トヨタ自動車のサプライヤー・システム」『オイコノミカ(名古屋市立大学)』第39巻第3・4号

遠山恭司(2005)「中欧ハンガリーの自動車産業と日本企業」池田正孝・中川洋一郎編所収

第8章

中国「小商品市場」の形成と義烏市の発展経路
義烏市の地方政策の視点から

張　茜

1. はじめに

　1949年以降、中国は国内外の政治的および経済的背景の下で、重工業に力を入れて、「自力更正」すなわち「自給自足」の政策を実施し粗放かつハイスピードな発展戦略をとっていた。1978年、中国共産党の11期3中全会を境にして積極的に経済改革、対外開放政策に着手してきた。改革開放以降の中国の地域経済発展に目を向けると、「温州モデル」、「珠江モデル」、「蘇州モデル」が農村工業化の三大モデルとして、国内外の脚光を浴びている。これらの三大モデルは所有制（資本の形成と調達）の観点で、中国の異なる地域における農村工業化の特徴を示した。

　温州と同じく浙江省に位置し、「温州モデル」から経済発展のヒントを得た義烏市は、有形的市場により急速な経済発展を遂げてきた。1984年10月、義烏県政府は「興商建県」の発展戦略を打ち出し、「小商品市場」の育成に力を注いだ。義烏における有形的市場とその産業発展の様式・「義烏モデル」は、

表8-1 2001年1億元以上の商品取引市場の浙江省と他の省の比較

	市場数		ブース数		取引額(万元)		平均規模(万元/個)				営業面積(平方メータ)	
	単位(個)	ランク	単位(個)	ランク	絶対額	ランク	市場の平均取引額	ランク	ブースの平均取引額	ランク	面積(平方メータ)	ランク
浙江	420	2	261,628	2	33,171,123	1	789,788.61	1	126.79	1	8,025,486	4
広東	246	5	118,855	5	10,156,106	5	41,284.98	7	85.45	3	4,633,084	5
江蘇	445	1	197,586	4	24,440,560	2	54,922.61	4	123.70	2	11,179,938	3
山東	318	3	261,337	3	19,118,646	3	60,121.536	3	73.16	4	134,966,716	2
四川	79	8	65,858	8	3,481,332	8	44,067.49	6	52.86	6	1,401,710	8
河北	265	4	322,618	1	15,981,950	4	60,309.25	2	49.54	7	15,500,984	1
安徽	112	7	71,771	7	5,015,080	6	44,777.50	5	69.88	5	2,781,026	6
湖南	122	6	99,237	6	46,887,563	7	38,432.43	8	47.25	8	2,433,680	7

出所：『中国商品取引市場統計年鑑』2002と『解読"市場大省"——浙江専門市場現象研究』。

集団所有制郷鎮企業を主体とする「蘇南モデル」と、外資導入と委託加工に依存する「珠江モデル」と異なるところが多い。市場化と工業化の関係から考えれば、義烏の「専門市場＋農村工業化」（朱(2003)）は「温州モデル」の最初の発展様式と共通点があるとされる。しかし、義烏地域の経済発展の動因は工業化ではなく、市場化であるといえよう。市場の秩序的拡張、専門化された取引の組織および産業集積の発展は相互的に作用し、義烏独自の経済発展を遂げている。現在、市政府は「引商建工」（商業から工業への転換）をスローガンに置き、小商品の工業化を図ろうとしている。

近年、「市場大省」（表8-1）としての浙江省において、地域経済発展の一種の様式として存在している「義烏モデル」は、有形的市場の発展によって発展してきた典型的な地域である（表8-2）。

浙江省は脆弱な工業基盤と相対的に乏しい自然条件に直面しながらも、高速な経済発展を遂げてきた。浙江省の多数の地域において、固有の資源状況と「専門市場＋農村工業化」の発展経路が共通しているとみられ、「浙江現象」や「浙江モデル」が提起された。しかし、最初の発展段階では、浙江省の各

第 8 章　中国「小商品市場」の形成と義烏市の発展経路

表8-2　2003年浙江省10大専門市場の取引額

市場名	場所	取引額(億元)	浙江省におけるランク
中国小商品城	義烏	248	1
中国軽紡城	紹興	226	2
中国科技五金城	永康	151	3
中国蚕丝丝交易市場	嘉興	148	4
蕭山商業城	蕭山	122.7	5
中国塑料城	余姚	118	6
中国日用品商城	路橋	116	7
湖州織里童装市場	湖州	92.9	8
浙江南丝建材市場	南丝	80	9
浙江皮革服装城	海寧	51	10

出所：浙江省工商局市場処2003。

　地域における共通点が多いとはいえ、杭州、紹興、寧波、舟山地域、温州、台州地域および義烏地域の発展経路が異なるのはなぜだろう。ここ数年来、浙江省の専門市場の発源地である温州において、専門市場が衰退しつつあるが、義烏の有形的市場群が大きく発展してきたのはなぜだろう。義烏の地方政府は中央政府の政策に完全に順応するよりも地域独自の行商伝統に基づき、市場の発展を促進することに力を注いだ。そこには地方政府の存在が大きな役割を果たしたと考えられる。

2．中国の社会主義経済理論に関する論争への回顧

　新中国が成立してから1950年代半ば頃にかけて、中国はマルクス主義の社会主義政治経済学の学習と普及の時期であった。1950年代半ば頃から、中国の経済学界において社会主義経済理論を社会主義改造の実践に結びつけて検討することを試み始めた。これは中国の社会主義経済理論の発展の第一段階といえよう。

1950年代半ば、社会主義改造の完成から1960年代の前半期にかけて、一部の経済学者は旧ソ連から導入した伝統的経済体制によって現れた欠陥を分析し始め、改善の提案を仮想した。1957年の「反右派運動」により中止されたが、1959年「大躍進」の経験と教訓をまとめようとする歴史的背景の下で、商品生産、価格規律、速度と比率などの問題に関して、検討が行われた。

　しかし、1960年代半ばから文化大革命時期に入り、経済理論の研究は10年ぐらい停滞させられた。経済理論の是非は混乱に陥った。

　1978年、中国共産党の11期3中全会以降、中国の経済理論に関する研究は新たな展開を遂げた。1940年代から近代経済学を研究していた陳岱遜（北京大学経済学部元学部長）をはじめ、胡代光（北京大学経済学部長）、高宏業（中国人民大学教授）、張培剛（武漢大学教授）、宋承先（復旦大学教授）など一部の先覚者は近代経済学を中国に広範に紹介した。1978年末から近代経済学を学習することが提唱され、1980年代半ばに至ってピークとなった。1980年代後半からは、中国の経済学界において言論の自由度が大きくなり、近代経済学が主流となりつつある。

　中国において、建国してから1978年まで、家計経済、個人経営および私営企業はすべて私有制の形式であり、資本主義的なものであると考えられた。1950年代においては、基本的にスターリンの提起された社会主義社会の所有制の概念しか受け入れられなかった。国家と人民の集団がすべての生産資料を所有すべきだと考え、所有制の範疇をただ生産資料の帰属に結びつけた。1960年代に入り、生産資料の所有と占有、支配と使用を分けることができるかどうか、あるいは所有権と経営権をわけることができるかどうかに関する問題が提起された。

　1978年以降、多くの中国経済学者は所有制問題を考える際に、社会の生産関係の全体を所有制に結びつけることに配慮した。しかし、『三中全会以来的重要文献』と『十二大以来的重要文献』によると、所有制は生産関係の総和であるか、あるいは、生産関係のシステムにおいて具体的な生産、交換、分配の関係より本質的な関係であるかということに関して、見解の相違が現わ

第 8 章　中国「小商品市場」の形成と義烏市の発展経路

れた。一方では、経済体制改革の実践を観察することにより、社会主義所有制の形式が国家所有制と集団所有制だけでなく、多様性をもつということにコンセンサスを得た。ただ、新しく誕生した所有制の形式を従来の概念で機械的に当てはめてはいけないとも注意され始めた。また、商品経済に関する研究も何回かの浮き沈みを経て、1978年以降社会主義経済も商品経済であると認識され、価値法則の作用が重視された。すなわち、社会主義経済理論は資本主義への段階的な移行が始まった。義烏地方政府はそうした状況を先どりし、いちはやく商品経済を取り入れ、地域の独自ネットワークを育成・発展させ、義烏経済の発展を牽引したのである。

3.　中国の産業政策の転換と地域への権限委譲

　人口大国である中国は建国してから、人口圧力とともに緊張した国際政治経済に直面しなければならなかった。アメリカをはじめ、多くの資本主義国はいうまでもなく、1960年代に入ると旧ソ連との関係が悪化した。戦争脅威の緊張感をもった中国は、当時安全保障上限られた資源を国防、軍事産業、戦略産業に投入することを余儀なくされた。さらに、旧ソ連は世界初の社会主義国家として模範とされ、旧ソ連と同じような産業政策を実施することが当たり前のことだと考えられた。いわゆる重工業に力を入れて、「自給率」を経済発展の重要指標とし、粗放かつハイスピードな発展を目指す重化学工業戦略を実施することである。

　この政策が実施された最初の段階において、中国の工業化の基礎を構築し、重要な役割を果たした。1960年代に入り、極端化された重化学工業路線は中国の国情に順応できなくなり、経済の停滞と後退を及ぼした。農業大国である中国において、農村人口の増大と農業生産の停滞と相まって農村の貧困化が進む一方であった。

　解放後の中国の農業制度は人民公社をベースにし、農民を土地に固定させるというものであった。重工業の建設資金を集めるために、国家は農業税金

を徴収する一方、農産物を低価格で購入し、高く転売することによって重工業の資本貯蓄が進んだ。これによって農業の近代化を遅らせ、大量の農村余剰労働力が滞留することとなった。

人口圧力と計画経済の下での重化学工業路線を歩んできた中国経済は数多くの問題を残し、文化大革命の10年を経ていっそう疲労していた。

1978年中国共産党の11期3中全会が北京で行われ、経済発展を第一の課題へ転換し、従来の生産力に対応できない生産関係、管理方式、活動方式および思考方式を改革すべきだと提起された。あわせて、農業の発展を促進することと一部の権限を地方へ委譲することも打ち出された。1978年以降中国の経済発展戦略が変わり、次第に経済の各分野にわたって開放の方向に向かうことになった。人民の基本的需要を満足させ、一部に重点を置きながらも、全体に配慮してバランスよく経済発展を遂げようとする政策が打ち出された。さらに、粗放的発展路線から経済の効果と利益を高める集約的発展路線に向かってきた。資本主義的市場原理をある程度導入し、世界経済システムに沿いながら、経済発展の果実を得ることを目指すようになった。その中に、農業の経営請負制と利潤の原理が導入され、改革の中で中央の一部の権限を地方へ委譲し、地方政府の自主権の拡大がみられた。また、農民の非農業部門への移動の緩和が地方政府による工業経営への展開を促した。

重化学工業戦略の下で日用消費財産業の遅れた中国において、日用消費財にかかわる発展とビジネスオポチュニティは大きな広がりを示した。浙江省における一部の地方政府は農村から吐き出されてきた余剰労働力に雇用の場を与えるため、工場経営に乗り出していくことになった。また、改革開放前に芽生えてきた私営経済、個人商業に対して、浙江省の地域政府は寛容な態度を示し、余剰労働力に就業機会を与えた。

上野(1993)によれば、地方政府は地域の経済規制主体であると同時に、経済利益主体でもあるため、政府と企業の分離を認めない限り、結局権限委譲により中央政府のマクロ・コントロールが作用しない独立した決定権をもつ利益主体となっていった。そこに内需の圧力が加わり、各地方において経済

拡張が刺激され、新規投資の追加による起業ブームをもたらした。

4. 地域経済発展の典型的モデルと浙江モデル

〔1〕 中国の地域経済発展における三大モデル

「温州モデル」、「蘇南モデル」と「珠江モデル」が中国の農村工業化の進展の過程で生まれた農村経済発展の典型的な三大モデルである。

「温州モデル」とは、浙江省温州地域の地元の非公有制経営を主体とし、主に国内市場に依存して成長を実現した農村経済発展の一類型である。

「蘇南モデル」とは、江蘇省南部を典型的地域とし、大都市近郊の地理的条件に恵まれ、集団所有制郷鎮企業を主体とする農村経済発展の一類型である。

「珠江モデル」とは、珠江デルタ地域を典型的地域とし、外資導入と委託加工型貿易に依存する農村経済発展の一類型である。

〔2〕 浙江モデルに関して

劉吉瑞（1996）と方民生（1997）は、浙江省の発展様式を「浙江モデル」として、まとめようと試みた。これは「浙江モデル」に関する早期的研究であるとされる。「浙江モデル」を提起したのは、金祥栄（1998）の著作『"浙江模式"的転換与市場創新』であった。

史晋川（1999）は浙江省の経済発展の業績と発展経路を研究し、「浙江モデル」の理論的枠組みをたてようと試みた。浙江省の改革は全国においてリーダー的存在であり、改革の先行的優位性は経済体制と経済運営の落差をもたらした。この落差は経済発展の最大の動因となると史晋川は評価している。浙江の改革と発展の特徴は、市場の発育が早く、非国有経済（非公有経済）が迅速に成長するということであると指摘された。

また、改革開放以降の10年間において、浙江省の経済発展は統一な様式がみられなかったが、1990年代の半ばからすでに共通性をもった浙江省の独特

な経済発展モデルが形成されてきた。浙江省の東北地域における農村工業化と経済発展の道は、集団経済に基づいた郷鎮企業が主である「蘇南モデル」とされる。

　浙江省の東南地域において、改革開放の初期、資本の原始的蓄積がまだ行われなかったが、農業の経営請負制が導入されることにより農村の労働力が自由に流動することができるようになった。労働力の自由な流動を通じて農民が最も簡単な貿易方式により資本の原始的蓄積を実現し、農村での家庭工業に着手し始めた。そして、専門市場の拡張と生産の分業を相互に促し、私営企業と株式合作企業が生まれたとともに、都市と町は市場の繁栄と工業規模の拡大により成長し、生産要素が次第に都市と町へ集積してきた。

　1990年代初期から、浙江の東北地域と東南地域の発展様式は相互の交流と融合により加速してきた。浙江省各地域の発展様式の差異が縮小する過程の中で、浙江の東北地域に多様な専門市場が現れ、多くの非公有制経済が発展してきた。それと同時に、浙江の東南沿海地域では家計経済と小規模の個人私営企業は生産規模を拡大し、公司制、株式制企業へ転換しようとする現象がみられる。専門市場と個人私営経済が全省にわたって発展し、相互的に促進され、共通される浙江の経済発展様式となった。

　2001年、新華社が浙江省の発展様式を「浙江現象」として評論し、「温州モデル」と「義烏モデル」の研究成果に基づき、「浙江モデル」の研究が進められた。

5. 中国「小商品市場」の発展と義烏モデル

1 浙江省の専門市場と義烏モデル

　有形的な市場を構築し、流通に力を注ぎ、商業によって農業を振興することは、改革開放以降、浙江省の多くの地域に浸透した。また、原材料市場と製品の販売市場は浙江省外にあるため、商品市場をベースにした有形的な市

場は、浙江省の多数の中小民営企業に販売ルートを提供した。

　浙江省は専門市場を特徴とする商品市場が発達しているので、専門市場で製品の販売を行う企業は取引コストを削減し、巨大な人流、物流と情報流による規模の経済の優位性を共有できる。

　1980年代の初め頃、浙江省では家庭工業と郷鎮企業が大きな成長を遂げ、大量の工業品の専門市場が生まれた。温州などの地域において、専門市場は家庭工業と郷鎮企業の取引が交差する場として、極めて重要な役割を果たした。温州地域は専門市場の発祥地として1983年300個以上の商品を売買する市場も集まっていた（張・李（1990））。温州モデルの成長は専門市場の発育を離れたら実現できなかったといえよう。そして、台州、紹興などの地域においても80年代の初め頃に大量の商品市場が形成された。しかし、近年、温州地域の専門市場は企業の規模拡大により衰退していく傾向がみられる。

　温州モデルと異なり、義烏モデルを提起する際に、義烏の「小商品市場」は最重要に位置づけられるべきである。改革開放以降、義烏において商業による経済の振興が促進されたのは「小商品市場」の急速な発展に対応し、市場による義烏経済の成長が目指されたからである。このため、義烏モデルを検討する際に、義烏の「小商品市場」を研究すべきである。義烏の「小商品市場」は温州地域など浙江省他地域の専門市場を追い越し、現在、売上高は全国の工業品卸売市場の一位となり、代表的な中国小商品城と位置づけられた。義烏の「小商品市場」は温州地域の専門市場と共通点をもつが、異なった形成要素も無視できない。義烏の「小商品市場」はどのように形成され、また、どのような独自性をもつのだろうか。この点に関して、以下で掘り下げていくことを試みる。

2　義烏地域および「小商品市場」の実態

(a)　義烏概況

　義烏は浙江省の中央部に位置し、上海から南へ約300km、車で約4時間の距離にある。土地面積は1,105平方キロメートルであり、人口は67万人を有す

る。浙江省中部の丘陵地域に位置する。東部、南部、北部三面が山に囲まれ、主に丘陵地帯であるが、鉄、銅、石炭などの工業発展の基礎的原料が少ない。耕作地の土は主に酸性の強い赤土壌である。それは耕作に相応しくないが、中部は盆地であり土壌の質が丘地域より良い。義烏の主な農耕作の地域は土地総面積の36％を占める。砂糖キビ、お茶、ナシ、なつめ等の経済作物が栽培されている。温州と同じく自然資源が乏しいとされる（陸ほか（2003））。

2001年「中国最発達100県（市）」の一つである[*1]。中国では比較的小さな、いわゆる地方都市である。行政上、1988年までに義烏県は金華市に所属していた。「小商品市場」の発展により経済成長してきた「義烏県」は1988年に「義烏市」に進級された。

(b)　「小商品市場」の実態

義烏の専門市場は現在では中国最大の日用雑貨流通センターに成長し、「中国小商品城」の商品成約額は1991年から10年連続で全国専門の卸売市場の首位を占めるに至り、国内外の多数の貿易会社に注目される。

市場の営業面積は76万平方米あまりであり、4万以上のブースがある。市場内には16箇所の取引地域が設定されている。商品は大きく分けると28種類があり、小さく分けると10万以上もある。経営者は10万人で、毎日市場へ取引に来る商人は16万人以上もいる。全国や世界各地との取引が行われ、海外機構は400以上義烏に駐在し、海外商人は3,000人以上義烏に常住する[*2]。6割程度の商品は浙江省内のサプライヤーにより供給される。4割程度の商品は全国他の地域から、その中の1割は広東省から集まってくる。3割以上の商品は義烏現地のサプライヤーにより提供される。

また、資金の回転を速めるため、市場内では主に現金での取引が行われる。そこでは、現金調達に便宜を与えるため、市場内に銀行支店が数多く整備されている。

義烏の専門市場の商品の流れを考察すると、1980年代から、全国から商品を買い付け、市場に集める取引が行われ、全国各地へ販売するという形態で

第8章　中国「小商品市場」の形成と義烏市の発展経路

ある。最初の海外の販売先は韓国であった。現在、5割の製品はイギリス、アメリカ、日本など海外に広がっている。また、ロシア、東南アジア諸国など世界120カ国に商品が輸出されている。

そして、義烏では主に鉄道と高速道路が利用されるが、義烏の航空運輸基地が建設されてからは飛行機の利用が増えてきた[*3]。

また、物流の面では、市場内で国内物流センター、国際物流区が設立されている。中国最大の小商品輸出基地であり、6割以上の店舗が輸出業務を行っている。国内物流をスムーズにするため、買い付けられた商品はその送り先ごとの集荷場（東北地方専用集荷場、広東省専用集荷場等）に一旦集められ、そこからトラック等で出荷されるシステムとなっている。また、内陸としては異例の税関も設置されており、水のない埠頭と呼ばれている。現在300社近くの貿易公司が義烏に事務所を構えており、海外向けの輸出手続き等のサービスを展開している。また、「小商品」情報センターが設立され、様々な商品に関する情報が提供される。

義烏の専門市場群の中で、主に3大市場が国内外から注目を浴びている。まず、「篁園市場」は義烏「小商品市場」群の中で最も歴史の長い市場である。「賓王市場」には食品と布地の市場やワイシャツの専門市場、針織市場などがあり、多数の専門市場がここに集まっている。最近建設された「国際商貿城」は2003年10月よりオープンされ、規模の最も大きい新しい市場である。

3　「小商品市場」に関する先行研究

義烏の「小商品市場」に関する早期の研究は張文学・朱恒興（1993）の著作である。この著作は中国共産党の第14次大会にて「国家経済体制改革の目標は社会主義市場経済体制を確立するということである」と提起されたことを背景に、マルクス経済学に基づき、中国の社会主義市場経済体制の構築を模索していた段階で、有形的な市場であった「小商品市場」に目を向けた。

この研究において、「小商品市場」の形成と発展に関して、計画経済の供給不足が、義烏における伝統的な行商組織—「敲糖幇」に成長のチャンスを与

えたと指摘された。「敲糖幇」というのは「鶏毛換糖」を行う行商人たちは一定の組織性をもつため、「敲糖幇」と呼ばれるようになった。「敲糖」は特製の糖を売るときに、糖をたたく動作である。「幇」は組の意味である。

　計画経済から市場経済へ移行する環境の大変化のもとで、地方政府により「興商建県」の政策が取り上げられた。義烏県政府の「小商品市場」の建設、管理および土地の使用権の移譲に対する積極的な態度と政策を紹介し、「国有土地使用制」の改革に貢献することを評価する。また、義烏市場の発展に対応する当時の金融市場の種類と機能についての説明が展開される。

　この研究において、国有企業が「小商品市場」に参入する事実から、義烏「小商品市場」の発展は「国合商業」、「国有工業」に衝撃を与えると同時に、良い機会も与え、「国合商業」と「小商品市場」が共存し得ると強調される。また「小商品市場」の発展は当時の郷鎮工業、とりわけ家庭工業の発展を促進することを論じた。しかし、これに関して掘り下げた研究がなかったのである。

　「義烏モデル」が最初に提起されたのは、陸立軍（1999）の「"中国小商品城"的崛起与農村市場経済発展的"義烏模式"」である。陸は義烏の「中国小商品城」の形成と発展を3つの段階に分けて、「義烏モデル」の特徴、形成要素と経済的、社会的効果を分析し、義烏モデルの理論的および実践的意義を示し、「中国小商品城」と義烏モデルのそれからの発展を展望した。

　その後、陸立軍、白小虎がはじめて義烏の「小商品市場」と企業集積の関連に着目し、専門市場の起源と形成を振り返ったうえで、義烏における中小企業群が一定の関連性をもち、組織化されるべきだと指摘した。陸と白は義烏の中小企業群を3種類に分類する。1つは同類あるいは関連商品を扱う企業群により形成された専門市場の中の専門市場である。そのほかに、「貿易型小企業群」と「流通型小企業群」がまとめられた（陸（2000））。しかし、彼らは義烏の中小企業群を分類化することだけにとどまっている。

　両者はまた、市場の専門化された流通システムの規模の経済に注目した。制度派経済学を理論的研究方法とし、「合作集団」の拡張の理論的モデルをた

て、義烏の物流市場の制度的変遷を分析した。義烏の専門市場の発展における流通市場の役割を解明しようと試みた。流通市場における小企業群の「合作」からみれば、企業間に一定の関連性がみられる（陸・白（2000））。

　包偉民、王一勝（2002）は歴史的視点で9世紀以来の中国「市鎮経済」の発展を振り返ることによって、義烏「小商品経済」の起源を解明しようとした。徐剣鋒（2002）が義烏の発展様式を都市化モデルとして、義烏市の発展問題を提起し、農村都市化の進展における専門市場の役割を解明しようとした。

　その後、陸立軍・白小虎・王祖強（2003）が、今まで義烏モデルに関する最も詳しい最新の研究を出版した。彼らは、義烏の「小商品市場」の形成要因を3点にまとめた。義烏地域の伝統的産業と行商文化、行商人の集団的行動と協力精神および義烏地方政府の開明的政策であるとされる。

4　義烏の伝統的産業と行商

　建国以降、義烏地域外へ運輸された物質は主に黒砂糖、ハム、なし、なつめ、漢方薬、服装などであった。当時、義烏地域の経済発展は特産品に大きく依存していた。また、義烏の農民は「鶏毛換糖」という義烏の独特な伝統的行商方式で義烏の特産品を全国に売り出した。農民は天びん棒の両端につるした荷を担いで、特製のあめや小商品を行商すると同時に、鶏の羽、骨、他の廃棄物などと物々交換も行われた。そして、交換して得た鶏の羽、骨、他の廃棄物を仕分けする。品質の優良な鶏の羽が日常生活用品に加工することができるため、それを国家や他人に販売したり、質の不良な羽を耕作の肥料にしたり、また、「鶏内金」[*4]を薬屋に販売したりする。

　時代の進歩とともに、「鶏毛換糖」に含まれた意味が変化するが、この言い方は最も義烏の伝統的行商方式を表現できるため、踏襲されてきた。清の時代から始まったこの行商活動は政府の管理により何回かの浮き沈みを経てきた。

　文化大革命期、鶏の羽を肥料にするのは社隊企業と農業発展の需要に適応するとされ、鶏の羽を加工する工業が現れた。その時期、行商することは基

本的に禁止され、少数の行商活動が継続された。行商人は現地の国営百貨店にない商品を探し出し、現地生産の商品でなくても工夫を凝らして入手し、自由市場に販売した。また、他地域の商品を義烏現地の市場に販売し、地域の価格差を利用して儲けることがみられた。当時の自由市場は主に農産物の副産物の交換場所として利用されたが、義烏の行商人たちはそれをいかして、入手した商品をそこで売り出したと同時に、次回の行商のための商品を購入する。

1978年以降、「鶏毛換糖」の行商活動が復活した。特製のあめや小商品を行商して得たお金は食費と交通費にすぎなく、商売の資金にならないため、入手した鶏の羽や小商品などを、当時義烏にある自由市場に売り出す。自由市場でもらった現金の一部を用いて、次回の行商の準備として、また他の商品を購入するということが現れてきた。

交換して得た商品を売る専門的な市場が次第に必要となり、行商人に商品を提供する専門的な人々が出現した。彼らは「鶏毛換糖」の行商人から分離し、「鶏毛換糖」の行商人に商品を提供する役を演じた。彼らは社隊企業と義烏地域外の百貨店から商品を買い集め、自由市場で行商人に販売した。これらの商品は「供銷社」や国営百貨店より価格が低く、種類が多種多様であったため、競争力をもっていた。

商品を提供する必要が現れるにつれて、地下の卸売りの市場が出現した。一定の規模になったので、政府が地下の市場を認めた。「鶏毛換糖」を行う農民たちは自分のブースをもらい、雑貨の加工工場を開いた。

改革開放以前、なつめ、豚、砂糖キビなどが栽培され精密な加工が行われる。規模が小さく、生産サイクルが短く、労働力と資本の投入が少ない農業の副産業の加工は主に手工業の方式で行われた。ハム、赤砂糖、なつめの三大名物に依存する義烏の伝統的工業は商業と緊密な関係があり、手工業に基づいて発展してきた。

さらに、義烏の「特産品工業」の発展は地方の商業、金融業とも密着な関係をもった。「銭庄」(個人経営の銀行、両替所)が社会の資金を集め、生産

者に生産資金を貸し出し、商人に売買活動における必要な資金を貸し出し、「特産品工業」の生産と販売を促進した。

5　義烏の「小商品市場」の形成と発展要素

　義烏の「小商品市場」の形成要素を考える際に、まず、義烏の伝統的行商文化を再度提起する必要がある。

　宋の時代に、工商を重視する「浙東事功学派」が浙江省に形成された。義烏において、商業に従事する習慣は昔からあったとされる。義烏の独特な伝統的行商方式である「鶏毛換糖」は、清の時代から始まり、日華戦争が終わるまで規模が大きかった。改革開放以後、地下で活躍していた「鶏毛換糖」は大規模に現れ、周りの省にも広がった。新中国が成立してから改革開放にかけて、「鶏毛換糖」は大きな打撃をうけ、ほぼなくなったが、全滅ではなかったのは商業文化の生命力を無視できない。

　また、計画経済期における非耐久消費財の供給不足が義烏の行商活動に復活の隙間を与えた。国有企業への供給は不足し、国内の需要への適応力を欠いていた。改革開放以降、義烏の行商人は伝統的な行商に再度従事し、資本の貯蓄が進み、「鶏毛換糖」が大きく発展した。

　それに、「小商品市場」は一定の規模と知名度をもつようになってから、海外からの商人に大きく注目されるようになった。海外への輸出による発展はますます進行している。

　最後に、最も重視すべき要因は義烏の地方政府の積極的行動であると考える。計画経済の下で、義烏の地方政府は市場管理の諸問題に直面し、民間的投資を誘導することで、市場の開設に積極的に関与した。義烏政府による市場を秩序的に拡張する積極的行動がなければ、義烏の「小商品市場」は一般の卸売りの市場にすぎなく、現在の中国小商品市場も存在しなかっただろう。

6. 専門市場と自由市場との相違点

義烏の「小商品市場」は一般の専門市場でなく、総合的自由市場と専門市場としての優位をもつことから、総合的専門市場群であると位置づけたほうが適切である。義烏の「小商品市場」は農村の自由市場から発展してきた専門市場であり、集散性と総合性をもつことはいうまでもない。また、それは農村工業の専門的販売ルートとして、産地性の特徴をもった市場でもある。

　義烏の「小商品市場」では、取引方式の専門化が取引コストを他のルートより削減できる。換言すれば、小商品市場の提供した専門的販売ルートは、小商品を生産先から販売先まで最も短いルートを提供する。そこで、市場の中に同様あるいは相似の商品が同じ場所に集められ、完全競争に近い市場構造が形成され、競争力のある卸売りの価格が生まれやすくなっているのである。すなわち、同類商品の販売者が顧客獲得の競争の中で、「小商品市場」へ空間的に集積してくる磁場となっているといえる。さらに、異なる商品の販売者も空間的に市場へ集積してくる。

　浙江省他の地域の専門市場を観察すれば義烏の「小商品市場」はただの専門市場ではないことがわかるだろう。たとえば、温州の専門市場を観察してみると、家庭工業に基づいて成長してきた産地型専門市場が大量に存在し、農村の自由市場から成長してきた農業の副産物の専門市場と集散型専門市場が存在する。これらの専門市場は基本的に農村の自由市場から脱皮することができなかった。なぜなら、温州の産地型専門市場は農村の多くの中小企業に共用の販売ルートを提供していたが、企業規模の拡大と技術のレベルアップに伴い、企業はその専門市場を経由せず直接に販売ルートを構築するようになるからである。そうすると、その産地型専門市場は衰退していくことが予想される。

　また、義烏の「小商品市場」は単なる農村の自由市場でもない。専門的に小商品を卸売りする販売者が現れる以前から、「小商品市場」は農村の自由市場であった。表8-3のように、1980年義烏の小商品市場の取引額は浙江省全省の自由市場の平均取引額より低かった。当時義烏の経済発展レベルは浙江省他地域と比較すると低い水準であった。また、義烏の市場化は温州より少

第 8 章　中国「小商品市場」の形成と義烏市の発展経路

表8-3　1980－1985年義烏の「小商品市場」と浙江省全省の自由市場との比較

年	全省の自由市場の年平均取引額(万元)	義烏の「小商品市場」の年平均取引額(万元)	義烏の「小商品市場」の発展速度(年取引額成長率)%	全省の自由市場の年平均発展速度(年取引額成長率)%
1980	86.22	39.2		
1981	88.65	114.6	195.35	2.82
1982	104.15	392.1	242.15	17.48
1983	121.09	1444	268.27	16.27
1984	120.17	2321	60.73	－0.76
1985	187.63	6190	166.7	56.14

出所：鄭勇軍「専業市場」『浙江現代化道路研究(1978－1998)』。

なくとも2、3年ぐらい遅れ、市場の観念と経営手段はまだ優位性をもっていなかった。しかし、1981年に入ると、非正規の市場の発展が進み、取引額は全省の自由市場の平均取引額を追い越し、高スピードで発展してきた。一方で、1981年から1983年浙江省の自由市場の平均取引額は緩やかであった。このことから、全国および浙江省において、地域内住民の生活と生産の需要を満たすことが郷鎮と農村の自由市場の主な役割であったということがわかる。それと対照的に、義烏の「小商品市場」はすでに浙江地域を越えた専門化された全国規模の集散センターとなっていた。

7.「小商品市場」の形成における政府行動

義烏の「小商品市場」は1974年に雛形が形成された。「小商品市場」が誕生した当初、計画経済の束縛を打破し、基礎的設備を整え、各地域の商人を吸収することが身近に迫っていた。義烏の地方政府は政策、資金、土地、権利の各方面から市場の育成に力をいれ、商人たちの行動を規範化し、短時間で市場の規模を拡大させた。市場の規模と投入された資本が増大するに伴い、

上層の各地方政府も市場の建設と管理に参入するようになった。

1982年8月《関于加強義烏小百貨市場管理的通告》(義烏「小百貨市場」の管理の強化に関する通達)により、9月5日に正式に「稠城鎮小百貨市場」が開かれた。また、1982年11月義烏の県委書記・謝高華が会議の中で、「四個允許」を提起し、小商品の長距離の運輸と市場の開放的な経営に寛容な環境を与えた。

1984年12月第2代の「小商品市場」が建設され、市場の名前が「義烏小商品市場」に変えられ、新たな発展段階に突入した。それゆえ、1984年12月は「義烏小商品市場」の急速な発展の起点とされる。市場の発展は社隊企業とくに家庭工業に範を垂れたため、義烏の政府は同年、「興商建県」(1988年義烏県が義烏市になって「興商建市」と変更された)の地域経済振興政策を打ち出した。

1986年には第3代の「小商品市場」が建設され、それは義烏経済建設の最も重要なこととなった。政府は健全な管理機構と管理制度をたて市場メカニズムをよりよく働かせるため、市場を有効的に規範化しようとしたのである。

1992年2月第4代の「小商品市場」の第1期工事が終わり、1994年7月第2期工事が終わった。4代の市場の育成に力を注いだ義烏政府は、「義烏中国小商品城集団株式有限公司」の立ち上げを支援した。義烏の工商管理部門は市場の建設から手を離し、市場の行政管理を担う役となった。

中国のWTO加盟により国際化が今後よりいっそう進むことが考えられ、義烏政府は義烏を国際的商業と貿易の都市にすることを目指し、国際的商業貿易センターを建てた。第5代の「小商品市場」は斬新な姿で国際化の道を歩んでいる。

近年、政府は商業と工業の均衡的発展を狙い、義烏にも工業団地を構築して、商業による工業の振興が強調されてきた。

8. 義烏の地方政策

第 8 章　中国「小商品市場」の形成と義烏市の発展経路

1　都市の経済発展に対する政策

　1980年代の改革開放以来、義烏県(市)政府は「興商建県(市)」(商業の振興による街づくり)を発展戦略に据え、近代的な商業貿易都市を目指して建設を進めてきた。とりわけ日用雑貨市場の育成に力を入れ、「中国小商品城」を核として、専門市場の成長により近年急速に発展してきている。

　1990年代半ばからは、義烏の産業を均衡的に発展させることを目標とし、「以商促工、工商連動、引商転工」(商業が工業を促し、商業と工業が互恵的に促進され、商業から工業へ転換する)の政策が打ち出された。また、義烏市政府は「義烏市『1体2翼』産業地帯の発展企画に関する報告」(20年後の計画書)を打ち出した。

　「1体2翼」とは、市場が義烏市を中心として100平方キロメートル以内に立地していたが、これを町の東北100平方キロメートルと西南100平方キロメートルの範囲へ産業地域として発展させる産業政策である。

　また、義烏の小商品市場に流通している商品は義烏製造のものが3割しかない。そこで、新商品を低価格で世界に提供するには、生産基地と開発基地が必要とされる。将来、義烏の産業発展趨勢として、簡易加工業から高技術化、サービス化へ、比較的に分散的産業構造から集積的構造へ、製品の高付加価値化へ、産業政策は経済、法律など多様化へ転換すべきだ。工業化と都市化の深化、外資導入、土地の有効利用などからみれば、産業団地の整合が身近に迫っている。以上のようなことが計画書の中に提起された。

2　専門市場に対する政策

(a)　資金上の支援

　第1代の「小商品市場」の時期に、資金は「城陽工商所」により募集され、工商所の日常経費からとられる。

　第2代の市場の時期に、工商局は民間から先にブース費を支払う形で資金が集められる。市場のブース費、管理費、税収から市場の運営資金が集めら

れ、管理委員局は土地の譲渡金からも資金を集めたのである。政府は一部の資金を市場の建設に投入し、銀行から資金を借り入れ、民間の商人からも資金を募集した。

第3代と第4代の時は、主にブース費により資金が集められる。

第5代の市場の時期に入ると、義烏政府は直接の市場建設から手を引き、市場の管理に集中するようになった。1993年12月義烏市場の企業は北京と上海の企業と共同で中国小商品城株式有限公司を設立した。2001年に上海株式市場で上場した。義烏政府の支援の下で、「義烏中国小商品城集団株式有限公司」(「商城集団」)が立ち上げられた。

(b) 市場管理

「小商品市場」が設立された初期の段階において、義烏市工商局は税金と管理費から、市場全体の管理を行ったが、現在、義烏市工商局と市政府は直接、管理を行わず、「小商品市場」の専門的管理委員会に管理権を与えた。

(c) 市場の拡張

文化大革命時期、農村の自由市場が「資本主義の自由市場」とみられ、「鶏毛換糖」式の小商品ビジネスは不安定であった。ただ、1978年中国共産党の11期3中全会から、小商品市場の形成と発展に伴い、市場の管理員および関連する政府機関は小商品市場を滅ぼすという考え方が変化した。鎮政府、区工商所の管理者が担う政治的リスクは県政府より低いので、小商品市場を開放することに躊躇がなかった。そこで、県政府は黙認の態度を示し、実際に市場の発展に政治的保障を提供した。1982年11月「四個允許」が取り上げられた。小商品市場が開放されてからの2年間、「興商建県」が取り上げられ、これはこの時期の小商品貿易政策の集大成である。

3 企業に対する政策

(a) 1987年の地方政策

第 8 章　中国「小商品市場」の形成と義烏市の発展経路

　義烏地方政府は「関与加速我県市場建設和改善工商行政管理的意見」(1987)によって郷鎮企業と個人工商業の発展を促進するために、企業申請の手続きの簡略化、企業の営業範囲と方式に対する規制緩和、個人経営は、集団企業の名を借りて経営することが認められた。それは関連サービスを強化し、個人経済の発展を促進した。

　(b)　1996年の地方政策
　各方面の政策からみれば、地方政府は、「小商品市場」と商業の育成から、工業振興の政策へ傾き始めた(「関与推進以商促工、加速郷鎮企業発展的若干政策意見」(1996))。

9.　おわりに

　以上のように、義烏の「小商品市場」の形成において、文化的要素、すなわち、地元の伝統的行商文化、行商人の集団的組織性が基礎的要素であるとされても、地方政府の政策的拡張がなければ、20年間で大規模な市場の拡張は実現しにくいと考えられる。地方政府は地域の経済規制主体であると同時に、経済利益主体でもある。また、内需の圧力が加わると、各地方において経済拡張が刺激され、地域の経済発展を促進するために、現地の発展様式に対応できる政策が打ち出された。浙江省各地域において、異なる地方政策により異なる発展経路が形成されたと考えられる。
　義烏においては、経済体制改革の当初、温州と同じく「前店後場」の家庭手工業が生まれたが、温州のように私営郷鎮企業が発展しなかった。温州政府の「掛戸経営」保護的政策に比べ、義烏の地方政府は主に「小商品市場」の育成に力を注いだからである。そうして、地方政府は民間の資金を企画的市場の建設に誘導し、優遇政策を打ち出し、市場の経営を正常化することに大きな役割を果たした。義烏の「小商品市場」の拡大と短期間の成長は、市場の形成に対する非常に積極的な政府行動がなければ実現できなかっただろう。

また、計画経済期において、国有企業と集団企業は独占的な販売優位性をもつが、郷鎮企業や私営企業は独自の販売ネットワークをもつことができず、専門市場を利用して販売活動をするしかなかった。浙江省地域さらに中国全国の中小企業にとって、義烏の「小商品市場」の存在は大きな意義をもつと考えられる。それは義烏の「小商品市場」が産地型市場の特徴をもつことを意味するが、義烏の「小商品市場」は決して単なる産地型の専門市場でない。その全国の商品流通センターとしての役割も過小評価できないだろう。それに、国内市場だけでなく、国外向けの輸出も「小商品市場」の急成長をもたらした大きな要素であろう。他の地域モデルと比べ、義烏モデルは「小商品市場」の存在により大きく輝いている。

　義烏市政府により「1体2翼」の政策が打ち出されたが、今後は、商業による工業の振興、商業から工業へ転換する必要があるかどうか、また、実績はどうなっているかに関して検討すべきであろう。

◉注
* ＊1　中国国家統計局農村社会経済調査総隊の資料により、2001年中国で最も発達する100県の中に、19位にランキングされた。
* ＊2　中国義烏国際小商品網、亜洲小商品網、義烏経済、中国小商品城集団株式有限公司のサイトを参照した。
* ＊3　在線義博会を参照した。
* ＊4　漢方薬。鶏の胃の内壁。消化不良に用いる。

◉参考資料
包偉民・王一勝（2002）「義烏模式：从市鎮経済到市場経済的歴史考察」『浙江社会科学』第5期
方民生（1997）「浙江市場化模式的基礎与背景分析」『浙江学刊』第2期
「関与加速我県市場建設和改善工商行政管理的意見」（1987）義烏県人民政府
「関与推進以商促工、加速郷鎮企業発展的若干政策意見」（1996）中共義烏市委義

第8章　中国「小商品市場」の形成と義烏市の発展経路

烏市人民政府
何福清　藍蔚青　張仁寿　盛世豪(2003)『縦論浙江』浙江人民出版社
金祥栄(1998)「"浙江模式"的転換与市場創新」『浙江学刊』第1期
「経済研究」編集部　編(1986)『中国社会主義経済理論的回顧与展望』経済日報出版社
「経済研究」編集部　編(1985)『建国以来社会主義経済理論問題争鳴1949-1984』中国財政経済出版社
「経済研究」編集部　編(1991)『建国以来社会主義経済理論問題争鳴1985-1989』中国財政経済出版社
劉福園　唐功烈　羅力行(1980)『中国社会主義商業経済』中国人民大学出版社
鄭勇軍(1999)「専業市場」『浙江現代化道路研究(1978-1998)』
劉吉瑞(1996)「"小企業、大市場"——対浙江経済体制運行特徴的描述」『浙江学刊』第6期
陸立軍(1999)「"中国小商品城"的崛起与農村市場経済発展的"義烏模式"」『経済社会体制比較』第1期
陸立軍(2000a)「从"鶏毛換糖"到企業集群——再論"義烏模式"」『財貿経済』第11期
陸立軍・白小虎(2000b)「"合作集団拡展"論——義烏連托運市場制度変遷案例研究」『経済研究』第8期
陸立軍・白小虎・王祖強(2003)『市場義烏——从鶏毛換糖到国際商貿』浙江人民出版社
馬家駒(1994)『中国経済改革的歴史考察』浙江人民出版社
『三中全会以来的重要文献』
関満博(1992)『現代中国の地域産業と企業』新評論
史晋川(1999)「浙江的現代化進程与発展模式」『浙江社会科学』第3期
『十二大以来的重要文献』
朱華晟(2003)『浙江産業群——産業網絡、成長軌跡与発展動力』浙江大学出版社
上野和彦(1993)『現代中国の郷鎮企業』大明堂
呉潮海・孫清士・駱春生(2002)『義烏方志』義烏市志編纂部　主編　第3-4期合刊
徐剣鋒(2002)「城市化：義烏模式及其啓示」『浙江社会科学』第6期
亜洲小商品網 http://www.ybtob.com.cn/

『義烏統計年鑑』(2003)義烏統計局
義烏経済 http://ywzc.net/yiwujingji/
義烏市建設局　深圳市城市企画設計研究院　義烏市城市企画設計研究院(2003)『義烏市「一体両翼」産業帯発展企画総報告』
義烏市市場経済研究所編(1997)『興商建市——浙江省義烏市15年来的探索与思考』
余映麗・李進傑(2002)『模式中国』新華出版社
在線義博会 http://www.chinafairs.org/
張文学・朱恒興(1993)『義烏小商品市場研究——社会主義市場経済在義烏的実践』北京群言出版社
張仁寿　李紅(1990)『温州模式研究』中国社会科学出版社　1990年1月
趙杰　張宝林(1997)『中国批発市場発展戦略』中国商業出版社
浙江省政協文史資料委員会編(1997)『小商品　大市場——義烏中国小商品城創業者回顧』浙江人民出版社
中国義烏国際小商品網 http://www.ywbb.com/
『中国小商品城大事記』(1982-1994)　義烏市档案館
中国小商品城集団株式有限公司 http://www.cccgroup.com.cn/
朱江龍(2000)『商城発展初探』中国城市出版社

第9章

地域再生と地域イノベーション戦略の意義
英国ストラスクライド・ウェストミッドランズ地方の経験から

三井逸友

1. 問題の所在

　低迷を続ける日本経済にあって、地域経済の不均等発展状況、深刻な経済困難を抱える地域の広がりは顕著なものがある。また、地域の中小企業にグローバル化の及ぼす影響に対して効果的な対応の道筋が容易に見えてこない。このように日本の中小企業と「産地」へのグルーミーな展望がぬぐえない今日、世界的には「地域と産業」、「地域と企業間システム」をめぐる議論が花盛りであり、非常に対照的な状況を迎えている。そのシンボルとなっているのは、M.ポーターの「産業クラスター論」である[*1]が、これに前後するかたちで、様々な議論がわき起こり、影響を及ぼしあっている。

　とりわけ1980年代以降の地域の産業集積ないし「産地」という存在への注目は、たとえばM.ピオリとC.セーブルの「ポストフォーディズムと柔軟な専門化」論に一端を見ることができる (Piore & Sabel 1984)。彼らやイタリアの研究者たちは新しい産業組織の姿を求めるに、「第三のイタリア」をはじめとする

「産業地域」(industrial district)への注目と実証研究に立脚し、また90年代以降の制度論、進化論的な社会経済論の先駆けである「市場の社会的構築」(social construction of market)の理論を展開した(Bagnasco & Sabel 1995)。以降、一方では産地的集積の今日的機能が注目され、加えてポーター流のクラスター論とバリューチェーンの影響もあり、地域をベースとした産学官連携、新技術利用と新産業創造といった動きが世界的にも活発となってきている。他方では、Camagni(1991)らの主張する、地域に「埋め込まれた」諸環境と諸関係、あるいは人的資源蓄積と情報交換、意思決定の調整や共通の文化的背景などまでを含む「風土」(ローカル・ミリュウ)、Saxenian(1994)で強調される人的ネットワークとそこにおけるモビリティ、知識創造の可能性、Florida(1995)などが指摘する「学習地域」の概念などが新たな注目を集め、さらに「ソーシャルキャピタル」(Putnam 1993)の新語が市場原理的な発想に対置されるようになってきた[*2]。こうした議論により、地域内のフェーストゥフェースの接触と関係が意義を高める「暗黙知」の獲得と生産・移転を重視する主張[*3]もあれば、他方で閉ざされた地域システムの壁が累積的な知識習得を呪縛化し、硬直化した成熟状態を脱却できない状況を危惧する主張もある。これを打破するには、Florida(2000; 2002)やKeeble & Wilkinson(2000)の説くように集団的学習機会での外部からの知識移転促進や、Braczyk et al.(2004)のあげる過去の経路依存を克服した知識ベースの高度化、あるいはAsheim(2003)が主張する、内発的な技術能力・イノベーション能力と集団的学習との不可分性を前提とする、産地の学習地域化が必要になる[*4]。

ここに、「地域イノベーションシステム」(regional innovation system)の可能性と存在意義が問われることになる。つまり、今日の地域的な経済システムとこれを取り巻く環境的制度的ないしは社会的条件は、「知識主導経済への移行」という大前提のもとでの創造的な活動を推進するものでなければならず、問題の中心はイノベーションの可能性におかれることになる。これを裏返せば、今日的な経済立地と集積の利益というものは単なる物理的空間的距離の優位性や分業と専門化、外部経済の発揮のみではもはやあり得ず、人的

第9章　地域再生と地域イノベーション戦略の意義

能力及び知的創造の場としての地域でなければならない。言い換えれば、ヒトと社会的諸関係のうちに地域の優位性が見いだされなくてはならないのである。

　このようにして90年代には「地域イノベーションシステム」という概念が注目されるに至った。これは一面では、きわめて政策主導的な「国家的イノベーションシステム」(national innovation system)に対置され、その限界を指摘する見地からのものでもある (Acs 2000) が、他面では上記のような今日的な地域経済論、地域産業政策論の産物でもある。したがって Braczyk et al. (2004: pp.3-5)が指摘するように、地域イノベーションシステムという枠組みには「企業家的」自生的なシステムERISもあれば、「制度化された」システムIRISもある[*5]。そこには議論の混乱が当然生じており、一義的な地域イノベーションシステム概念の規定を設けること自体が困難である。我々は上記のような今日の論調が導いている視点と方法が、同時に政策的な含意の短兵急な応用をおしすすめ、「地域イノベーションを推進する政策」が戦略的体系的に世界各地域で実行に移されていることを、まず直視し、その論理と方法、政策展開と実態、結果を客観的に理解する必要がある。同時にまた、その結果否応なくクローズアップされてきた今日の地域的産業組織と企業構成、それらのしくみと行動をあらためてとらえなおし、そしてその背景に浮かび上がっている社会的文化的コンテクストと人間存在、それらの構成する「地域社会」を現実のものとして解明し、いま進められている政策の及ぼす作用反作用のうちで、そのありようを立体的にとらえていく必要がある。そして問題は単に経済の活性化にとどまるのではなく、そこに生活する住民社会のありよう、生活の質自体への政策的関与の意味を問うものである。もちろん「都市」は地域社会の集合空間であり、諸関係の結節点、生産と消費活動を軸とした社会経済的な「場」、政策の焦点でもある。

　このような観点から、地域イノベーションを強く意識し、経済不振や産業衰退に悩んできた欧州の都市で、EUという超国家レベル、各国政府レベル、地方自治体レベル、さらに地域の住民レベルからも多層的に取り組まれてき

た地域再開発と経済活性化、産業再生ないし新産業創造、都市の再生への動き、そしてこれらの間に結ばれてきた「連携」(partnership)の意義とそこにある矛盾・限界をも、実態に即して検討していくのが、本章の課題である。

2. 欧州における地域と政策

1 欧州統合と地域政策・産業政策・企業政策

EC・EUの政策においては、かねてより地域政策が重要な柱をなしてきた。地域間の格差を是正し、域内の住民は等しく経済的繁栄と欧州市民の権利を享受できることをめざすという理念は欧州統合の強力な求心力を形成してきた。その源泉としては、最近においても5年間で約1500億ユーロの予算を割り当てられている、ERDF地域開発基金、ESF社会基金などの構造基金 Structural Funds、ECからEUへの進展に伴い4カ国を対象とした結束基金 Cohesion Fund などが充てられている。これらの基金は、遅れた地域・経済的に困難な地域を直接対象とする補助金として交付され、1人あたりGDPがEU平均の75%以下である Objective 1 低開発地域、Objective 2 産業衰退地域などが指定を受けている。

特徴的なことは、近年は地域政策、産業政策、企業政策の連携実施という方向が具体的に推進されてきている事実である[*6]。その背景には80年代後半からの中小企業政策の拡大強化、90年代以降の「産業競争力政策」のクローズアップという流れも作用している。こうした三位一体的な方向性およびローカルパートナーシップ重視の姿勢を顕著に示すものが、90年代中頃から不況地域や低開発地域での新技術新産業発展をめざして、各地域で進められたRIS地域イノベーション戦略[*7]、そしてそれに触発された各地域での総合的な経済戦略立案と実施である。

第9章 地域再生と地域イノベーション戦略の意義

２ 地域政策改革とRIS地域イノベーション戦略

　欧州統合が深化し、加盟国が増えていくなかで従来のEU地域政策は何度か手直しを受けてきた。そのひとつが1993年の改革であるが[*8]、ERDF改革に関する1993年理事会決定新規則第10条に基づき実施される行動の一環・第4項「地域レベルの経済発展のためのイノベーション」は、RTT多地域間技術移転プロジェクト（のちにはRITTS地域イノベーションインフラ・技術移転戦略）とともに、地域経済と産業の現状と将来を展望し、地域内でのイノベーション活動と企業のイノベーションの活性化、産学官連携の推進を目的とする戦略立案を図ることを定めている。実際には資金準備や支援機関のネットワーキング、創業支援、スピンオフ支援、人材育成などの内容の計画と戦略を立てるもので、各地からの応募の評価選定に基づき、97-99年の間に21のパイロットプロジェクトが実施され、90年代後半以降では100カ所以上で実施された[*9]。21世紀に入っては、M.ポーター流のクラスターアプローチを取り入れるとともに、RIS＋に発展を遂げている[*10]。

　RISにおけるイノベーションという概念は幅が広い。特徴は公的部門と民間部門の協力で、地域のイノベーションシステムを確立強化し、諸資源を効果的に結合活用し、それによって地域内の企業のイノベーティブな能力を高めるということにある。RISに参加した地域には、公的部門・民間部門のパートナーシップ、他地域での政策行動に移転可能な特徴、地域間協力や政策のベンチマーキングなどにより、欧州規模の展開に活用可能という課題が求められる。RISの立案を通じて地域からのイノベーションの可能性を高めるとともに、イノベーション成果の普及やパートナーシップの発展、広範な参加と政治的行政的な支援体制の整備、地域政策諸施策との連携がその重要な成果として期待される（European Commission 2000）。そうした発展性と総合性、協働性を重視しているところにRISの特徴がある[*11]。

　RISの対象となったのは、スペイン・カスティーリャ／ラマンチャ、ギリシャ・テッサリ、オランダ・リンブルフ、イタリア・トスカーナ、オースト

221

リア・ニーダーエスタライヒ、ドイツ・ハレ／ライプチヒ／デッサウ、アイルランド・シャノン等であり、英国ではヨークシャー・ハンバー、ウェールズ、西スコットランド、ウェストミッドランズが対象となった。

　RIS、RIS＋の実施により、具体的なイノベーションのための計画立案が進んだだけではなく、及ぼしているインパクトは幅広いと欧州委員会地域政策総局のレポートは指摘する（DG Regional Policy European Commission 2002）。地方行政当局、地域の企業等がイノベーション推進のための政策立案と行動への機運を高めている、構造基金活用の具体的な方向のうちにイノベーション推進の位置づけが明確となってきている、公的・民間資金の効果的な活用が進んでいるといった関連の効果が確認される。もちろんイノベーションへのとりくみにあたっては、クラスタープロジェクトやネットワーキングが各地で進み、これらをまとめる機関も設けられ、ネットワークの普遍的な効果、知識（形式知であろうと暗黙知であろうと）の経済機会への応用普及、地域のイノベーションをカタライズするシナジー発揮のための個人間や諸機関の間の連携が展開しているとされる。さらに研究開発機関と地域の中小企業との連携の進展、地域イノベーションシステムの内的結束の形成、各地域間の経験交流を通じたイノベーション支援諸手段の向上も図られている。今後は知識と無形の資産をいっそう重視し、新たな政策手段の開発、企業家精神を推進し、個々の企業に補助金を与えるのではない真のビジネスサービスの向上と、市場参入の障壁除去を図る必要があると結論づけられている。

　さらに翌年には、欧州委員会が公式のコミュニケーションで上記の内容を確認し、地域政策においてRISの内容を全面的に実施すべく、政策的支援を各地域に対し行うと表明した（European Commission 2001a）。このなかには、イノベーション推進のための事業に30万から300万ユーロの補助金供給、公私部門協力と中小企業の参加、私的部門の資金提供の期待といったことも記されている。これに応募してきた各地域からは、企業グループからのイノベーション実施計画、中小企業の情報コミュニケーション技術利用、サプライチェーンの統合などのプランが示されているという[*12]。

第9章　地域再生と地域イノベーション戦略の意義

　欧州においてはこうしたRISの立案と実践が進むなかで、新たにポーター流の「クラスター論」が登場し、これと重なってきたのである[13]。もちろん、地域イノベーションシステムと地域クラスターとは同一の概念ではない。前者には企業と、知識開発・普及を業務とする機関との間の協力が主な内容となる。後者はあくまで「同一の地理的領域内における、同一産業部門及び周辺産業部門内での相互に依存した企業群の集中」を示すものである。単純には地域イノベーションシステムは地域クラスターと支援機関が組み合わさったものであり、関連支援産業を含めた地域の産業クラスターに属する企業群、支援を提供する知識機関、これらの活動主体間の相互作用によって構成されるということになる[14]。一方では欧州委員会地域総局のガイドにおいては、クラスターとは「多くは異業種間の工業企業および(または)サービス企業の集まりで、サプライチェーンなどを通じて連携し、同じ市場条件の下にある、長期にわたって形成されてきた企業集積」(DG Regional Policy / DG Enterprise 2001)とし、ポーター以上に企業の集積と連携に重きを置いている。また、時には「科学主導型(science-based)クラスター」と「伝統型(traditional)クラスター」[15]とも区分される。そのように、RISシステムとクラスター概念をめぐっても理解は一様ではない。しかし、各地域のレベルにおいては、以下でも見るように、クラスターアプローチに基づくRIS戦略の展開発展という流れが着々と進みつつあるのである。

　こうしたRISの実施とその応用、地域での三位一体的な取り組みの実例はいまや欧州各地で見ることができる[16]が、以下英国のスコットランドとイングランド中西部での実態を詳しく取り上げてみよう。

3. 英国での地域問題と地域政策＜1＞
　　——英国各政権と地域政策・産業政策展開、RDAの設置

　英国においては長期的な産業衰退とこれによる衰退地域の広がり、地域経済問題の深刻化が大きな政策課題であった。産業再配置法や産業法による補

助金交付、地域インフラ整備、立地推進と地域雇用推進策はそうした課題を担ってきていたが、成果は十分ではなかった。1979年に登場した保守党サッチャー政権は低迷する英国経済に対してマネタリズムと新自由主義的な「改革」を推進し、財政再建と民営化、停滞産業のリストラを遂行する一方で、地方自治体の権限を弱め、政府による地域振興の機関を強化し、外資を含む民間資本の直接投資を推進することで、地域問題に対応しようとした。1982年産業開発法による再開発地域立地へのRDG地域開発補助金交付はその一端であるが、同年に設置したSDAスコットランド開発庁(のちにはTA訓練庁を統合してSEスコットランド企業庁に改名)、WDAウェールズ開発庁も特徴的である[17]。これらの開発機関は、鉱山業や重厚長大型産業の衰退と経済不振に悩む一方、長年にわたりイングランドの支配に抵抗してきた両地方の振興に中央政府が積極的に乗り出すものであったが、他面では労働党の支配が強力な各地方自治体の頭ごしに、広域を対象とし、大きな予算と権限を与えられて活動をする中央直結の機関を置くという性格を持ち、地元の反発も少なくなかった。一方で1980年の地方自治計画・土地法により、ロンドン東部旧港湾地区再開発のためのLDDCドックランド開発公社を設け、他方で1985年地方自治法によりGLC大ロンドン都やメトロポリタンカウンティを廃止したのは端的な表れと見なされている[18]。それにより、GLCのもとにあった32のロンドン各区(borough)、メトロポリタンの36の各地区(district)はそのまま残された。また前後して、イングランドの産業衰退地域などにUDC都市開発公社を多数設立し、産業用地整備と企業誘致などにあたらせた。SE、WDAも主に地域の再開発とインフラ整備、そしてそれを基盤とする外国企業誘致と産業立地を目的とし、80年代には多くの米日系などの電機・電子、情報系企業が立地するに至った。スコットランドは「シリコングレン」と呼ばれ、またウェールズ南部の炭鉱地帯はやはり電子系機械系などの工場地帯に変貌をした[19]。

　サッチャー政権を引き継いだ保守党メジャー政権は1992年地方自治法によって地方行政の見直しに着手し、カウンティ(州)とディストリクト(地区)

第9章　地域再生と地域イノベーション戦略の意義

の二層制から単層化を推進しようとした(自治体国際化協会ロンドン事務所 2003)。これにより各地に新たにユニタリーが設けられた。また一方では市場原理に固執する姿勢を軌道修正し、産業競争力政策に積極的な立場を強調し、既存企業の競争力強化策を取り入れていった(渡辺 1997)。

19年間に及ぶ保守党支配に代わった労働党ブレア政権は従来の体制を基本的に継承しながら、ロンドンについてはGLA大ロンドン市当局を2000年に復活させた。そのため、現在英国の地方行政制度はイングランドに限っても、従来からのカウンティーディストリクト制、ユニタリー制、メトロポリタンディストリクト、GLA－ロンドンバラ(区)という4種類になっている[*20]。

その一方でブレア政権は地方分権化(devolution)を大きな公約とし、スコットランド、ウェールズの議会と自治政府を認め、全国的な行政制度を大きく変えた。また地域間格差の是正と地方分権推進のために、1998年 Regional Development Agency Act により、地域の経済発展と再生、企業の効率と投資、競争力の向上、雇用の推進、スキルの発展と応用の推進、持続可能な発展の達成への貢献を目的とするRDA地方開発庁を設置するという政策を打ち出し、1999年からイングランドの8つの地方に政府予算でRDAが設置された[*21]。RDAは単に地域経済振興と企業誘致、産業インフラ整備といった役割に限らず、その後各地方レベルでの地域政策、産業政策、企業政策、雇用・職業訓練政策等を総合的に担う機関という性格になっていった。それに伴いイングランドのRDAへの予算措置などの責任はDETR環境運輸地方省からDTI貿易産業省に移管されている。

ブレア政権は2000年に Small Business Service を置き、「中小企業庁」の性格を持たせた[*22][*23]。80年代、90年代一貫して英国の政権は中小企業重視の姿勢を強調してきたが、政府の正規の機関として中小企業政策を担当するところはなかったのである[*24]。SBSは「専門家のセンター」、「イノベーター」、「変革へのエンジン」と位置づけられ、起業文化と企業家精神推進、中小企業の規制環境、中小企業経営の発展推進、金融、インキュベーション、社会的企業といった政策課題を担う。ブレア政権発足直後の目玉的新対応であった

1998年商取引債権の支払遅延防止法の担当もSBSに移管されている*25。また、1993年に中小企業政策の「ワンストップショップ化」を意図し、官民協力での地域レベルのネットワークとして設けられたBusiness Linkを各地域での機関として1本化し、SBSの実働部隊と位置づけた*26。そして、SBS-RDA-Business Linkというかたちで、産業政策と企業政策を地域政策と一体的に進める体制を構築したのである。

　ブレア政権誕生直後に出された1998年版「競争力白書」が示したように、RDA設置による地域振興、ローカルパートナーシップ展開、中小企業の発展推進という課題の実践のうちで、これらの三層の機関が今日重要な存在になっている。

4. 英国での地域問題と地域政策＜2＞
―――ストラスクライド地方とグラスゴー市の場合*27

1 スコットランドグラスゴーでの産業戦略の展開

　スコットランド南西部、グラスゴー市を中心とする地域はストラスクライド地方とも呼ばれ、地方行政を二層化した1975年から一時期は1州（Strathclyde Region）を構成していた。クライド川に沿い、古くからスコットランドの中心として都市化の進んだ地域で、商業都市であるとともに、水力動力や近くの炭田を背景に産業革命の担い手となった一大産業地域でもあった。また海運、水運交通の大拠点でもあり、鉄鋼業や造船業、機械工業の発展が著しかった。しかし英国重工業の衰退、交通の変化などによって地域の経済不振は20世紀半ば以降顕著であり、スコットランドの行政機能がエジンバラに置かれたこともあって、深刻な地盤沈下に陥った。1980年代半ばには、旧産炭地域であり工業地帯であったウェールズ南部、イングランド北東部（タインサイド、ヨークシャー）、同北西部（マーシーサイド）などと並んで、20％前後もの失業率を記録していた。このような「問題地域」の1つであったのである。そしてこの地域はEU構造基金のObjective2援助地域に指定されて

第9章　地域再生と地域イノベーション戦略の意義

いる。

　西スコットランドのRISは1997年から98年にかけて立案された。これは「西スコットランドを欧州でもっともイノベーティブな地域にする」という目標を掲げ、「イノベーティブカルチャー」の視点を強調し、企業のイノベーション能力の強化とともに、高等教育機関等との産学連携を重視している。そしてこの構想の下に、下記のSEや政府スコットランド省、地域の自治体、商工会議所、大学・教育機関等を巻き込んだRISチームを作り、イノベーションカルチャープロジェクトを5地域で実施、EUの資金を用いて地域企業の参加を促してきている*28。

　1982年に置かれたSDAスコットランド開発庁*29、のちのSEスコットランド企業庁は主に直接投資促進・企業誘致を行ってきた。前述のようにSDA/SEの働きかけによって米日系などの多くの電機・電子、情報系企業が立地し、スコットランドは「シリコングレン」となった。それによって多くの雇用機会が生まれ、地域の経済の振興に貢献をしたことは間違いない。また前述のように、SDA/SEとして90年代前半まで、電機・電子工業などのサプライヤ中小企業の能力向上と多国籍企業との取引関係強化を意図し、SDIサプライヤ開発イニシアチヴなどを展開して、ローカルサプライヤベースの発展に熱心に取り組んでいた（三井　1995；1999）*30。

　90年代からはSEは「企業誘致」より「内発的発展」を重視し、自立的に成長発展できる地域の産業の形成振興に力を入れ、スコットランド内の各地域ごとにSE自身の運営体制と役割分担を分けていくようになった。加えてスコットランド自治法により1999年にスコットランド議会が置かれ、自治政府が誕生すると、SEは自治政府の施策実働部隊という位置づけに移行し、自治政府の予算と監督下に活動することになった。SEの組織も改変され、企業誘致を専門とする Scottish Development International スコットランド国際開発庁（Locate in Scotland、グラスゴーが本部）、Scottish Enterprise スコットランド企業庁、Highlands and Islands Enterprise スコットランド高地・離島企業庁の三組織となり、SEおよびHIEのもとにはそれぞれ、12と10の地域企業局 Local Enterprise

Companies (LECs) が置かれ、分権的な運営が図られるようになった。

② SEGとJES共同経済戦略、クラスターアプローチ

グラスゴーにあっては、SEのグラスゴーLECsにあたる Scottish Enterprise Glasgow (SEG) に約135人が勤務し、年間62百万ポンドの予算を動かしている。SEGの理事会には市議会、グラスゴー大学、スコットランド労働組合会議、スコットランド電力、地元企業など幅広い関係者が参加し、地域産業界及び自治体との関係がつよまっていることを示している。従来対立的であったグラスゴー市とSEG企業庁グラスゴー支庁とは共同し、「JESグラスゴー共同経済戦略」(Glasgow Development Agency & Glasgow City Council 1999) をまとめた。JESはRISの経験を踏まえながら、その名の通り関係諸方面の知恵と力を借り、多くの調査や議論を重ね、連携下に立案されたことが特徴である。JESはSWOT分析によりグラスゴー経済の到達点とつよみ、問題点を分析し、現在が大きな転換点であることを指摘し、今後の戦略目標を明らかにしている。それは図9-1のように、1) 持続可能な経済成長、2) 雇用の創出、3) 社会的排除 (social exclusion) との戦い、4) 競争力ある人材の開発、5) グラスゴーの全国的・国際的競争力の強化という5つの目標である。これに基づき、優先順位をつけながら、各課題ごとに具体的な行動と政策展開を関係諸機関・団体等の責務として詳細に示している。また、戦略実践のなかでの成果を示す指標として、GDP成長率年3％、失業率の12.8％から9％までの削減、企業数の年2％の増加などの具体的な数値をあげているのも特徴的である。

JESにおいては、イノベーティブないしクリエイティブな環境と企業づくり、キーインダストリーの発展、内発的企業・中小企業の支援と発展といった課題を、地域再開発やインフラ整備、地域問題対策、雇用促進、教育と訓練などの課題と結びつけて具体的にとりあげている。特に、ナショナルサイエンスセンター建設[*31]、パシフィックキーなどの河畔再開発、メディアセンター建設、学習センター建設 (32個所に建設し、知的労働能力の向上をめざす、カレドニアン大学が支援)、M74道路拡伸、運河再開発、あとで触れる

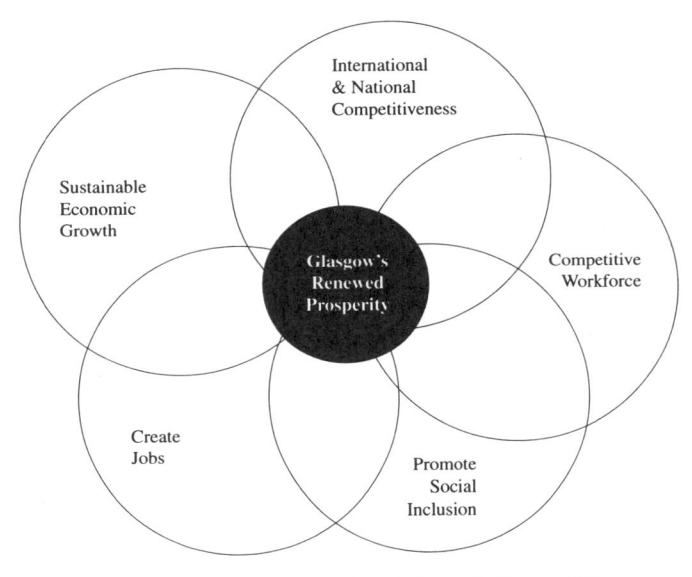

第9章　地域再生と地域イノベーション戦略の意義

図9-1　グラスゴー合同経済戦略（JES）における5つの目標

```
                    International
                    & National
                    Competitiveness

    Sustainable                          Competitive
    Economic         Glasgow's           Workforce
    Growth           Renewed
                     Prosperity

         Create              Promote
         Jobs                Social
                             Inclusion
```

出所：*Glasgow's Renewed Prosperity A Joint Economic Strategy for Glasgow*, 1999.

サイエンスパーク拡大建設などの開発事業と関連づけている。キーインダストリーの設定については必ずしも明示的ではないが、こうした環境条件や地域開発、また産業集積の利点を前提として、域外からの投資促進を含め、金融・ビジネスサービス、技術関連型製造業、ソフトウェアとICT、クリエイティブ産業・芸術とメディア、建設、健康と児童介護、観光・ホスピタリティ・レジャー、小売という8つの産業が成長期待型として主にあげられている。

　JESは立案実施後も、モニターと見直し作業を行っており、目標を上回る成果を確認しつつある。グラスゴーの場合、歴史的地理的環境条件や地域開発状況、産業集積の利点を前提として、域外からの投資を含め、キーインダストリーとしては金融・ビジネスサービス、技術関連型製造業、ソフトウェアとICT、クリエイティヴ産業・芸術とメディア、建設、健康と児童介護、

観光・ホスピタリティ・レジャー、小売という8つの産業が成長期待型として主にあげられてきた。2002年にはJESの見直しとともに、全スコットランド内のパイロットクラスターとして、バイオテクノロジー、食品、半導体があげられ、さらに「ニューウェーブ」として、光電子工学、クリエイティブ産業、観光、林産資源、石油・ガスのエネルギー産業関係がターゲットとされた[*32]。2003年からは、SEの役割明確化とクラスターアプローチの強化が図られ[*33]、大学、研究機関との連携強化、ブリッジ機関としての「中間技術研究所」設置(2002)＜3つのバーチャル研究所(産学プロジェクト)の設立　ライフサイエンス(ダンディー)、新エネルギー(アバディーン)、テクノロジー・メディア(グラスゴー)＞、技術開発のソース収集(世界規模)、ベストプラクティスの検出、ロードマップづくり、IPRの価値保護が取り組まれた。グラスゴー地域に関しては、ナショナル(スコットランド)レベルとグラスゴーレベルとの調整、グラスゴー独自の政策点検評価と課題の検討・戦略化、人的資源、コミュニティ問題を軸としたローカルパートナーシップの強化も進められている。

③ 新産業創造と大学の事業化・起業推進

　こうした地域での新産業創造に重要な役割を担っているのが、SEGなどと連携した大学とサイエンスパークの動きである。80年代以来の保守党政権による教育予算抑制と大学の「自立化」「多様化」「自前の財源確保」要請、教育機関同士の競争強化は、大学の姿勢を変えさせてきた。そうしたなかで、グラスゴーに所在するストラスクライド大学(1964年設立)の経験は先進的である。同大学は政府の大学予算削減への対処、研究成果の事業化推進、SDAの活動との連携を意図し、また地元経済界とのつながりを意識し、1984年に大学研究・コンサルティングオフィス(Research & Consultancy Office)を設立した。そして産学連携と企業経営に豊富な経験を持つH.トムソン氏が20年近く所長をつとめた。現在は25人のスタッフを擁する大機関で、外部研究資金の導入、知的財産管理とライセンシングなども担当するが、主には学内の研究者らの

第9章　地域再生と地域イノベーション戦略の意義

事業化、スピンアウトへの支援を担っている。副学長を交えて Business Ventures Group を組織し、資金面・経営面、外部の出資者などとのマッチングなどを含め、総合的な支援を個々のケースごとに行い、相当の成功を収めてきた。事業化のオファーに対し、その技術などを慎重に検討し、事業計画を作らせ、外部の専門家も交えて審査し、OKが出たら総合的な支援と知的財産のライセンス供与、関係契約締結を実施する。資金面では大学自体の出資も行っている。経営面では大学内のハンターセンター（MOTなど14のコースを持つ）に置かれたビジネスコースを積極利用し、経営学部関係者の助言や指導も行われる[*34]。大学が1990年に設立したストラスクライド大学インキュベータ株式会社が運営するインキュベーション施設も積極活用され、多くのスピンアウト企業がここからスタートしている。以下で見るように、40社近くのストラスクライド大学発スピンアウト企業には数々の成功例があり、それによって大学も配当、特許ライセンシング料（総額で3,600万ポンド）、株や特許の売却益を稼いでいる。学内の研究者だけではなく、学生の起業への関心を高め、開業希望にも積極的に応じ、指導や研修を提供している。スコットランドの大学自体が近年、大学間の連携で、ファンド設立、産学連携、インキュベーションの推進とともに学生らの起業支援を進めている。

　500年以上の伝統を誇るグラスゴー大学も3,500人の研究者を抱え、世界の最高水準のバイオケミカル、薬学、医科学、心理学等の研究成果を誇っており、事業化へのシーズは山積している。そこで、研究・教育・事業化は等価で大学を支え合っているという見地から、産学連携と事業化支援のための独自の Research & Enterprise office を研究助成室に設け、外部の研究資金の獲得とともに、委託研究、ライセンシング、スピンアウトなどの技術移転と事業化のルートを積極的に開発している[*35]。またSEと協力し、1983年に大学ケルビンキャンパス内にWSSP西スコットランドサイエンスパークを設置した。このころは各大学が競ってサイエンスパークを設けた時期でもある。WSSPはSEが建設・所有・管理する施設で、必ずしも大学は深かかわっていないが、61エーカーの土地にICT、電子、バイオテクノロジー、医療保健関係などの

企業27社、のべ900人がいる。WSSPに入居している企業には、上記のストラスクライド大学からのスピンアウトも多い。WSSPの運営には、両大学が共同で設立した産学連携・知的財産管理・BICとの連携をめざす Targeting Technology Ltd. 社も加わっている。

　このような大学等の積極的な姿勢、長期にわたる技術移転と事業化推進、起業支援、さらにサイエンスパークやインキュベータ整備によって、グラスゴーや周辺におけるクラスタープロジェクトも実行段階を迎えている。イノベーション性の強い、ソフトウェア、光電子工学、バイオテクノロジーはグラスゴー周辺での「テクノロジー戦略」の対象として、大学・研究機関、サイエンスパークなどを巻き込むかたちで事業化が推進されている。大学の積極的な姿勢と経験蓄積に照らしても、その環境は世界的水準で整ってきているものと言える。また、食品や観光など、ハイテクに限らず、在来的と思われる産業クラスターの新たな発展が意識されていることも興味深い。サプライヤベースの力に注目しているためでもある。

　バイオテクノロジーに関しては、すでに90年代半ばから事業化が進展し、35社のバイオサイエンス中核企業が生まれ、4,000人の雇用を創出、近年の1年半の間だけで45百万ポンドの民間新投資がなされている。ソフトウェア産業に関しては、600社の企業と3,500人のソフト技術者が生まれ、2億5千万ポンドの売り上げを実現、その多くは輸出されている。光電子工学では、30社740人が働き、世界的に注目される企業が現れている。これらの立地に、WSSPや今後建設されるサイエンスパークが大いに貢献するものと、SEGでは期待している。

　グラスゴーにおいて特徴的なのは、大学からのスピンアウト・新起業が相当の成果をあげ、これに対する大学やSEGなどの支援の効果も見られ、一方では前述のように大学などに相当のリターンをもたらし、事業化の成果の取得が可能になっていることである。他方では、ハイテク分野の開発成果の事業化製品化により、域内でのサプライヤベースの活用、発注拡大といった波及効果を生んでいることである。80年代からの外資企業誘致と域内サプライ

第9章 地域再生と地域イノベーション戦略の意義

ヤの能力向上、取引関係拡大とサプライヤベースの強化というSEなどの政策が、こうした面で成果をもたらしていると見ることもできよう。ただしまた、以下の事例にも見るように、大学等で優れた研究開発成果をあげ、起業してその事業化を自ら担ってきた「科学者企業家」が成功を収めている例は少ない。むしろさまざまな曲折と試行錯誤ののち、外部から経営の専門家を招き、主な経営をゆだねるというかたちがかなり見られる。そうした人材を集めやすい、また関係を築きやすいことも、グラスゴーなどの特徴でもあろう。

[4] 大学からの起業事例の研究

これらの大学からスピンアウトし、あるいはWSSPに入居、グラスゴー地域の新産業クラスターの担い手となることを期待されている企業の事例調査を、2003年9月に実施した。

(a) Cascade Technologies 社

ストラスクライド大学からのスピンアウト起業の最近の例である。大学で気体検知にレーザー光電子工学を応用する技術を開発し、学位を取った若手研究者が特許を用い、SEやVCの資金も得て2002年に大学インキュベーション会社施設内で設立したもので、大学からの支援を受けるとともに、ハンターセンターの技術企業家大学院課程を終えている。2003年に以前の同僚とともに、大手企業で25年の経験を持つ経営の専門家（やはりストラスクライド大卒業生）が事業部長として加わり、開発体制を強化、さらに翌年にはVC出身経営専門家が会長職に就いた。まだ現在進行形の起業であるが、創業者はストラスクライド企業家ネットワークにも参加し、企業としての基礎固めにつとめている。

(b) Pantherix 社

1997年、レスター大、マンチェスター大、グラスゴー大の3人の研究者で創立され、蛋白質構造解析の応用、創薬への研究開発を目的としてきた。

VCから相当額の投資を受け、投資家のすすめもあり、SEの支援・補助金、大学・研究機関の存在、人材の豊富さなどの理由で1999年にはグラスゴーに移転した(当初はWSSPのインキュベータ施設に入居)。その後WSSP内の建物に移転、現在は約20人規模(35人から縮小)である。主な収入は補助金・研究助成と開発契約(受託研究など)であるが、事業としては必ずしも順調ではない。2001年に創業者たちは引退し、大手製薬企業数社での研究開発管理や経営を経験してきた人物が研究部長として入社、その後社長として経営を掌握した。小企業の利を生かした積極的開発、大学とのつながり、SEを媒介とした企業ネットワーク活用で成果をあげ、企業価値を高めるのが目標であり、SEGを軸としたクラスター戦略展開は好機と見ている。

(c) Strathkelvin Instruments 社

1981年にグラスゴー大学の2人の研究者が創立し、90年代半ばに会社法人化、バイオ製薬・廃水処理の2つのビジネス(酸素消費量による毒性管理の技術)を営んできた。SEが販路、情報、特許管理等で支援してきたが、創業者はすでに実質的にトップを退いている。2002年には再編を経験し、これを機に醸造・化学・水処理などの技術を持ち、小企業経営を経験した現社長(ストラスクライド大出身)が入社、経営を受け継いだ。廃水処理プラント、医療機器の開発製造で成長してきている。この分野での競争は激しいが、科学性・個別ニーズへの対応力等で優位を確保している。現在社員は7人(＋海外営業エージェント3人)、ファブレスで、製造は中部スコットランドの電子系機械系などの5社に外注している。1998年にWSSPに入居、バイオビジネスのイメージは利点だが、欧米などの顧客との距離は問題として残る。今後新投資と成長、企業体制の整備、ネットワークの拡大が課題となる。

(d) Diagnostic Monitoring Systems 社

ストラスクライド大学からの起業で、大学での研究グループ(純粋研究者というより、CGB電力系企業のスタッフを兼ねている)が外部の資金などを

第9章　地域再生と地域イノベーション戦略の意義

得て学内で事業化を研究、受注先を得て1995年に独立したものである。当初は大学インキュベーション施設内で創業し、25％の株を保有する大学の強力な支援を受け、大学との連携や個人的つながり、経営支援は以降も続いている。1998年にはグラスゴー市中心部のオフィスに移転。現在社員17人で、ガスインシュレーテッド方式変電所の故障の原因解明と発見、モニター設備の製造を行い、その多くは輸出向けである。製造の多くは外注利用で、地域の専門企業、特定サプライヤ企業との深いつながりがある。その意味で、域内の産業集積・技術集積の上になりたった開発型の起業例である。ただし近年は需要が頭打ち気味でもあり、2002年に製品と技術の見直しを実施、しかしその際にVCとの関係でトラブルに直面した（投資を受けるべくアドバイスを受け、社長もすえたが、結局関係解消）。まだまだ容易ではない歩みである。

(e)　Scottish Biomedical社

大学の研究職と製薬企業の仕事の両方を経験した大学出身の研究者が1994年に設立、SEの積極支援・投資を受けてきた。開発型というより事業コンセプト先行型で、第一段階では新薬開発への受託研究・実験にビジネスを特化し、知名度・人脈・大学研究者とのコンサル契約＋実績をポイントに受注を拡大し（日本の製薬企業が90％の受注先）、また支援機関を積極活用、「下流バリューチェーン」の形成に経営基盤をおいている。第二段階では自社技術開発と特許取得・ライセンス化への段階発展をめざしている。現在40人規模、事業は順調で、大学への近接、グラスゴー大学研究者との豊富な人脈を売りにしており、これも地域の研究集積と人的ネットワークの効果を生かした経営と言うことができる。事業の螺旋状発展を戦略化していることも特徴的である。DTIの「スマートプロジェクト2003」を受賞、2004年に経営と金融の専門家を会長に迎えた。

(f)　Coherent Scotland社

グラスゴーのストラスクライド大学の若手研究スタッフであった創業者が、

ソリッドステートレーザー技術をもとに、同僚を誘って1992年に創立した企業で、当初は Microlase Optical Systems 社と称していた。同大学は特許ライセンス供与、出資、融資と支援パッケージ提供、学内インキュベータ施設利用、経営相談や講習などさまざまな支援を行っている。創業者社長はMOTコースでも勉強し、公的機関や金融機関も同社を積極的にサポートしている。医療機器、工作機、光ディスクマスター製造関係などさまざまな需要先を得て順調に発展し、1998年にはWSSPに移転、事業を拡張し、現在は従業員約50人、年商1,200万ポンドを数えている。

　同社は世界的な販売網確保と積極的な投資拡大のために98年に米国 Coherent 社（レーザー技術総合メーカー、2,500人規模）と資本提携し、2000年には全株を売却して傘下に入り、社名も Coherent Scotland に変更した。その際に社長や出資者たちだけでなく、ストラスクライド大学も持株と特許ライセンスの売却により多額の利益を得ている。地域のサプライヤベースも活用し経営は発展中で、大学との共同研究も継続している。科学者企業家としての例外的なまでの成功例である。また同社は必要部品の製造やPCB組立などで約50社のスコットランド企業に発注し、そのうちには同社への依存度が20～60％に及ぶサプライヤも6社ある。これらの多くは80年代以降に立地した電機・電子系企業関連のサプライヤやスピンアウト企業で、技術力生産管理力の高さがつよみとなっている。

5. 英国での地域問題と地域政策＜3＞
　　――ウェストミッドランズ地方とバーミンガム市の場合

①　AWMとウェストミッドランズの産業振興・都市再生

　イングランド中部のウェストミッドランズはかつて「ブラックカントリー」とも呼ばれ、産業革命以来の英国工業の中心地の1つであった。従来この地域の厳密な区分はなかったが、一時期バーミンガムとその周辺が

第9章　地域再生と地域イノベーション戦略の意義

Warwickshireから分離され、1つの州としてWestmidlandsと称した。その後バーミンガムと周辺都市がメトロポリタンカウンティを構成した時期もあったが、サッチャー政権によってこれは廃止された。1999年、前記のようにブレア政権の地方分権化と地域開発政策により、この地方のRDA地方開発庁が設けられ、その担当地域として新たにウェストミッドランズという呼称が登場することになった。これは中心のBirmingham市、メトロポリタンエリアを構成するCoventry、Wolverhampton、Dudley、Sandwell、Solihull、Walsallの各市（ブラックカントリーを称す）と、Warwickshire、Worcestershire、Shropshire、Staffordshire、Herefordshireの各州からなる地域であり、英国第二位の規模である100万大都市バーミンガム、工業都市コベントリー（人口30万人）を中心に、自動車道路M5とM6に沿い、総面積約1.3万平方キロ、人口約530万人をかかえる広大な地域を示すことになる。

　この地方は広い農村部を擁するとともに、周辺の炭田や鉄鉱山、運河等の水運交通の便などにより産業革命の中心地をなし、鉄鋼業、金属工業、窯業、宝飾品、のちには繊維、自動車、電機、化学、航空機工業などが栄え、人口集中をもたらした。第二次大戦期には軍需工業の中心地として激しい爆撃を受け、大きな痛手を被った。戦後、英国産業の中心地としての地位を守ってきたものの、次第に衰退の一途をたどり、失業問題、複雑な人種構成による社会問題などが深刻化し[*36]、80年代以来その復活が英国経済全体の課題となってきた。自動車メーカーRover（一時期はBMW傘下）、英国Ford、Peugeot（元英国クライスラー）、Jaguar（現在は米国Fordの子会社）などの巨大企業の工場が集まるため、産業の国際的再編成や企業合理化のあおりを被る地域でもあった[*37]。

　ウェストミッドランズは従来より、EU構造基金のObjective 2及びObjective 5b指定を受けてきた（ただしその援助の規模は西スコットランドなどに比べると限定的である）。労働人口230万人を擁するこの地域で、英国経済の不振・空洞化とともに一時は12.1％もの失業率を記録し、産業衰退地域の色彩は濃かった。地域の再活性化の必要は繰り返し叫ばれ、各種施策や機関設立

237

の「実験の地」(Hausner et al. 1987: p.236)とも評されながらも、容易に成果を見なかったのである。独自の戦略と計画、体制を持ち、経済再建に取り組んだウェストミッドランズカウンティ行政府の廃止も打撃となった。80年代には税制面や規制面での優遇措置を伴うエンタープライズゾーンを設けるなどの政府や自治体の誘致政策により、日本からの工場進出も進み、コベントリーやテルフォード周辺に電機・電子、機械系の企業が相当数立地したが、近年は撤退も目立っている*38。このほか、この地はイングランド中部の交通の要衝でもあり、多くの自動車道路が交わるとともに、バーミンガム空港及び隣接するNEC国立国際展示場(1975年竣工)の存在は重要な利便、アトラクションである。

　ウェストミッドランズに置かれたRDAは Advantage West Midlands と称し(以下AWMと略)、この地方の総合的な開発と経済振興の政策立案と実施に取り組むことになった。これに対応し、分権化に備え、ウェストミッドランズの各自治体は1998年に地方評議会を結成し、各自治体議員代表らが集まって West Midlands Regional Assembly (以下、WMRAと略)と称している*39 (これとは別に、各自治体は行政としての協議会WMLGAを持っている)。これには自治体議員(69名)のほか、MEP欧州議会議員(8名)や大学関係を含む産業界(16名)、さらに地域のボランタリー組織、労働組合、環境団体、各宗教などの関係者(18名)も参加している。このようなかたちで、地元からのWMRAの設置、中央政府予算によるAWMの設置という2つの主体が揃い、両者の連携で広域的な地域政策への取り組みの体制が整ったのである。ブレア政権の方針としては、将来はイングランド内でも分権地方政府を設けていく方向であり、スコットランドなどに似た立法と行政形態に向かっていく可能性がある。

　アストン大学サイエンスパーク内に本部ビルを構えたAWMは総員210人、年間2億2千万ポンド(2002／03年)もの大きな予算と広範な権限を持っている。1998年法によって定められた全国の各RDAのミッションに加え、AWMとしては地域を代弁し、資金を集め、地域の存在とイメージを高める「地域のチャンピオン」、各組織間の連携を促進する「地域のコーディネータ」、資金

第9章　地域再生と地域イノベーション戦略の意義

供給並びに経済戦略の立案と各プログラムの間のシナジーを図り、学習・熟練会議（learning and skill council）やSBS中小企業サービスと地域の企業の間のマッチングを推進する「地域のカタリスト」という3つの役割を示している。組織としては機動性を旨とし、プロジェクトごとのチーム方式を組み、ハードな開発事業や建設よりはソフトな企業間連携、経営改善、教育学習、情報提供や意見交換等にその活動の中心がある。SEなどとは若干違い、企業誘致や産業用地開発、インフラ整備といった明白具体的な使命を持つものではなく、また産業化都市化の進んだ地域として、実際の地域整備や建設、教育などの事業は既存自治体や教育機関などが担ってきているだけに、AWMの担うべき役割には抽象的かつ不確定な要素がありうる。そのためまた、諸機関諸方面を結びつけ、クラスター戦略推進の中心となる可能性も大きいと見ることもできよう。

　AWMと諸方面との連携はつねに重要課題であり、AWM理事会（政府国務担当相の任命）にも自治体や、労組、地元経済界など地域の諸関係者が多数名を連ねている。しかし、WMRAとAWMは互いに独立性を守ることを原則にしており、チェック機能を果たしあっている。WMRAは2003年には地域計画機関の地位を取得し、AWMの「地域経済戦略」新版作成に直接かかわった（WMRA 2003）。WMRAとして独自の戦略立案と実施体制を確保し、課題ごとのパートナーシップを設けていくとともに、AWMなどの施策の実効性に関する精査評価プロジェクトも開始している。また、AWMスタッフの多くは民間など諸方面から集められており、中央政府に直結する機関ではあるが、「役所」の雰囲気は薄い。

[2]　ウェストミッドランズ経済戦略の立案実施

　ウェストミッドランズでのRIS立案は当時の政府ウェストミッドランド支庁、各自治体、商工会議所[*40]、大学等の参加で1996年に実施された。ここでもイノベーティブな企業の増加、企業や大学、支援機関等のイノベーション連携の推進、クラスターアプローチでのネットワーク形成、イノベーティブ

カルチャー向上が主な課題であるが、高度にイノベーティブな産業・企業の創出とともに、既存の伝統的な産業のうちでも新技術や新スキルの応用を推進するという「デュアルアプローチ」をとっていることが特徴となっている。そして、製造業のデザイン開発やICT利用、新素材利用などを重視している（European Commission 2000; DG Regional Policy European Commission 2002）[*41]。

1999年10月、AWMが発足するに伴い、WMRAや各自治体等の関係者、大学・教育機関関係者などを幅広く集め、WMESウェストミッドランズ経済戦略がまとめられた。これは、「持続可能な未来」をスローガンに、1. 幅広いダイナミックなビジネスベースの構築、2. 学習とスキルの奨励、3. 成長への条件形成、4. コミュニティの再活性化という4つの柱を掲げている（AWM 1999）。

第1の柱はハイテククラスターやICT活用による、イノベーションを通じた地域企業の競争力の発揮、機械工業の新デザイン応用やクリエイティブ産業等での発展、域外からの投資、サプライチェーンの強化などを通じた、未来の需要に見合う既存及び新産業の発展によって構成される。第2の柱は今後10年に企業の直面する挑戦にこたえうる高熟練労働力の育成、e－ラーニングなどを駆使した生涯教育と能力向上の推進を主な内容とし、教育機関や企業などでの目標が示されている。第3の柱では、域内外の交通手段の改善、住宅改善、RPG地域計画指針の見直し等による適切な土地利用といった内容が含まれる。第4の柱では、RZ再開発地域など貧困と社会的排除に直面した地域への資源投下による経済的及びコミュニティ的活動への人々の参加推進、新思考を活用した公・私・ボランタリー・コミュニティ各セクターの連携推進による地域の全面的な発展、すべての人々の福祉向上といった課題が挙げられる。このように、WMESはきわめて幅広い課題を包含し、これを諸方面のパートナーシップのもとでAWMが主体となって実行していくことを示しているのである。

ウェストミッドランズではまたAWMのスタートにあわせ、産業クラスターの分析と戦略立案が大規模に実施された。DTIの調査研究により、この

第9章　地域再生と地域イノベーション戦略の意義

地方の産業構造の特徴が検討され、SIC標準産業分類ベースで以下の9つの業種がこの地域の現行産業クラスターとして示された。ゴム・タイヤ、プラスチック、自動車、金属加工業、産業機器、セラミックス、農業と農産物、環境関連、アンティークである。これらの抽出については、統計的基準と分類に依存しすぎている[*42]、既存主要業種を確認したのみでクラスター性を踏まえていないという批判もあるが、この地方の今後の産業振興のために共有さるべき基本的な認識を示したものであった。そしてWMESの実行にあわせ、新たな産業クラスターとして、既存新規あわせ10の業種があげられた（AWC/WMRC 2001）。「既存」産業としては輸送用機器技術、建設関連技術、食品・飲料、観光・レジャー、高付加価値消費財、「成長過程」として専門職業サービス、ICT情報通信技術、環境技術、「創生期・覚醒期」として教育・娯楽関連インタラクティブメディア、医療技術である。

　2001年には60項目の「Agenda for Action 行動課題」がAWM及びWMRAによって発表され、10年間で総額約777億ポンドの予算措置を含め、政府の公式承認を受けた。これには、初年度のみでも約76億ポンドの予算が予定されている。予算の約30％が中央政府から、3分の2近くが各自治体から支出される。この行動課題では図9-2のように、a）RZ再開発地域、b）ハイテクコリドー推進、c）クラスター形成発展という3つの主題を、ウェストミッドランズの地域構成と地域開発に結びつけるかたちで、面的に連関させている。クラスター形成発展が全域的な課題であるとすれば、a）再開発問題の対象地域はバーミンガムメトロポリタンエリアのインナーシティゾーンや、西部周辺地域に広がっており、6地域、計190万人の人口と深刻な失業問題を抱えている。これらの地域に対し、AWMが重点的に資金を投下し、対象地域の公私各部門やボランティア運動などが参加した「パートナーシップ委員会」と連携をし、各地域のニーズに応じた多面的な活動を展開する計画である。

　b）ハイテクコリドーは、特定クラスターとハイテク企業の発展に向けた対象地域として設定されたもので、大学などの存在によってハイテク、高付加価値企業誘致や発展のポテンシャルを持っていること、自動車工業への依

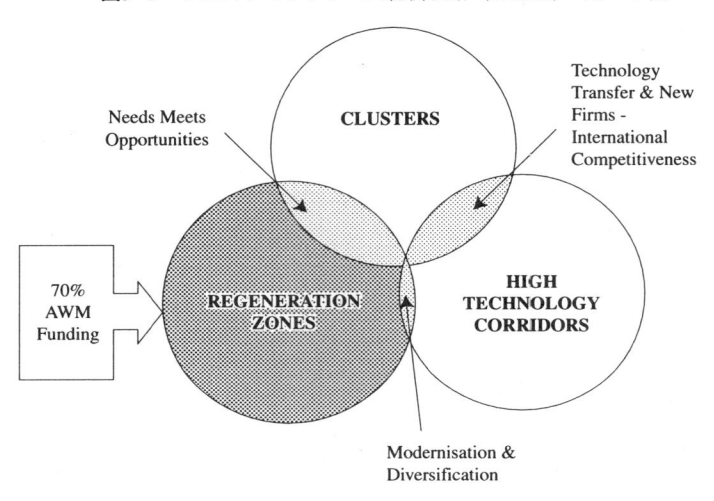

図9-2 ウェストミッドランズ経済戦略（WMES）の3つの柱

出所：Advangate West Midlandsの資料（2002）による。

存度が高く、サプライヤ企業が多く立地していることが特徴である。c）クラスターは、AWMの追求してきたターゲットセクター振興の新たな発展である[*43]。クラスターの展開をうながすために、既存の構造の段階的発展を期する、クラスター発展の多様なかたちを前提に、部門別政策からクラスター的視点への広がりを図ることが求められる。

このようなWMESの実施は21世紀を迎えて本格化したが、WMESの新版がAWMを中心に2004年にまとめられた（AWM 2004a）。この新WMESは2004年から2010年を対象期間とし、行動計画も含み、その前半、2005年度までに1,000億ポンドの公的財源を充てることになっている。このうち経済開発と再生にあてられる中心予算は200億ポンド、AWM自身の予算は10億ポンド、SBS関係やEU援助地域関係が10億ポンドとなっている。

新しいWMESの基本的なスタンスや目標、施策の構成は変わりないが、以下のような点が特徴的である。第3の柱・成長基盤づくりで、交通網・インフラ等整備がいっそう強調されている。第2の柱・学習とスキルの地域で、

第9章　地域再生と地域イノベーション戦略の意義

スキルギャップをとりあげるとともに、起業文化（enterprise culture）を明記している。第4の柱・コミュニティの再生では「社会的排除」（social exclusion）の表現がなくなり、犯罪防止・治安の向上や社会的企業（social enterprise）の奨励が強調されている。そして、住民参加の観点とともに「地域イメージの向上・売り込み」が重視される。また、NHS国民保健サービスの果たしうる役割に言及されており、この地域での大規模な雇用や調達、地域再生への貢献が期待されるものと位置づけられる。

　さらに、新戦略においては3つの主題の間の空間的な関係のみならず、戦略的な連携性とシナジー性も強調される。クラスターとハイテクコリドーの間では、後者が前者のうちの萌芽的クラスターの事業機会となること、ハイテクコリドーは再開発地域に直接の貢献をなすこと、クラスターと再開発地域の間では後者が前者の地域的展開を含むこと、という位置づけである。

　そして新WMESは数値目標を明確に示した。各ビジネスクラスターの生産性上昇率目標、雇用構成の変化、失業率の低下目標、no qualifications（卒業資格なし）成人減少の目標、各ハイテクコリドーの雇用や粗付加価値増加目標などである。また、「持続性」へのアセスメントを導入し、政府のとりあげる持続可能な成長[*44]の4つの視点を取り入れた「four quadrants」モデルを用いて、経済性、環境性、社会性、自然資源性の進捗状況とその影響、持続性を評価している。

　一方でウェストミッドランズRISの新版（AWM 2004b）も同時に発表された。これはRIS、RIS＋の続編という性格を持つが、もはやEU構造基金の支援はない。そして実質的にはAWMの地域イノベーション分野での指針という性格になっている。これは2002年における見直しを経たもので、民間参加の強化とサプライサイドを重視した戦略であり、かつ「明日の市場」を展望して新技術・知識経済の必要性を前提とするという点で、より「未来志向」的になっている。そして知的資産・資金・インキュベータ・用地・設備等の「資源開発」、高等教育、研究開発、企業間知識移転等の「知識開発」、企業の経営力向上、企業家精神推進、学生キャリア指導、専門サービスの質の向上等

の「企業開発」、エンドユーザーへのかかわり（提供サービスの向上）といった各課題が示されている。

　こうした新たな政策立案のうえに、ウェストミッドランズでのビジネスクラスターも新たな段階を迎えた。13のクラスタープロジェクトそれぞれに関し3年計画を作成、取り組みの方向、方法、実施体制、予算措置などを明文化してきている。この立案と実行については、Enterprise Board、Innovation and Technology Council、Regional Skills Partnershipといった諸連携組織、大学や高等教育機関、産業団体、企業等が参加し、これらの代表によってチェアグループを構成する一方で、民間企業の出身者によるCOGを設け、クラスターアプローチが市場ニーズ主導、民間企業主導となることを担保しようとしている。そして、既存産業に対する地域産業政策の色彩が濃くなっている一方で、レール製造業に具体的な事業プランが出てきている、建設業クラスターに地元小企業などが基礎工事分野で参加し、新素材メーカーも加わるなどの発展が見られるものの、まだサクセスストーリーは少ない。またハイテクコリドーについては特にM5道路沿いでの医療工学分野の展開が当面期待されているが、その起爆剤としてはNHS医療センターの建設（Rover工場跡地）、バーミンガム大学医学部病院の新展開などの可能性に依存しており、必ずしも地域の意思決定と資源で推進可能なものと構想されていない。そうした意味で、新産業創造や既存産業の活性化としてのWMESとクラスターアプローチはここでは本格的に始動しているとは言い難い。

　AWM自身はその成果として（AWM 2002; 2003）、2001-2年の1年間で、2,873社を援助、406の新規開業を迎え、18,130人の雇用を創造、新たな職業資格取得者を9,004人生み、外部の民間資金1億88百万ポンドを誘致等と誇っている。さらに2002-03年での成果では、9,335社を援助、創業ないし誘致企業数が170社、雇用の創出ないし確保が13,416人、学習機会の提供が17,647人分、コミュニティないしボランタリーグループとして支援した事業が4,804と示している。ただし、クラスターやハイテクコリドー関係ではまだ目に見える成果は乏しく、Advantage Growth Fundという基金設置のほか、イベントや意見

交換が主である。

③ 大学の事業化・産学連携と地域貢献活動

　ウェストミッドランズには大学や高等教育機関の数も多い。大学だけで17もあり、計27万人近くが学んでいる。これらの大学等に関連して、サイエンスパークが建設されたのもこの地域の特徴である。Aston Science Park、Birmingham Research Park、Coventry University Technology Park、Staffordshire Technology Park、University of Warwick Science Park、Wolverhampton Science Parkの6つが、UKSPA英国サイエンスパーク協会のメンバーとなっているサイエンスパークである。このうちバーミンガムの中心部にあるアストンサイエンスパークはバーミンガム市の協力でアストン大学（1895年設立、工業系応用科学が特徴）が1983年に建設し、EU地域政策の機関BIC及び関連施設を中心におき、またVenture Unitインキュベーション施設を設けてイノベーティヴな新企業創業を積極的に推進するとともに、のべ35万平方フィートの事業スペースを提供しており、AWMのオフィス建物もこのなかに所在している。UKSPAの本部もある。サイエンスパーク自体には約100社が立地する[*45]。

　アストンサイエンスパークに隣接して、2000年にはMillennium Pointビルディングが建てられた。これは空き工場用地を利用し、WMESに基づく科学教育推進と地域学習のために設けられた大規模な公開施設で、「国営宝くじ」（National Lottery）の収益分配金があてられている。内部には3-D・I-Maxシアターや科学体験施設などのほかに、オフィススペースもあり、バーミンガム市のクリエイティブ／メディア産業支援のための施設Birmingham Interactionsも入居している。また、バーミンガム市内の第3の大学、UCEセントラルイングランド大学（元バーミンガムシティポリテクニック）のIT、コンピュータ、メディア教育研究のためのテクノロジーイノベーションセンターもおかれている。UCEは技能分野の教育の伝統とともに、各学部自体をカンパニー化し、産学連携、事業化推進や地域学習、生涯学習に熱心な大学として知られており、アストン大学とともにバーミンガム市中心部の有力な

知的インフラを形成している。

バーミンガム市郊外に広大なキャンパスを持つバーミンガム大学は、1900年創立で学生総数2万人、研究スタッフ約2千人を擁する、この地域を代表する総合大学であるが、リサーチパークの設置に加え、1986年設立のBRDLバーミンガム研究開発会社を持つなど、研究成果の事業化や移転にも積極的に乗り出し、また民間企業との連携やコンサルティングにも力を入れている。BRDLには約20人のスタッフが従事しており、学内のRESリサーチ・エンタープライズサービス、また起業家教育を行うビジネススクール内のアントレプレナーシップセンターと協力し、知的財産のライセンシングや民間からの研究委託、事業化への開発とコンサルティングなどを実施している。これにより年間に400万ポンドの収入を得、多くの特許を提供するとともに、これまでに37社のスピンアウトを実現してきている。またウォリック大学のウォリックベンチャーと共同でマーシアファンド (Mercia Fund) を1999年に設立し、大学からのスピンアウト企業への資金供給を行っている (Mercia はイングランド中部古王国の名称である) (University of Birmingham 2003)[*46]。さらに、バーミンガム大学の公共政策学部がRISの実施に伴うRICO地域イノベーション・競争力調査所 (Regional Innovation and Competitiveness Observatory) の設置を引き受け、AWMと連携してRIS及びWMESの進展状況をモニターし、プロジェクト実施を支援する機能を担っている。

さらにコベントリー市中心に位置するコベントリー大学は、歴史の古い専門学校が合同して1970年に設立されたランチェスターポリテクニックが前身であるが、元来から産業都市の大学という性格が濃く、特に自動車産業との結びつきが深い。ここにあってはコベントリー市との連携でテクノロジーパークを建設するにあたり、CUE Ltd. コベントリー大学株式会社 (Coventry University Enterprise Ltd.) を1992年に設立した。CUE Ltd. は当初からテクノロジーパークの運営のみならず多様な事業活動を展開し、コンサルティング、委託研究、事業化、貿易事業、社会教育・企業内教育、起業家育成、インキュベーション (パーク内の施設におかれたテクノセンターはBICに位置づけ

第 9 章　地域再生と地域イノベーション戦略の意義

られている)、さらにはイベントマネジメントや会議場貸出など実に多岐にわたっている。その相手としては、「BT、ジャガーから零細企業まで」、あらゆるサービスと大学との連携機会を提供しているのである。これに伴いEUや政府、RDAレベルなどのさまざまな施策の担当機関を CUE Ltd. は引き受け、多額の予算を動かし、総勢120人を擁する大組織となっている。代表的には2003年に発足した欧州規模のSAIL産学連携強化プロジェクトネットワーク[*47]の担当受託機関となり、さまざまなイベントやツアーを実施してきている。CUE Ltd. はこれらの事業によって大学に毎年度250万ポンドの収入を貢献している。

　Coventry University Enterprise Ltd (2004) によれば、CUE Ltd. の活動から起業した例は200社以上にのぼると報告されており、なかでもコベントリー大学の2人の学生が考案した新しい家庭用煙探知機ファイアエンジェルは同社の支援で事業化に成功し、市場に受け入れられ、新企業 Sprue Aegis 社として急成長を遂げている。このサクセスストーリーはウェストミッドランズの注目の的となっている。その一方でコベントリー大学としては、自動車工業や機械金属工業などへのかかわりを重視していく必要もある。そのために、新デザインや新素材・新技術の応用を研究開発する部門を強化してきている。また、地域の特性を考慮し、女性や少数民族の起業支援に系統的に取り組んでいる。

　大学の対外的な活動は産学連携や事業化、起業支援などにとどまらない。バーミンガム大学において特徴的なのは、研究、教育、事業化と並んで地域連携が主要なミッションとなっていることである。同大学のビジョン第2項は「本学は自らのスキルと知識を用い、その国際的名声を生かして、社会的文化的安寧を推進し、また経済成長と再生化を支援することにより、バーミンガムとウエストミッドランズに奉仕する」(University of Birmingham 2002) と記し、地域貢献をきわめて重視している。この見地に基づき、前記のRESに地域連携の部門を置き、コミュニティプログラムをたて、学生の地域内ボランティア活動支援から、地域での教育・学習活動、さらに地域問題への研究

プロジェクト実施や地域連携での問題解決調査・立案・実施などにわたり積極的に対処している。先のRICOの設置、クラスタープロジェクトへの主導的な参加もそうした大学の政策の一環でもある。以下で見る Castle Vale での都市再生・居住環境整備の事業への関与は典型的な地域連携活動と見なされている。

　このような大学の姿勢の理由には、地域連携活動がEUの構造基金、特に社会基金の補助金交付につながるものが多く、政府の支援も含め、大学の収入源であることも否定できない。それのみならず、同大学の創立者が地元の企業家であり、長年にわたって地域密着的な姿勢を特徴としてきたこと、近年の域内人口の多様化を大学のあり方に反映していく必要が高まっていることもある。

4　バーミンガムにおける都市再生とローカルパートナーシップ、コミュニティ運動

　バーミンガム市をはじめ、英国の多くの大都市は産業の衰退や失業者の増加のみならず、多くの問題を抱えてきた。特に都心周辺部のインナーシティが深刻な状況にあったことは、Home (1982) などおおかたの指摘するところである。高所得者や中産層は郊外に出、インナーシティには低所得者らが取り残され、彼らの直面する経済問題と生活問題が複合的な作用を生み、また住環境や住宅の維持改善がなされず、加速度的に環境の悪化が進む。貧困と犯罪、生活環境悪化と治安の悪化が相乗作用となり、ますます人の近づこうとしない、スラム化した荒廃地域が生じるのである。こうした事態を単なる失業問題や貧困問題、生活福祉問題、治安問題としてではなく、総体的な社会問題ととらえ、総合的な政策の実施を求める主張は70年代から各地で高まっていた。インナーシティなどに取り残され、社会的文化的な機会と一般的な生活様式から切り離され、自ら生活と環境を改善していく機会と能力を奪われたひとびとは、「剥奪」deprivation[*48]にさらされている (Hall 1981) として、その状態を幅広い客観的指標でとらえる方法がその後一般化してきた。

さらに90年代以降は、M. フーコーの表現を借り、「社会的排除（疎外）」social exclusion という位置づけを行い、この状況を変えて「社会的統合」social inclusion の実現をめざすことが、とりわけブレア政権の政策の大きな目標とされ[*49]、政府にも Social Exclusion Unit が設けられるに至っている。これが都市問題等への対応においても、上記のように頻発される概念となっているのである。

「社会的統合」への理念的根拠はどうあれ、こうした概念は都市問題・地域問題対策の現場においては、諸政策の横断的な連携、総合的な政策の実施、さらには単なる政策の恩恵の受益者ではなく、コミュニティの復権に基づく住民自身の主体的な参加と公共空間を支える活動展開をつよく意識したものとなっている。もちろんこれには、保守党政権時代以来の民営化、民間資本参加と行政効率化の流れもからんでいる。

もとより都市における「権力」の所在と問題解決のあり方、そこにおける主体・権限・財源・計画と決定権・ガバナンス・効果と評価といった主題は普遍的な性格を持っている。そして、受容者受益者としての個々の住民から、住民及びコミュニティの形成と集団的参加・主体的役割発揮を通じ、真の「自治」を再現していくことは、立場の如何を問わず、迫られている課題でもあろう。そして今日には、都市問題や地域問題の様相が非常に複雑となっていること、中央政府・地方自治体の関係を含め[*50]、地域に対する行政責任・権限と、地域の再開発・空間利用、住民の就業や生活とのかかわり・意思決定の問題自体が多義的かつ輻輳的になっていることも否定できない。市場経済のもとでは、地域を支える主要な経済活動も、（その責任と権限のかたちはどうあれ）地域の生活基盤と居住環境の改善を行う事業も、民間の大小の企業の手で担われていることも事実であり、これらとのかかわりを避けて実行できる政策も戦略も乏しい。まして、民族的社会階層的にも複雑な構成をはらんでいるバーミンガム市のような都市にあっては、「連携」と「統合」は当初からきわめて魅力あるコンセプトであったと見ることも可能であろう。

1978年にインナーエリア法が制定され、インナーシティ問題への取り組み

が本格化するなかで、バーミンガムではインナーシティパートナーシッププログラムがスタートし、政府補助金やEC構造基金を得て経済開発と住宅改善、環境改善、治安向上、交通網改善を進めてきた。その過程においては、保守党政権の意向もあって、都市開発全般に対し民間デベロッパーやコンサルタントの参加が進められたことも見逃せない(Young & Mason 1983)。1988年にはバーミンガム市と民間デベロッパーのコンソーシアムとしてのHeartlands 社が設立されている(Middleton 1991)。そしてブレア政権下でのローカルパートナーシップ推進の方向は、自治体レベルでの公私連携を加速することになった。しかしまた、市場第一、民間資本主体の流れは、都市の空間としての総合的統一的な再生を妨げているという反省も生じ、90年代はじめには「都市再生単一予算」の制定、City Challenge といった自治体主導の総合的なイニシアティブと計画的実施が図られるようになった(Smith & Beazley 2000)。ここであらためて、「パートナーシップ」の語がクローズアップされたのである。

1990年代にはウェストミッドランズに「ルネッサンス」がおこった(Chapman et al. 2000)。1990年の都市・農村計画法、1991年の計画と補償法により、自治体の計画主体の開発が推進されることになった。中央政府もM5、M6自動車道路沿いの都市部再開発のためのインフラ投資を行った。またバーミンガム市は「中心戦略」を立案、市中心部の再開発への重点的な取り組みの立場を鮮明にした。80年代から建設されたシンフォニーホールや国際会議場、国立屋内アリーナなどの施設に関連し、都心の New Street などのショッピングストリートやビクトリア広場、Bull Ring ショッピングセンターなど、さらに Broad Street や Brindleyplace のオフィスコンプレックス建設、Mailbox ショッピングセンター、運河沿いのウォーターフロント再開発など、都心部の空間の発展が顕著に進んだ。中心部を城壁のように囲んだリングロードを崩していったことも特筆される。

こうした建設と開発は、市の計画と主導のもとで、国、EUの補助金や事業展開、さらには民間資本の投資に支えられ、多数のオフィスビルやショッ

第9章　地域再生と地域イノベーション戦略の意義

ピングセンター、高級マンション群などに街は姿を変えている。その流れは21世紀に入って市の東部の再開発に向かっており、先のMillennium Pointビルをはじめ、新たな事業対象が旧工場地帯などに広がっている。いまや中心から周辺へと、都市再生の戦略の流れは定まった観がある。

　このような流れは、単に偶然の産物ではない[*51]。バーミンガム市の求めるところとして、「市中心部の拡大と再開発は、域外からの地域経済への所得の流入を導く、専門サービス、観光、レジャー、ホスピタリティ産業などへの持続可能な転換へのインフラを築くものなのである」(Birmingham City Council et al. 2003: p.5)と位置づけられるのである。第二次産業の衰退、雇用の減少下には、こうした方向こそが今後の雇用拡大の道であるとされる。商業施設の拡大、そしてハイテクコリドー沿いの新産業や医療サービスの発展が、中心部に空間的にリンクする都市の未来像として描かれる。

　バーミンガム市はさらにWMESにあわせて市としての経済戦略を立案している(Birmingham Economic Development Partnership 2004)。これは「製造業は依然重要である」と位置づけながらも、EUの東方拡大という状況を考慮し、またサービス経済化の流れに合わせて産業構造を適応させ、必要な労働力の教育と訓練を進め、同時に交通、住宅などの生活インフラの改善を進めていくという見地に立っている[*52]。そして、「開発と投資」(計画化と雇用の視点を重視、地域別の特徴づけと地域経済戦略対応を取り込む)、「熟練労働力の形成」(バーミンガム経済の競争力を高め、雇用機会を拡大していく基盤づくり)、「企業の発展と事業転換の推進」(経済の転換期のなかで、次の知識主導経済下に発展していける企業をめざし、イノベーションとクリエイティビティの推進、事業基盤の近代化、また専門サービスや公的部門誘致をめざし、オフィススペースやビジネスパークづくりを推進)といった柱を掲げている。

　もちろんバーミンガム市などもインナーシティ問題と住宅地問題を含めた都市再生を忘れたわけではない。市の新経済戦略にあっても、「持続可能なコミュニティと繁栄する近隣関係をつくる」ということが第4の柱になっている。市の戦略が都心部で成果をあげているので、これを周辺の不利地域に

広げていくという考え方である。その場合重要なことは、市行政などが全面的にコミットしていくのではなく、「Going local」の方針に基づき、決定権も諸事業の実施主体も各地域にゆだねていく、また地域での学習とスキル形成と連携し、地域での民間企業参加を広げていくという方針である。それが地域での雇用機会の拡大と経済活性化にもつながるとするのである。実際に、バーミンガム市の各選挙区ごとに協議会をつくり、住民参加とともに選出市議などを中心にした意思決定を図るという分権化策が進みつつある。100万都市バーミンガムはあまりに巨大すぎるという現実への対処でもある。

　こうしたなかで、都市再生における住民コミュニティの参加・主体形成による成功例が注目を集めている[*53]。

　バーミンガム市郊外、Castle Vale は1960年代に建てられた公営住宅団地で、2.5平方キロの土地に高層住宅を中心に4,500戸がたち、人口11,000人の規模であった。しかしほかの地域でも多々見られたように、80年代には建物の老朽化の進行とともに、貧困地域化、治安の悪化が進み、ウェストミッドランズでも屈指の問題地域化してしまった。一時は夜になるとタクシー運転手がこの地に行くことを拒否すると言われたほどである。

　この地域をめぐって、住民・バーミンガム市当局・政府の協議により、1988年住宅法による対策が検討され、93年の住民投票で Housing Action Trust 住宅行動財団設置への圧倒的賛成が得られ、Castle Vale Housing Action Trust (CVHAT)が設立され、1994年にはCVHATへの所有権移管が実行された（HATはNDPB (non department public body)で公的セクターに位置づけられ、現在は副首相府に属している）。これに基づき、1996年に政府が2億5百万ポンドの補助金交付と2005年までのCVHAT存続保障を行い、残りを民間資金融資として、住宅の全面改築と再開発がはじまり、2002年には完了した。現在の所有権は半数近くがCVHATに、20％近くがCVHATと連携したRSL社会的所有者組織に属している（Collins 2003）。このほか少数の戸が、サッチャー時代の公営住宅払い下げにより所有権を買い取った居住者に属している。

第9章　地域再生と地域イノベーション戦略の意義

　これと並行し、1994年には住民自らがかかわる管理組織として、住民・HAT・各住宅協会から構成される Castle Vale Community Housing Association（CVCHA）の設置が合意され、97年にCVCHAが正式発足した。CVCHAは居住者組織と連携する存在で、その理事15人中8人は住民中から選ばれるとされている。CVCHAは独自の「住民参加戦略」を持ち、約40人が勤務して多様な活動を展開、市当局、警察、福祉、教育団体などと協力し、生活の質の向上、生活環境改善、福祉や教育活動等に努めている。このCVCHA及びその他の機関・団体にCVHATの業務が逐次移管され、CVHAT自体は2005年に解散することになっている。そしてCVHATの解散を前に、住宅の所有権をいずこに移すかの居住者選択権が2003年に行使され、バーミンガム市への返還を望むごく少数以外は圧倒的多数がCVCHAを選んだ。つまり2005年からはCVCHAが団地を所有する主な主体となり、住民が文字通り主人公であり運営主体ともなっていくのである。

　移管先のうち、住宅団地全般の運営方針を定めるための意思決定機関として Neighbourhood Management in Caslte Vale（NMCV）が2003年に設立された。これはブレア政権の「近隣再生戦略」のパイロットイニシアティブで、住民代表、バーミンガム市、CVHAT、CVCHAのほか、バーミンガム・ソリハルLSC、Castle Vale Community Care Partnership、East Birmingham Primary Care Trust、The Merlin Venture、そしてウェストミッドランズ警察が参加している。Merlin Venture はCVHATの支援でつくられた一種のNPO社会的企業で、住民向けサービスの提供にあたり、託児所や造園、内装工事、職業紹介、監視カメラ運営、バスサービス運営などを行っている。このほか、環境、介護など各活動を担う機関が設立されており、住民参加によって地域全般の活動が担われる体制が整備されてきている。

　こうした新しい地域再生の試みにより Castle Vale は一変し、いまやウェストミッドランズでも屈指の人気住宅地に変貌し、周辺には民間デベロッパーが進出して住宅開発を続々進めている状況である。当地の中学校はかつては生徒数の減少で余ったスペースをCVHATのオフィスに貸し出す状態であっ

たが、いまや入学にウェイティングリストができるほどになっている。新たにつくられた中央公園は、住民参加の表れとして幼児から若者、老人までのニーズにこたえるそれぞれの空間を整備し、地域再生のシンボルとなっている。

　このように住民参加で大きな発展を遂げたCastle Valeであるが、問題もある。CVCHAに属する住宅に住む住民たちはきめ細かいサービスの対象となっているが、持ち家化した住民たちはかえってこれに取り残される状況になっている（住民代表組織は Castle Vale Tenants and Residents Alliance という両者の連合組織になっているが）。住民の高齢化が今後急速に進むので、地域介護体制の整備が喫緊の課題である。再開発時につくられたショッピングセンターに大手スーパー Sainsbury が入居し[*54]、業績好調であるものの、中小商店の存在は無視されている。この地域でも犯罪等の問題は避けがたく、治安の維持が大きな課題になっている、等である。治安についてもコミュニティとしての連帯と責任分担が不可欠でもあり、Community Warden 地域警備員制が導入される一方で、若者の社会参加を進める取り組みも行われている。

　Castle Vale の成功例は英国内でも例外的とも言われる。経済回復の時期に再開発が遂行され、政府の巨額の援助があり、住民の負担がなかったこと、Jaguar 工場など近隣に事業所も多く、就業機会が多いこと、なによりも住宅価格全般の上昇が続き、誰もが良好な住環境と建物建設整備に関心大であることが作用している。また、この地域再生にはバーミンガム大学のスタッフが長期間参加し、助言をしてくるとともに、大学のサテライト教室を置き、授業も実施している。大学と地域の連携が目に見えるかたちで進んでいる好例でもある。

　バーミンガムやウェストミッドランズでは、住民参加・コミュニティ主体での都市再生や居住環境の整備、地域福祉や中心市街地活性化の実例が多々現れている。コベントリー市でのタウンマネジメント（横森 2001）、ボランタリー組織を結集したネットワークコンソーシアムが地域の住民のためのサービスを多方面にわたり支えているウォルバーハンプトン市の例などであ

第9章　地域再生と地域イノベーション戦略の意義

る（市民参加型福祉日英交流プログラム 1999）。後者のかたちにあっては、中央政府とボランタリーコミュニティセクターとが直接に契約を交わし、支援を与えていくというCOMPACTをブレア政権が打ち出したことにより、活動が広がっているという。かくして「コミュニティ」「参加と統合」「パートナーシップ」といったコンセプトは、ウェストミッドランズやバーミンガムはじめ、至るところでの「流行語」ないしは「マジックワード」となっている観がある。

6. 結び

　これらの各地域・都市での産業振興と新産業創造、地域問題への対処と都市再生、社会的課題解決への取り組みが顕著な成果をあげてきていることは確かである。20年前と比べて見れば、経済成長や雇用状況、都市インフラや生活環境などの指標が改善されているだけではなく、目に見えるかたちで、グラスゴーやバーミンガムの都市の外観自体も一変してきている。少なくとも、かつての衰退する工業都市の面影はいずれの中心部を見てももはやなく、相次いでオープンするモダンなショッピングセンター、建ち並ぶオフィスビル、華やかになった目抜き通りといったものが目立つ。しかし、その外周部には依然として、老朽化した住宅地や空き店舗だらけの表通り、ショッピングセンターなども見受けられる。

　グラスゴーの産業・就業構成では、農業や一次産業の従業員数はわずかとなっているのに対し、製造業が3万人、建設業が2万人、運輸通信業が2万2千人、流通・ホテル・ケータリング業が7万3千人、金融・ビジネスサービス業が8万8千人と、サービス経済化は著しい。かつて7万人を超えていた製造業従業員数は4年間で2千人以上減少し、金融・ビジネスサービス業では1万9千人以上増加している。その結果、グラスゴーの雇用は10年間で約4万人、10.6％増加した。グラスゴー経済の産出額への貢献から言えば、製造業は10.9％にとどまるが、そのうち機械金属系及び化学系工業は依然約半

数を占めている。一方で金融・ビジネスサービスは29.8％を占め、いまやグラスゴー経済の主な担い手になっている。流通・ホテル・ケータリングは13.1％にとどまる（Glasgow City Council & Scottish Enterprise Glasgow 2003）。

バーミンガム（ソリハルを含む）においても事態は同様であり、2001年の製造業従業者は9万9千人であるが、建設業が2万1千人、流通・ケータリング業が11万4千人、金融・ビジネスサービス業は12万3千人に達している。バーミンガムの特徴としてこのほかに公務関係が14万2千人存在する。図9-3のように、10年間で製造業は26％、3万5千人減り、金融・サービス業は37.7％、3万4千人増加した（Birmingham City Council et al. 2003）。

90年代後半の英国経済の好調も反映し、グラスゴー経済の年成長率は98-2001年の間の平均で3.6％を記録した。とりわけ金融・ビジネスサービス業は12.0％もの成長を遂げている。製造業全体ではマイナス成長であり、建設業もそうである。運輸通信業、流通・ホテル・ケータリング業はいずれも3％台の成長を記録している[*55]。それによって、産業構造の大きな変化と経済成長、雇用状況の改善がもたらされ、グラスゴーの失業率は2003年には7％台にまで下がった。バーミンガムの場合、2003年の失業率は求職者基準で7.9％で、10年前に比べて半分以下になっているものの、全英平均は上回っている。

もちろんいまだ両地域の失業率は高く、グラスゴーでもスコットランド平均値を上回っている。長期失業者や無資格の青年層の大量滞留、衰退しスラム化する地域、社会福祉給付依存、社会的排除といった問題状況は広く見られるし、グラスゴーの地域と社会は二極化しつつあるとも言われる。またバーミンガムの場合は、インナーシティエリアの失業者数の多さ、エスニックマイノリティ、特にパキスタン・バングラデシュ系での失業問題が依然重大である。これには教育レベルの問題もからんでいる。そうした意味では、上向きな経済が支えてきた変化は、重厚長大産業型、古典的熟練「労働者型」であった地域の文化的風土に、知識主導経済、イノベーションと起業家精神の文化革命が起こりつつあるとされる[*56]ところにとどまっており、すべての人々、すべての地域に及んでいるとも言い難いのである。また、専門サー

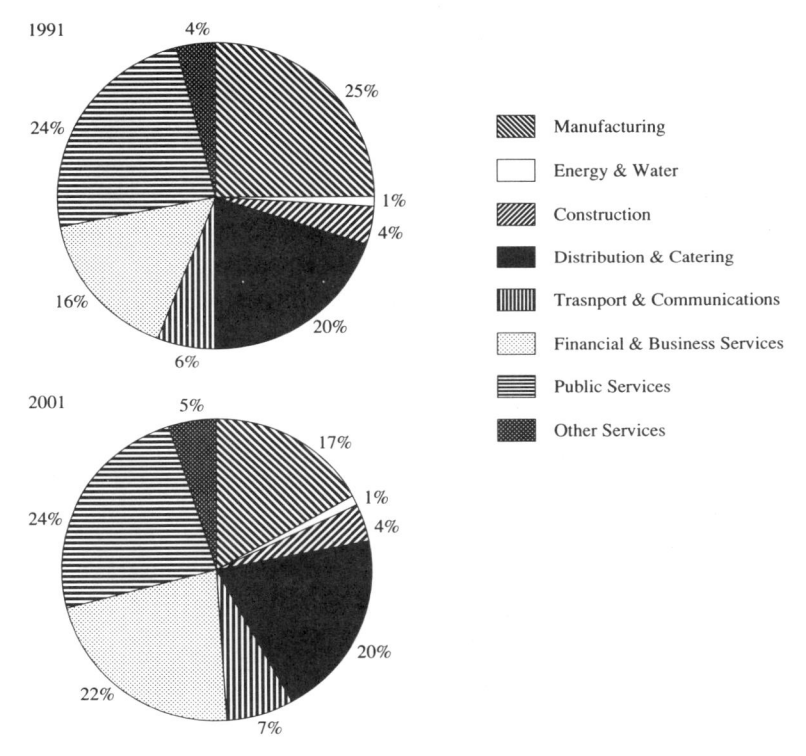

第 9 章 　地域再生と地域イノベーション戦略の意義

図9-3 　バーミンガム及びソリハルの産業別就業構成の変化　1991-2001

1991
- 25%
- 1%
- 4%
- 20%
- 6%
- 16%
- 24%
- 4%

2001
- 17%
- 1%
- 4%
- 20%
- 7%
- 22%
- 24%
- 5%

凡例：
- Manufacturing
- Energy & Water
- Construction
- Distribution & Catering
- Trasnport & Communications
- Financial & Business Services
- Public Services
- Other Services

出所：*Birmingham and Solihull Economic Review 2003/4*, 2004.

ビス業等の成長と雇用拡大が両都市に大きなインパクトと波及効果をもたらしているが、それは両都市が地方中核都市であることに加え、英国経済の著しい金融・サービス依存化の副産物であることも否定できない。これに対し、ハイテクやメディア・文化産業を重視しようとも、地域経済を支えられるような産業クラスター形成展開には相当の時間もかかると思われるだけに、手放しの楽観も許されるわけではない。一方で成長めざましかったICT、ソフト系の企業群も、21世紀に入り米国の景気後退の影響を受けて、翳りが生じた。そして進展があればこそ、なによりも地域間階層間の不均等状況も顕著

になるのであり、地域問題・雇用問題・教育問題などと連携した総合的な政策の必要性はいっそう際だってきている*57。

　このように、英国における事態は効果的な政策実施や住民参加の成果と断言するには早すぎるような、多くの矛盾や弱点を伴っていることも否定できない。それでもなお、以下のようなことを教訓として導けるだろう。

　a）知識主導型経済を前提とした、RIS地域イノベーション戦略から「クラスター」政策への展開と傾倒が顕著に進んでおり、各地での地域産業戦略実践が多々見られる。

　b）SEやRDAのような強力な主体・中核機関の存在と財源・権限の集中が功を奏している。ただしそれは決して独走ではなく、自治体等との密接な連携と共同作業のもとで進んでいる。

　c）地域の諸方面との連携・パートナーシップの発揮があらゆる面で重視されている。ただしその位置づけはあまりに多義的でもあり*58、万能の特効薬のように扱われていることは問題もある。

　d）地域・産業・企業・雇用・教育・生活・福祉などにわたる総合的横断的な経済戦略提起が特徴で、決して狭い意味での産業振興や経済活性化のみのとりくみではない。元来地域政策のなかから展開されたRISの性格を反映しており、具体的な政策・プロジェクト立案と推進が諸方面にわたって進んでいる。

　e）各戦略設定やプロジェクトにおいても、「科学主導」やハイテクに限定されない幅広い戦略産業がとりあげられ、また既存産業への配慮も多い。ウェストミッドランズの場合など、ハイテクコリドーと区別されるビジネスクラスターはむしろ既存産業の活性化策であると見た方がよい。そこに新たな知識と技術を投入し、ステップアップと活性化を図っていくのがRISの考え方であるとも言える。ただし、ここに見た各地域では製造業の将来への現実的な期待は実際には乏しく、知識創造型のメディア・文化産業や情報産業、さらにビジネスサービス等への傾斜がつよい。

第9章　地域再生と地域イノベーション戦略の意義

　f）大学等の積極活用がとりくまれ、起業インフラ整備とともに教育と研究・事業化の連携と十分な経験蓄積が多年に及んでいる。そこからのスピンアウト企業も多々ある。

　g）「社会的排除」などの地域問題・社会問題と地域開発政策との連携・一体的とりくみが広まっている。そこでは経済・社会・環境・文化といった諸要素にかかわる課題を総合的にとりあげてきている。

　h）わけても「学習地域」の視点が重視され、教育とスキル形成・人材育成、人的資本重視という姿勢が共通のものになっている。それは経済戦略とともに地域の社会問題や雇用問題改善の鍵でもあり、コミュニティの活性化と分権化を担う住民主体の形成にもつながる。

　i）大学や教育機関が地域との連携を重視し、「地域学習」や都市再生への支援を具体的に展開してきている。

　その一方では、以下のような限界なり困難なりも見いだされる。

　j）大学からの起業等にあっては、企業経営の専門性があらためて求められ、研究者とは別の「専門家」としての企業家、ひいてはこれを供給できる企業家インフラが必要になっている。

　k）クラスタープロジェクト等を支える中小企業の参加、企業間連携が顕著に進んでいるとは言い難い。英国等ではそうした経験があまりに乏しいのかも知れない。

　l）研究開発や事業化のための資金不足、ハイテク企業の金融難が各地で指摘されながら（DG Regional Policy European Commission 2002; European Commission 2002）、EUや中央政府の予算、補助金の投入が重視され、あるいは民間デベロッパーや大手企業の投資誘導が依然重要な存在であり、地域の金融メカニズムが位置づけられていない。中小企業向けの資金供給メカニズムを支えるべき中小企業政策との連携もはっきりしていない。他方ではグラスゴーでの大学発企業の成長等に関し、民間ベンチャーキャピタルの積極的な関与も見られる。

m) 地域問題、生活環境改善や生活の質向上は、地域学習や技能形成、知識創造と雇用機会拡大の面では連関しているが、直接的短期的には経済戦略の全般的なスタンスや重点、優先順位との矛盾も生じうる。そのへんをどう解決し、住民個々や各コミュニティの要求と整合させていくのか、必ずしも明確ではない。自治体とRDAなどとのパートナーシップや分権化策だけでコンセンサスを得ていけるのか、はっきりはしていない。

n ）現在の「都市の再生」も、しょせんは世界的な資本の流動化を軸としたグローバリゼーションの進行とそれに伴う英国などの「金利生活者国家」化、寄生的なサービス経済化の副産物[*59]ではないかという疑念がぬぐえない。現実にも、バーミンガムなどの都心再開発の進展には、デベロッパー不動産資本の流入のみならず、たぶんに投機的な資金の流入に支えられており、「英国版バブルではないか」という危惧の声が広く聞かれる。それと裏腹に、引き続くポンド高と金利高は製造業などの輸出競争力を限界的なまでに削いでいる。Castle Vale の住宅地再生も、住宅価値の高騰への住民の期待あってこそ可能になっている面がある。

これに対し日本では、知識主導社会化と東アジア規模経済圏の実質化を展望しながらも、やはり「ものづくり」を基盤とする産業再生と活性化、発展方向を重視する必要があるだろう。そうした意味での技術技能の蓄積、企業間分業と連携システムの経験には依然多大なものがある。経産省や文科省の産業クラスター政策などに見られるように「ハイテク」のみに傾斜する必要もない[*60]。「イノベーション」の意義は本来幅広い。また、地域社会の衰退に対するコミュニティの活性化と人的能力の発揮、「学習地域」機能の回復の必要は日本においてこそ高いものの、多くの大学・教育機関や研究機関、公設試験研究場などの存在が本来大きなポテンシャルを持っている。「仲介機関」としての公設試や自治体関連の産業振興機関などの役割は再評価される必要がある。また、地域金融機関の多年にわたる地域経済とのかかわりがあり、「リレーションシップバンキング」再評価の機運のもとに地域の産業再生

第9章　地域再生と地域イノベーション戦略の意義

や今後の新産業創造、クラスター活性化への貢献の体制を築いてきていることも見落とせない（三井 2003; 2004b; 2004c; 2005b）。域内でのヒト・モノに限らず、カネの循環を積極的に推進できる基盤のあることはもっと重視されてよい。しかしまた、政策面行政面での縦割りや縄張りを超え、地方分権をすすめ、地域政策・産業政策・企業政策・教育政策・雇用労働政策などの総合的計画的戦略的な推進、幅広い課題を包括する地域戦略づくり、諸方面及び住民参加でのパートナーシップ推進などは今後欠かせない視点でもある。そこに欧州や英国での経験の日本への教訓と示唆がある。

◉注

*1　Porter（1998）。なお、「クラスター論」の性格とこれに基づく我が国での政策展開動向に関しては、三井（2002b）。

*2　内閣府国民生活局編（2003）等も参照。

*3　Malmberg & Maskell（1997）や、Maskell（2001）など。

*4　これは高橋美樹氏の述べる「ロックイン」の打破の必要の主張とも共通する。高橋（1997; 2000）。しかし、個別企業の動員活用できる経営資源の範囲や組織の「慣性」の問題と、地域という場における企業や個々人という経済主体の活動への「制約」という理解は、本来整合的ではないことも否定できない。「地域」に「ロックイン」があるのか、本来的に問われるところである。

*5　コークはさらに、理念としてのRISと現実との乖離を指摘し、ガバナンスとしてのグラスルーツRIS、ネットワークRIS、「管理された」（dirigiste）RIS、という三区分を挙げ、またビジネスイノベーションとしての「地域主義的」（localist）RIS、「双方向的」RIS、「グローバル化された」RISという三区分を挙げる。言い換えれば、実は地域イノベーションシステムというものを一義的に性格づけることが困難であるということになろう。産業のローカリティとコミュニティの復権を展望し、また欧州委員会第12総局の依頼で、欧州各地での地域イノベーションシステムの比較調査（REGISプロジェクト）を担当したコークにして、このような総括が導かれるのである。アシェムも多様な理解と議論の混在を認めている。Acs（2000: Section 5）、Asheim et al.（2003: pp.40-46）。

*6　EU政策における地域政策・産業政策・(中小)企業政策の関連の深まりについては、三井(2005b; 2000b; 2001; 2002a)。EUの地域政策と中小企業の関係の深さについて詳しくは、三浦(2001)。
*7　もちろん地域イノベーション戦略と地域イノベーションシステムは同義ではない。しかし後述のように、前者は後者の形成と効果の発揮のための戦略的・政策的アプローチと見なされているのである。
*8　地域政策の改革について詳しくは、辻(2003)。
*9　RISに先行して、ウェールズ、リンブルフ、ロレーヌなど8カ所でのRTP地域技術計画が1994年に実施されている。*Newsletter*, 09-97, 1997.
*10　DG Regional Policy European Commission(2002)。RIS＋は正確には Regional Innovation Strategy implementation phase のことで、RISの立案をさらに進め、実施段階を支援する施策となるが、すべてのRISがRIS＋に移行したわけではない。現在はRIS立案へのEU構造基金からの支援は基本的に終了している。
*11　RISの立案のなかでも重要な役割を期待されているのが1984年から設けられた各地のBIC(Business Innovation Centre)である。BICはEU地域政策の援助地域を対象として、ERDFを財源にDGXVI地域政策担当第16総局(現在は DG Regio 地域政策総局)のもとに設置された。公私連携を特徴とし、今日では加盟国以外も含めて約150のセンターがあり、EBNネットワークを形成している。事業の目的としては、起業家発掘、新事業支援、新技術普及、研究開発事業参加推進をかかげているが、現実には創業支援機関の色彩が濃い存在であり、独自の金融なども担っている(European Commission 2001b)．なお、創業支援機関としての活発な活動はアイルランド共和国ダブリンやシャノンなどで特徴的である。88年に設立されたダブリンのBICはEU及び政府の支援で都市部での「内発企業」創業を推進する役割を担い、独自のベンチャーファンドやインキュベーション施設も持ち、年間20件ほどの新企業を育てている。特に生存率の向上を重視し、多くの起業希望者をふるいにかけ、確実なものを選んでいくとともに、徹底した事業計画の練り上げ、総合的な起業家教育を進めている。また、近年は大学や教育機関、自治体との連携を重視し、研究開発成果の事業化にも対応してきている。一方シャノンのBIC(イノベーションセンター)はサイエンスパークに立地していることもあって、成長可能性のあるハイテク型の事業化を重視し、これをHPSUハイポテンシャルスタートアップと位置づけている。これらに対し、「ベンチャーデベロップメ

第9章　地域再生と地域イノベーション戦略の意義

　　　ントプロセス」と称する、施設、資金を含む総合的段階的な支援を実施して、
　　　成果をあげてきている。詳しくは、中小企業総合事業団調査・国際部(2003)。
*12　European Commission(2002)、同邦訳では、pp.178-179。
*13　厳密に言えば、OECDやEUの諸施策にあってはポーターの直接の影響より
　　　も、M. J. エンライトや P. コークの記述の方が影響を示している。クラス
　　　ターの範囲や個別性確認の困難、他方でのクラスター政策のありようの多義
　　　性があるため、リンク性・相互依存性や生産的ネットワークの性格に重きを
　　　置いた位置づけをしている。OECD(1999)、European Commission(2002)、
　　　Enright(2003)、等。
　　　　さらにEU「白書」にあっては、ストーパーの議論を引用し、ポーター流の
　　　クラスター論に対し、相互信頼と産業的気風を重視する「産地」派(Asheimら)、
　　　企業間取引費用や柔軟な専門労働市場を重視する「カリフォルニア学派」
　　　(Scottら)、知識習得過程の地域固着性を重視する「北欧学派」(Lundvallや
　　　Johnsonら)を対置している。
*14　European Commission(2002)、同邦訳では pp.108-109。
*15　European Commission(2002)、同邦訳では p.139。
*16　Keeble & Wilkinson(2000)、European Commission(2002)。
*17　正確には、これらの機関は70年代から存在していた。
*18　LDDCはブレア政権下で廃止され、2000年のGLA大ロンドン市庁の設置に
　　　より、RDAの一つと位置づけられるLDAロンドン開発庁が新たに設けられた。
*19　そうした動向に関して詳しくは、三井(1995; 1999)参照。80年代からも
　　　「内発企業」の強化や「サプライヤベースの向上」をSEやWDAは掲げてきたが、
　　　それ自体が功を奏したものとは言い難い。
*20　ブレア政権は保守党の進めたPFI民間資金イニシアチブも継承し、さらに
　　　公共・民間諸部門の機能を組み合わせていくかたちで、PPP公民パートナー
　　　シップとして展開している。こうした動きに関連しては、90年代の世界的な
　　　NPM新行政経営の考え方の広まりが反映している。これはブレア政権の「第
　　　三の道」の重要な構成部分でもあるが、本稿ではこうした動向とその意味の
　　　考察までは対象にしえない。
*21　スコットランドでのSE、ウェールズでのWDAを別にして、1999年に新た
　　　に置かれた 8 つのRDAは、Advantage West Midlands、East of England
　　　Development Agency、East Midlands Development Agency、One North East、

North West Development Agency、South East England Development Agency、South West Regional Development Agency、Yorkshire Forward とそれぞれ名づけられている。

*22　SBSの設置はECからEUに進化した欧州連合の中小企業政策の展開、その理念的制度的統合化と普遍化の動き、とりわけ2000年の「欧州小企業憲章」が影響を及ぼしていることも間違いないが、他面で従来「労働者主義」的であった英国労働党の軌道修正、英国社会の多様化、サービス経済化を反映した「ニューレーバー」の流れを象徴するところがある。ブレア首相が多用し、またEUのスローガンにもなった「Think small first」の語は象徴的であり、SBSのキャッチフレーズとも理解されている。それとともに、戦後の米国の中小企業政策の経験を積極的に導入し、SBAの使命や機能を相当とりこんでいることも事実である。米国と同じ用語として、Small Business の名を用いたことも見逃せない（EUの公用概念は Small and Medium-sized Enterprise である）。

*23　SBSのもとには全国45カ所の地域事務所SBSLOが、民間フランチャイズ方式を導入して置かれた。

*24　英国の中小企業政策の展開過程については、三井（1991; 1999; 2004）、各参照。

*25　代金支払遅延問題と法的対応に関しては、三井（1996; 1999; 2000）。

*26　スコットランドでは Business Gateway、ウェールズでは Business Eve、北アイルランドでは Invest NI がそれぞれ Business Link に対応した存在となっている。

*27　以下の記述は、特記したもののほか、筆者が加わった中小企業総合事業団の2002年11月調査、ならびに科研費基盤研究（B）（1）による2003年9月調査（スコットランド）、委任経理金による2004年9月調査（ウェストミッドランズ）における各インタビューと現地訪問、資料収集に主に基づくものである。中小企業総合事業団調査・国際部（2003）、三井編（2004）、参照。

なお、これらの調査に際しては、以下の方々に大変お世話になった。東村誠司（現、三井住友銀行）、阪上哲（現、中小企業基盤整備機構）、北川文美（現、一橋大学）、Stephen Hall（CURS, University of Birmingham）の各氏である。

*28　Strathclyde European Partnershipでの説明（2002年11月）による。

*29　正確には、SDAは1975年法で設置されたのであり、1980年法で再編されたとすべきものである。Lever & Moore（1986: pp.107-8）。

第9章　地域再生と地域イノベーション戦略の意義

＊30　1993年までに433の外資系企業の工場が新規立地し、このうち4分の1は電子・電機系、ほぼ同数が機械系の業種とされる。出資元の構成では北米系企業が49％、残りは欧州系が主、日本など極東系も10％となる。Scottish Enterprise 資料による。

＊31　サイエンスセンターは、Millennium Project とEU地域開発基金の援助によって2000年に建設された、科学振興と教育、啓蒙、さらに研究機関等との連携をめざした総合学習と展示施設で、パシフィックキーに建てられ、クライド河畔のウォーターフロント再開発の一環でもある。下記のバーミンガムの Millennium Point も類似の施設である。

＊32　SEとしては、「クラスター」を顧客、サプライヤ、支援組織などとのネットワーク及び連携によって発揮される経済競争力の優位性と位置づけ、産業集積や研究集積、市場の将来性などから、競争優位をもたらしうる産業を検討している。Scottish Enterprise Glasgow の K. Kane 経済戦略パートナーシップ部門長の資料による（2002年11月）。

＊33　従来、SEは各地域ごとに分権化する傾向にあったが、スコットランド自治政府が発足し、「A smart, successful Scotland」といった経済プログラムのもとでSEを動かしていくのに伴い、地域支庁の再編と Scottish Enterprise National Network のもとへの統合の強化が図られた。

＊34　事例でも見るように、研究者は必ずしも企業経営にたけているとは限らず、外部の人材を経営トップに招く例も少なくない。大学としても外部の経営専門家の紹介や、場合によっては重役の推薦を行っている。

＊35　ただし、グラスゴー大学のR&Eオフィスは2003年に再編された。このように大学などのしくみや組織が頻繁に再編されたり廃止されたりするのは、英国の現在の問題点の1つとすべきだろう。

＊36　1980-3年の間だけで、この地方の雇用は16％も減少した。Hausner et al.（1987: p.220）。

＊37　ウェストミッドランズにおける産業衰退と自動車多国籍企業の関係について、小林（2003）、参照。

＊38　英国に工場進出した日本の自動車メーカーはいずれもウェストミッドランズを避け、日産はサンダーランド（北東部タインアンドウェア）、ホンダはスウィンドン（ウィルシャー）、トヨタはダービーシャー（イーストミッドランズ）といった、自動車工業の集積にかかわりの乏しい地域を選んでいる。

*39　WMRAは以前には West Midlands Regional Chamber（WMRC）と称していた。

*40　バーミンガム商工会議所は2001年にBusiness Linkと一体化している。

*41　なお、WMESはRISの延長上にあると位置づけられている。

*42　この準拠データには、3人以下規模企業も自営業も含まれていない欠陥があるとも指摘されている。

*43　AWMの「クラスター」の位置づけは、産業分類のみによるのではなく、また特定技術や最終製品にかかわる企業群に限らず、サプライチェーンリンケージや専門教育機関、金融、研究、職業訓練インフラなどに及ぶ、製造からサービスの多様な業種企業群の集合であり、地域内における企業同士のリンケージないし共同性と確認される。しかしこれが「ハイテク」と区別されたことは、WMES策定時とのズレを示して興味深い。

*44　ブレア政権は1999年5月に、「英国の持続可能な発展のための戦略」（A strategy for sustainable development for the United Kingdom）を発表し、経済発展と社会性・環境性の両立を重視する視点を打ち出した。

*45　Aston Science Parkの広報資料による。

*46　さらにこの2大学のほか7大学を加え、2001年にマーシア企業研究所が設立された。これは政府及びEUの支援による科学企業センターの1つで、企業家教育、技術移転、事業化モジュール開発、創業指導などを行う支援機関である。Mercia Insitute of Enterprise（2002）。

*47　SAILネットワークの前身のSAILプログラムは2001年に始まっている。SAILはEUの「イノベーションと中小企業の参加推進プログラム」に基づき、RISの考え方を用い、イノベーティブな地域間の連携と産学連携、情報・知識の移転普及を推進する目的を持ち、EU域外も含めて14の地域が参加している。SAIL（2003）。

*48　これはタウンゼンドの主張したrelative deprivation概念が原点となっている。Townsend（1979）、Wedderburn（1974）。

*49　「社会的統合」social inclusionを新たな目標とし、これに個人の自立を前提とした「機会の平等」と市民的参加の権利・義務、公共空間への参加という性格を与えて、従来の社会民主主義や社会主義理念と平等概念との決別、効率と公正という基準を示したのは、「ニューレイバー」ブレア政権のブレーンとなったA. ギデンスである。Giddens（1998）、Blair（1996）、Blair（1998）、樫原（2002）、深井（2002）。もちろんこの場合においても、ギデンスやブレアの

第9章　地域再生と地域イノベーション戦略の意義

手を離れ、「社会的排除」ないし「統合」の概念は世界中で一人歩きをし、時には人権擁護や少数民族問題、ホームレス支援などのスローガンになり、また福祉国家否定、競争と効率性擁護の根拠、さらにはセルビアコソボやイラクへの「侵攻」の理由にさえなっていることも見逃せない。しかし一般的には、deprivation の概念に social exclusion がいまやとってかわっていることも事実のようである。

*50　バーミンガム市においては、都市開発と再生をめぐり、その主体と権限のあり方がつねに問題となってきた。Webman(1982)。

*51　バーミンガム市の関係者らは、都心部の再開発に傾きすぎではないかという疑問に対しては、「従来の政策が都心を軽視しすぎていたのだ、都市中心という『街の顔』が変わっていくことは、衰退する工業都市というイメージを変え、地域の新イメージを売り込んでいくためにも重要だ」とこたえている。

*52　長年の夢であったバーミンガム Snow Hill Station とウルバーハンプトン間の都市型軽鉄道ミッドランドメトロラインが1999年に開通した。この鉄道を今後延長・新設していく計画である。

*53　以下、Castle Vale Community Housing Assocaition と現地での聞き取り、CVCHA理事の Ian Bingham 氏並びにバーミンガム大CURS講師 Mike Beazley 氏の説明による。

*54　住民たちは当初、Sainsbury の入居には反対であった。これは「自分たちには高級店すぎる」と感じたからだという。

*55　そうした産業構造の変化、グラスゴーなどの「文化都市化」を肯定的にとらえる主張もある。Williams(1997)、佐々木(2001)。

*56　2002年調査でのグラスゴーの訪問先で共通して語られた言葉。

*57　S.ホールは、「第三の道」自体の限界とともに、労働党政権の「近隣再生」やRDAをもってしても、世界的全国的な規模で生み出され、存在する不均等や格差、不利の問題を地域レベルのみで解決できるわけではないと、そのジレンマを指摘する。Hall(2003)。

*58　言いかえれば、パートナーシップのうちには、政府と地方自治体、あるいは政府機関であるRDAと自治体や地域の諸主体との関係、広域的な地域での各自治体等の間の関係、自治体等公的部門と民間部門との関係、とりわけ民間デベロッパーや建設業との関係、さらに自治体等と地域住民、あるいはコ

267

ミュニティ組織やボランタリー組織との関係などがみな含まれてしまっている。産学連携というニュアンスもある。ちなみに、Comprehensive Community Programme(1974年)をはじめ、コミュニティレベルからの都市の再生(urban regeneration)と住民参加、パートナーシップ推進という考え方と政策自体は決して新しいものではない。Lawless(1981)。
* 59 英国での80年代以降の中小企業の再生、増勢傾向も金融サービスなどの肥大化に担われているという指摘もある。Blackburn(2003)。
* 60 近畿クラスター各プロジェクトでのものづくり中小企業の積極的な役割、北海道や沖縄での地域資源活用での新事業開発の進展などは注目できる。三井(2002b)。

◉参考文献

Acs, Z. J. (ed.) (2000) *Regional Innovation, Knowledge and Global Change,* Thompson
AWM (1999) *Creating Advantage The Westmidlands Economic Strategy*
AWM (2002) *Highlights 2001−2002*
AWM (2003) *Highlights 2002−2003*
AWM (2004a) *Delivering Advantage The Westmidlands Economic Strategy and Action Plan 2004−2010*
AWM (2004b) *The Westmidlands Regional Innovation Strategy action plan 2004−2010*
AWM/ WMRC (2001) *Agenda for Action*
Asheim, B.T. & et. al. (eds.) (2003) *Regional Innovation Policy for Small-Medium Enterprises,* Edward Elgar
Bagnasco, A. & Sabel, C. (eds.) (1995) *Small and Medium-size Enterprises,* Pinter
Birmingham City Council, Solihull Metropolitan Borough Council, Birmingham and Solihull Learning and Skills Council & Brimingham Chamber of Commerce and Industry (2003) *Birmingham and Solihull Economic Review 2003/4*
Birmingham Economic Development Partnership (2004) *Developing Birmingham An Economic Strategy for the City 2004−2015*
Blair, T. (1996) *New Britain,* Fourth Estate
Blair, T. (1998) *The Third Way,* Fabian Society
Blackburn, R., 吉田裕訳 (2003)「英国中小企業の現状」『信金中金月報』第 2 巻 5 号
Braczyk, H.I., Cooke, P. &Heindenreich, M. (eds.) (1998) *Regional Innovation Systems,*

第9章 地域再生と地域イノベーション戦略の意義

UCL Press

Braczyk, H.I., Cooke, P. &Heindenreich, M.(eds.)(2004) *Regional Innovation Systems* 2nd edition, Routledge

Camagni, R.(ed.)(1991) *Innovation Networks,* Belhaven Press

Chapman, D. & et al.(eds.)(2000) *Region and Renaissance,* Brewin Books

中小企業総合事業団調査・国際部編(2003)『EUにおける地域振興と中小企業』

Collins, N. F.(2003) *Assessment Report for Castle Vale Community Housing Association*

Coventry University Enterprise Ltd.(2004) *Partnering Innovation for Enterprise*

DG Regional Policy / DG Enterprise(2001) *The Guide for RIS/RITTS*

DG Regional Policy European Commission(2002) *Regional Innovation Strategies under the European Regional Development Fund Innovative Actions 2000−2002*

Enright, M. (2003) 'Regional Clusters: what we know and what we should know', in Broecker, J. Dohse, D. amd Soltwedel, R. (eds.) *Innovation Clusters and Interregional Competiton,* Springer

European Commission(2000) *Pilot Projects in the Area of Innovation Promotion*

European Commission(2001a) *The regions and the new economy - Guidelines for innovative actions under the ERDF in 2000−2006* COM/2001/0060 final

European Commission(2001b) *The Guide of the European Business and Innovation Centres*

European Commission(2002) *European Observatory for SMEs 7th Report*(中小企業総合研究機構訳編『ヨーロッパ中小企業白書 2002』同友館、2003年)

Florida, R.(1995) 'Towards the learning region', *Future,* Vol.27, No.5

Florida, R.(2000) 'The learning region', in Acs(2000)

Florida, R.(2002) *The Rise of the Creative Class,* Basic Books

深井英喜(2002)「イギリス福祉国家の再編過程」『三重大学法経論叢』第19巻第2号

Giddens, A.(1998) *The Third Way,* Polity Press(佐和隆光訳『第三の道』日本経済新聞社、1999年)

Glasgow City Council & Scottish Enterprise Glasgow(2003) *Glasgow Economic Monitor Summer 2003*

Glasgow Development Agency & Glasgow City Council(1999) *Glasgow's Renewed Prosperity a Joint Economic Strategy for Glasgow*

Hall, P. (ed.) (1981) *The Inner City in Context,* Heinemann

Hall, S. (2003) 'The "Third Way" Revisited', *Planning, Plactice and Research,* Vol.18, No.4

Hausner, V. A. & et al. (eds.) (1987) *Urban Economic Change Five City Studies,* Clarendon Press

Home, R. K. (1982) *Inner City Regeneration,* E. & F.N. Spon

自治体国際化協会ロンドン事務所（CLAIR）（2003）『英国の地方自治』

樫原朗（2002）「イギリスの福祉の第三の道と社会的排除」上・下『週刊社会保障』第2174/2175号

Keeble, D. & Wilkinson, F. (eds.) (2000) *High-technology Clusters, Networking and Collective Learning in Europe,* Ashgate

小林世治（2003）「多国籍企業と産業集積－バーミンガムの教訓」（徳重・日高編『グローバリゼーションと多国籍企業』中央大学出版部、第6章）

Lawless, P. (1981) *Britain's Inner Cities,* Harper & Row

Lever, W. & Moore, C. (eds.) (1986) *The City in Transition,* OUP

Malmberg, A. & Maskell, P. (1997) 'Towards an explanation of regional specialization and industry agglomeration', *European Planning Studies,* No.5

Maskell, P. (2001) 'Regional Policies: Promoting competitiveness in the wake of globalisation', in Felsenstein, D. &Taylor, M. (eds.) *Promoting Local Growth,* Ashgate

Mercia Insitute of Enterprise (2002) *Annual Report 2001－2002*

Middleton, M. (1991) *Cities in Transition,* Michael Joseph

三井逸友（1991）『現代経済と中小企業』青木書店

三井逸友（1995）『EU欧州連合と中小企業政策』白桃書房

三井逸友（1996）「下請取引規制をめぐる新しい視角——EUにおける代金支払遅延問題との比較から」『公正取引』第549号

三井逸友（1999）「今日の英国中小企業政策」『駒沢大学経済学論集』第30巻2・3合併号

三井逸友（2000a）「EUの中小企業政策——90年代の展開とその意義」『公正取引』第592号

三井逸友（2000b）「21世紀を迎えるEU中小企業政策の新段階」『国民生活金融公庫調査季報』第55号

三井逸友（2001）「『ヨーロッパ中小企業白書』とEUの中小企業政策」上下『中小企

業と組合』第682・683号
三井逸友(2002a)「EU(欧州連合)の中小企業政策を学ぶ」『中小商工業研究』第71号
三井逸友(2002b)「21世紀の産業戦略と地域中小企業の可能性」『商工金融』第52巻6号
三井逸友(2003)「中小企業とリレーションシップ・バンキング」『銀行実務』第33巻10号
三井逸友(2004a)「英国における中小企業政策と自営業、新規開業」(国民生活金融公庫総合研究所編『自営業再考——自ら働く場を創出する「自己雇用者」』中小企業リサーチセンター、所収)
三井逸友(2004b)「地域経済活性化に求められる視点——欧州RIS地域イノベーション戦略等の経験からの示唆」『信用保険月報』第47巻11号
三井逸友(2004c)「地域イノベーションシステムと地域経済復活の道」『信金中金月報』第3巻13号
三井逸友(2005a)「地域密着型金融の機能強化に関するアクションプログラムと信用組合の役割」『信用組合』第52巻6号
三井逸友(2005b)「21世紀最初の5年間におけるEU中小企業政策の新展開」『中小企業総合研究』第1号
三井逸友編(1999)『日本的生産システムの評価と展望』ミネルヴァ書房
三井逸友編(2001)『現代中小企業の創業と革新』同友館
三井逸友編(2004)『地域インキュベーションと企業間ネットワーク推進の総合的研究 研究成果報告書』
三浦敏(2001)「EUの地域開発と中小企業」(1)(2)『商工金融』第51巻10号・11号
内閣府国民生活局編(2003)『ソーシャル・キャピタル』国立印刷局
OECD(1999) *Boosting Innovation: The Cluster Approach*
Piore, M. &Sabel, C.(1984) *The Second Industrial Divide,* Basic Books(山之内靖ほか訳『第二の産業分水嶺』筑摩書房、1993年)
Porter, M.(1998) *On Competition,* HUP(竹内弘高訳『競争戦略論 Ⅰ・Ⅱ』ダイヤモンド社、1999年)
Putnam, R.(1993) *Making Democracy Work,* Princeton University Press(河田潤一訳『哲学する民主主義』NTT出版、2001年)
SAIL(2003) *Strenghtening Academic-Industry Links*

佐々木雅幸(2001)『創造都市への挑戦』岩波書店

Saxenian, A. (1994) *Regional Advantage,* HUP（大前研一訳『現代の二都物語』講談社、1995年）

Scottish Enterprise Glasgow (2002) *Annual Report 2001/02*

Scottish Enterprise Glasgow (2003) *Who We Are and What We Do: An opening plan summary 2003/04*

市民参加型福祉日英交流プログラム(1999)『日英市民参加型NPO　交流研究・調査報告書』

Smith, M. & Beazley, M. (2000) 'Progressive regimes, partnerships and the involvement of local communities: A framework for evaluation', *Public Administration,* Vol.78, No.4

高橋美樹(1997)「下請中小企業の新技術・新製品開発、組織の『慣性』と学習能力」『国民生活金融公庫調査季報』第43号

高橋美樹(2000)「イノベーションと創業支援策」『国民生活金融公庫調査季報』第52号

Townsend, P. (1979) *Poverty in the United Kingdom,* Penguin

辻悟一(2003)『EUの地域政策』世界思想社

University of Birmingham (2002) *Big, Broad and Best The University Plan 2002−07*

University of Birmingham (2003) *Building a Vision of the Future: a research strategy founded on a tradition of excellence*

渡辺俊三(1997)「イギリス産業の競争力強化と中小企業問題」『中小企業季報』第102号

Webman, J. A. (1982) *Reviving the Industrial City,* Croom Helm

Wedderburn, D. (ed.) (1974) *Poverty, Inequality and Class Structure,* Cambridge University Press（高山武志訳『イギリスにおける貧困の論理』光文館、1977年）

Williams, C.C. (1997) *Consumer Services and Economic Development,* Routledge（梅沢昌太郎監訳『消費者サービスと地元経済開発』白桃書房、1999年）

WMRA (2003) *Annual Review 2003/4*

横森豊雄(2001)『英国の中心市街地活性化』同文舘

Young, K. & Mason, C. (eds.) (1983) *Urban Economic Development,* Macmillan

事項索引

あ 行

アウトソーシング　118
アプリケーション　69, 81-83, 87
暗黙知　96, 103, 111, 112, 218, 222
異業種交流　116, 123, 132, 135, 138-140, 151, 152
移行期経済　164
意思　16, 38, 39, 41, 47, 87, 186, 218, 244, 249, 252, 253
遺伝子　82, 83, 96, 98, 103, 108, 111, 112, 115, 116
イノベーション　25-27, 30, 32, 34, 35, 55, 96, 98, 99, 102, 105, 108-110, 112-119, 171, 217-222, 227, 232, 239, 240, 243, 246, 251, 256, 258, 260, 262, 266, 271, 272
インキュベーション　21, 36, 37, 40, 43, 105, 225, 231, 233, 235, 245, 246, 262, 271
インセンティブ　40, 53, 164, 165, 183
インターネット　20, 74, 80, 92
インターン　14, 16-21, 25, 29, 33, 37
インナーシティ　248, 249-251, 256
インフォーマル　101
宇宙航空研究開発機構(JAXA)　129, 133, 138, 152
宇宙開発事業団(NASDA)　131-133, 139, 152
エスニック　256
エスノグラフィー　124
エンジン　160, 161, 169, 178, 225
エンプロイアビリティ　15, 35, 41
欧州委員会　221-223, 261, 269
欧州共同体(EC)　105, 157, 220, 250, 264
欧州連合(EU)　103, 157, 158, 162, 164, 165, 169, 171, 177, 189, 192, 219, 220, 226, 227, 237, 242, 245, 247, 248, 250, 251, 262-266, 270-272
オープン系　84-85
オーラル・ヒストリー　124-126, 152, 153

温州モデル　193, 194, 199-201

か 行

改革開放　193, 198, 200, 201, 207, 211
外資　56, 57, 62, 100, 157-166, 170, 176, 189, 194, 199, 211, 224
外注　56, 57, 62, 100, 181, 185, 186, 188, 234, 235
開業　6, 8, 28, 37, 53, 56, 57, 231, 271
開発　7, 8, 11, 13, 19, 23, 30, 31, 42, 54, 55, 58-62, 64, 69-71, 74, 79-86, 88-91, 98, 100, 106, 108, 109, 116, 129-131, 136, 143, 144, 169, 171, 174, 175, 177, 183, 234, 235, 240, 50, 251, 253, 254, 260, 265, 267
開発委託　42, 91
外部経済　218
科学技術庁　104, 117
科学者企(起)業家　100, 104, 107, 233, 236
学習地域　34, 35, 41, 96, 114, 218, 259, 260
学習能力　19, 272
加工技術　59, 130
ガバナンス　249, 261
カリキュラム　16, 18, 29, 32, 33, 38-40
川上・川下　72, 79, 98, 103, 115
かんばん　170
機械加工　57, 135, 137, 185
機械工業　48-51, 226, 240, 247
機械金属　113, 247
起(企)業家育成　25, 30, 36, 189, 246, 262, 266
起業家経済　8, 19
起(企)業家精神　5, 6, 8, 9, 11-14, 24, 30, 32, 34, 38, 42, 104, 222, 225, 243, 256
企業戦略　60
起業文化　5, 8, 37, 41, 43, 225, 243
企業誘致　116, 224, 225, 227, 232, 239, 241
技術移転　25, 28, 104, 221, 231, 266
技術革新　15, 55, 58, 65
技術進化　57, 58, 63, 64

273

技術変化	73, 85, 90
技能	18, 260
行商	203-207, 213
組立工場	158, 159, 163, 164, 166, 176
クラスター	25-28, 34, 40, 43, 44, 95, 96, 103-107, 110-114, 116-119, 166, 190, 217, 218, 221-223, 228, 230, 232-234, 239-244, 248, 257-259, 261, 263, 265, 266, 268
クラスター政策	118, 166, 260
クリエイティブ	228-230, 240, 245, 251
経営革新	42, 140, 142
経済改革	193
経済産業省	7, 12, 22, 23, 30, 32, 44, 77, 91, 116, 117, 260
経済戦略	141, 239, 240, 251, 258-260, 265
形式知	103, 112, 222
鶏毛換糖	204-207, 212
経路依存	218
ゲノム	98, 103, 117
研究開発	13, 27, 60, 62, 100-104, 107-113, 116, 118, 119, 129, 153, 233, 234, 247, 259, 262
現地調達	165, 170, 172-174, 188, 191
コア・コンピタンス	9, 83
公共政策	32
工業団地	164, 165, 174-176, 178, 211
厚生労働省	7, 22, 23, 98, 117, 118
郷鎮企業	194, 199-201, 213, 214, 216
コーディネータ	36, 108, 128, 131, 132, 134, 135, 138, 152, 238
公的研究機関	100-102, 110, 114, 152
国産化	54, 131
国有企業	181, 196, 197, 199
コミュニティ	35, 230, 240, 243, 248, 249, 251, 252, 254, 255, 259-261, 268
コミュニティ・ビジネス	38
コンサルティング	16, 59, 71, 85, 86, 108, 130, 152, 246
コンソーシアム	250, 254
コンピュータ	69-71, 81, 83, 84, 91, 92
コンポーネント	160, 161, 176, 178

さ 行

サイエンスパーク	229-232, 238, 245, 262
サブシステム	27, 34, 41
サプライチェーン	222, 223, 240, 266
サプライヤ（サプライヤー）	100, 102, 114, 157, 159, 162, 163, 166, 169-173, 175-178, 180, 182-184, 186-202, 227, 232, 235, 236, 242, 263
産学連携	5, 11, 13, 20, 21, 23, 25-27, 29, 32, 33, 35-37, 41, 44, 104, 107, 118, 133, 218, 221, 227, 230-232, 245, 247, 266, 268
産業構造	53, 146, 211, 21, 251, 256, 267
産業構造審議会	33
産業政策	165, 189, 197, 211, 219, 220, 223, 225, 226, 261, 262
産業競争力政策	220, 225
支援（サポート）機関	31, 32, 34, 39, 114, 122, 140, 221, 223, 235, 239, 262, 266
事業機会	6, 39, 180, 243
事業所	52, 67-69, 75-79, 89, 91
事業転換	251
資源依存	122
資材調達	177, 179, 180, 185
システムエンジニア（SE）	71, 81, 86, 87, 90
持続可能	225, 228, 240, 243, 251
下請	50-53, 83-85, 88, 130, 135, 141-143, 150, 165, 185, 186
自治体	32-34, 219, 224, 227, 238-241, 249, 250, 258, 260, 262, 267, 268
失業	9, 10, 14, 24, 41, 164, 167, 226, 228, 237, 241, 243, 248, 256
シナジー	113, 222, 239, 243
地場産業	52, 61, 62
シミュレーション	12, 16, 32
社会起業家	9
社会主義	176, 181, 195-197, 204, 266
社会的統合	249, 266
社会的排除	228, 240, 243, 249, 256, 259, 267, 270
若年層	6, 9-11, 25, 32, 34, 41
集積	27, 29, 35-37, 47, 48, 50, 52, 53, 61-63, 65, 67, 74, 75, 79, 92, 95, 96, 104, 106, 113, 114, 116, 119, 172, 194, 200, 204, 211, 217, 218, 223, 229, 235, 265, 266, 270
集積の利益	218
集団的学習	114, 218
集団所有	194, 197
熟練（スキル）	12, 14, 32, 107, 114, 225, 239, 240, 242, 247, 251, 256

住民参加　243, 252-524, 261
珠江モデル　193, 194, 199
小企業憲章　264
商工会議所　17, 36, 52, 185, 227, 239
商店街　29, 39
商人　202, 207, 210
承認図　183, 184, 187
情報化　68
消費財　198, 207, 241
情報サービス業　67-71, 75-79, 89, 91, 92, 97
職業意識　33, 41
女性企業家　85
自立　31, 32, 39, 41, 51, 122, 140
新産業創造　13, 218, 220, 230, 244, 255, 261
信頼関係　34, 42, 101, 112, 122
人材育成　11, 30, 32-34, 41, 72-74, 79, 86, 87, 90, 221, 259
人材確保　90
スピンアウト　231-233, 236, 246, 259
スピンオフ　37, 96, 100, 104, 107, 110-112, 114, 221
生産管理　178
生産技術　56, 58, 187
生産性　11, 54, 57, 58, 180, 183, 184, 186, 243
製品開発　47, 55, 59, 96, 100, 102, 119, 178, 272
切削加工　54, 58, 63, 139
銭庄　206
専門市場　194, 195, 200-205, 208, 209, 211, 212, 214
専門サービス　243, 251, 256
創業　6-8, 13, 17, 21, 23, 27, 28, 33, 36, 37, 42, 44, 48, 49, 55, 80, 99, 100, 102, 137, 138, 221, 235, 244, 262, 271, 272
組織間関係　122
ソーシャルキャピタル　218
ソフト開発　70-73, 79-92
ソフトウェア業　69-74, 76-79, 81, 86-90, 92, 232

た　行

大学等技術移転促進法　29
大都市　67, 68, 75
第三のイタリア　217
多国籍企業　17, 170, 182, 227, 270

多品種少量　132, 150
鍛造　54, 58-61, 64
地域イノベーションシステム　218, 219, 222, 223, 261, 262
地域政策　26, 32, 220-223, 225, 226, 236, 238, 258, 262, 272
地域産業政策　26, 29, 30, 40, 244
地域社会　27-29, 34, 35, 37, 41, 219, 260
地域戦略　261
地域内連携　31, 61, 247, 248
知識移転　218, 243
知識創造　34, 103, 107, 118, 218, 258, 260
知識主導経済　218, 251, 256, 258
知的クラスター　29, 106, 116
知的財産（権）　27, 28, 230-232, 246
知的資源　13, 26, 29, 41
中核技術　47, 48, 53-55, 57, 59-62
中堅企業　28, 47, 48, 50, 51, 53, 54, 56, 57, 59, 62, 63, 65, 72, 121, 122, 127
中国共産党　193, 196, 198, 203, 212
中小企業　7-9, 13, 15, 23, 24, 26, 36, 41, 44, 47, 48, 53, 64, 65, 72, 86, 96, 99, 101-105, 107, 109-115, 118, 121, 122, 125-130, 132, 133, 135, 139-147, 149-151, 186, 188, 189, 204, 205, 208, 217, 222, 225-228, 259, 262, 266, 268, 270-272
中小企業庁　7, 12, 22, 23, 32, 44, 133, 225
中小企業総合事業団　263, 264
紐帯　123, 150, 151
直接投資　163, 164, 166, 171, 172, 183, 187, 224, 227
デザイン　29, 55, 85, 114, 184, 240, 247
デュアル・システム　15, 18, 19
特許　98, 100, 102, 103, 105, 107, 108, 112, 113, 115, 116, 231, 233-236, 246

な　行

内製　56, 169, 184, 185
日系企業　159, 170, 180, 188
日本的経営　170
ネットワーク　21, 26, 27, 84-86, 90, 96, 105, 113, 114, 116, 123, 157, 166, 169, 172, 173, 180, 182, 186-190, 214, 218, 226, 233-235, 239, 254, 261, 265, 266
ネームバリュー　146

納期　56, 59, 100, 174

は　行

バイオテクノロジー　7, 82, 95-97, 99, 110, 115, 117, 118, 230-232
ハイテク　26, 43, 95, 96, 99, 102-105, 110, 112-115, 118, 232, 240, 241, 251, 257-260, 262, 266
派遣　71-74, 81, 84, 85, 87, 88
パートタイム　14, 15
パートナーシップ　18, 221, 239-241, 250, 255, 258, 261, 263, 265, 267, 268
板金加工　137
非合理性　146, 149
ビジネスプラン　15, 17, 38, 80
標準作業　180
評判　142, 146, 147
品質　56, 58-60, 62, 64, 100, 109, 130, 165, 171, 174, 178, 180, 185, 205
品質保証　130, 133, 144, 150, 153
風土　27, 41, 112, 218, 256
深絞り加工　138
物流　189, 201, 203, 205
部品　54, 56, 58, 59, 121, 123, 129-132, 135-138, 140, 144, 150-153, 159, 161-165, 169-175, 177-185, 188, 191
部品産業　163, 165
プラットフォーム　31
ブランド　55, 58, 65, 142, 143
プログラミング　71, 72
プロジェクト　15, 17, 30, 36, 39, 73, 87, 105, 106, 108, 121, 123, 124, 127-129, 131-141, 144, 149, 151, 152, 221, 239, 258, 259, 268
プロフェッショナリズム　6, 9-11
文化産業　257, 258
分業　65, 71, 102, 218, 260
ポストフォーディズム　217
ホスピタリティ　229, 230, 251
ボルダーモデル　14, 23

ま　行

ミリュウ　218
民営化　159, 170, 181, 182, 224
メディア　229, 230, 245, 257, 258

モティベーション　10
文部科学省　7, 21-23, 42, 96, 97, 99, 106, 116-118

ら　行

ライセンス　100, 231, 235, 236
ライフサイエンス　96, 97, 118, 230
リスク　6-9, 39, 41, 165
リンケージ　103, 115, 266
レジャー　229, 230, 241, 251
連携　5, 11, 12, 18, 21, 25-29, 32-35, 37, 40, 41, 61, 62, 86, 99-101, 107, 129, 130, 134, 220, 222, 223, 228, 230, 231, 238-241, 243, 246-250, 252-254, 258-260, 262, 265, 266
労働市場　9, 10, 13-15, 19, 113, 114, 176, 189, 263
労務管理　40, 73, 74
ローカルサプライヤ　165, 170, 171, 177, 180, 181, 188
ローカルパートナーシップ　220, 226, 230, 248, 250

アルファベット

AWM　236, 238-246, 266, 268
BIC　245, 246, 262
DNA　97, 108, 109, 112, 115, 116
ERDF　220, 221, 262
ESF　220
GDP　30, 42, 157, 158, 220, 228
GEM　30, 42
HBO　18, 20, 22
ICT　8, 229, 231, 240, 241, 257
IPO　100
IT　7, 9, 56, 74, 81, 85-87, 95, 106-108, 112
JETRO　104, 117, 160-162, 180, 188, 190-192
JIT　165
ME　8
MEP　238
MIT　104
MOT　30, 42, 44, 231, 236
NEDO　108
NEET　22
NIH　104, 116
NPO　12, 129, 152, 253

事項索引

OJT	39, 179		235, 239, 258, 263-265
PFI	263	WDA	224, 263
PHARE	157	WO	19, 22
SBS	226, 239, 242, 264	WTO	210
SE(SDA)	224, 227, 228, 230, 231, 233, 234,	VC	28, 233, 234, 235

人名索引

アシェム, B. T.　218, 261, 268
アーチ, Z.　219, 261
アバーナシー, W. J.　114
安保邦彦　32, 43
上野和彦　198, 215
池田正孝　190-192
井口泰　159, 191
石倉洋子　113, 117
今野浩一郎　70, 92
岩田憲明　159, 166, 167, 192
エンライト, M. J.　263, 269
梅澤隆　73, 74, 92, 93
大江建　12, 22, 23, 31, 43
太田一樹　55, 63-65
大濱信宏　9, 22, 24
岡部恒治　11, 24, 43
小田切宏之　98, 99, 103, 110, 111, 115, 118
オードリッチ, D. B.　8
加藤敏春　115, 117
カマーニ, R.　218, 269
川上義明　72, 74, 92
ギデンス, A.　267, 269
絹川信哉　75, 92
キーブル, D.　95, 96, 118, 218, 270
木村秀政　137
キーン, J.　35, 44
金祥栄　199, 215
クライン, S. J.　118
クリステンセン, C. M.　114, 115, 117
玄田有史　22, 23
コーク, P.　261, 263
後藤晃　115, 117
小林世治　270
近藤正幸　105, 118

坂田一郎　26-28, 43
サクセニアン, A.　118
酒向真理　189, 192
定藤繁樹　31, 43
佐藤博樹　70, 92
史晋川　199, 216
島野卓爾　158, 192
下川浩一　159, 192
謝高華　210
スタンプス, J.　153
ストーバー, M.　263
ストーリー, D. J.　24
清晌一郎　190
セーブル, C.　95, 118, 217, 268, 271
関満博　216
タウンゼント, P.　272
高橋美樹　118, 261, 272
田中彰　192
田中幹大　54, 63-65
田中史人　26, 43
張文学　201, 203, 216
陳岱遜　196
辻悟一　272
鄭勇軍　209, 215
土井教之　42, 43
ドラッカー, P.　117
トンプソン, P.　152, 153
中村秀一郎　47, 63, 65
中村正則　125, 153
中村吉明　98, 99, 103, 110, 115, 118
長坂寿久　14, 23
長山宗広　26, 43, 95, 96, 106, 118
西村和雄　11, 24, 43
西澤隆　14, 23

277

野中郁次郎　　103, 110, 111, 118
白小虎　　204, 205
パットナム, R.　　218, 271
原山優子　　13, 23
藤本隆宏　　191, 192
ブラズイク, H. I.　　218, 219, 269
ブレア, T.　　225, 226, 237, 238, 249, 253, 255, 263, 266, 267-268
フロリダ, R.　　34, 44, 95, 96, 117, 218, 269
包偉民　　205, 214
方民生　　214
ポーター, M.　　26, 44, 95, 96, 113, 114, 118, 217, 218, 221, 223, 261, 263, 271
堀潔　　5, 14, 22, 23, 42
マスケル, P.　　270
松田修一　　31, 43, 44

マルムベルイ, A.　　261
三井逸友　　8, 23, 43, 44, 96, 99, 105, 107, 110, 116, 118, 190, 192, 227, 261, 263, 264, 270
宮田由紀夫　　23
宮本常一　　126, 153
森彰夫　　159, 166, 167, 192
森川滋　　74, 91, 92
柳田国男　　125
山倉健嗣　　123, 154
山崎朗　　26, 28, 31, 43, 44, 117
湯川抗　　74, 75, 92, 93
横森豊雄　　272
陸立軍　　202, 204, 205, 215
リプナック, J.　　153
劉吉瑞　　199
渡辺俊三　　225, 273

▓執筆者紹介

【編著者】
三井　逸友（みつい・いつとも）
（奥付、参照）

【著者】
堀　　潔（ほり・きよし）
1962年、大阪府に生まれる。慶應義塾大学商学部卒業、慶應義塾大学大学院商学研究科博士課程修了。現在、桜美林大学経済学部教授。
著書
『21世紀、中小企業はどうなるか――中小企業研究の新しいパラダイム――』（共著、慶應義塾大学出版会）、『新中小企業論を学ぶ〔新版〕』（共著、有斐閣）、『21世紀、日中経済はどうなるか』（共著、学文社）など。

川名　和美（かわな・かずみ）
1966年、東京都に生まれる。駒澤大学経済学部卒業、同大学院経済学研究科博士後期課程修了。現在、広島修道大学商学部助教授。
著書
『はじめての経営学・会計学』（共著、フタバ図書）、『コミュニティビジネス――新しい市民社会に向けた多角的分析――』（共著、白桃書房）など。

粂野　博行（くめの・ひろゆき）
1960年、東京都に生まれる。慶應義塾大学経済学部卒業、慶應義塾大学大学院経済学研究科後期博士課程修了。現在、大阪商業大学総合経営学部助教授（中小企業論・工業経済論）。
著書
『「縮小」時代の産業集積』（共著、創風社）、『産業集積の再生と中小企業』（共著、世界思想社）、『多様化する中小企業ネットワーク』（共著、ナカニシヤ出版）など。

山本　篤民(やまもと・あつたみ)
1973年、東京都に生まれる。日本大学商学部卒業、駒澤大学大学院経済学研究科博士後期課程修了。現在、日本大学商学部非常勤講師。
著書・論文
『現代中小企業の創業と革新』(共著、同友館)、『巨大都市印刷業の新展開』(共著、同友館)、「印刷産業の技術変化と受注構造——東京の印刷産業を事例として——」(『日本中小企業学会論集20』、同友館)など。

長山　宗広(ながやま・むねひろ)
1970年、埼玉県に生まれる。中央大学法学部卒業、日本大学大学院商学研究科修了。現在、駒沢大学経済学部准教授。
著書・論文
『産業クラスターと地域活性化』(共著、同友館)、『現代中小企業の創業と革新』(共著、同友館)、「ニューバイオ関連企業クラスターにおけるハイテク中小企業の存立基盤」(『日本中小企業学会論集23』、同友館)など。

山崎　淳(やまざき・あつし)
1970年、神奈川県に生まれる。多摩大学経営情報学部卒業、同大学院経営情報学研究科博士前期課程修了。現在、横浜国立大学大学院環境情報学府博士課程後期在学、徳島大学工学部非常勤講師。
著書
『ベンチャー企業の経営と支援』(共著、日本経済新聞社)、『ニュービジネス白書2002年版』(共著、東洋経済新報社)。

遠山　恭司(とおやま・きょうじ)
1969年、東京都に生まれる。東京学芸大学教育学部卒業、中央大学大学院経済学研究科経済学専攻博士後期課程修了。現在、東京都立産業技術高等専門学校助教授。
著書
『環境激変に立ち向かう日本自動車産業』(共著、中央大学出版部)、『現代中小企業の創業と革新』(共著、同友館)、『産地解体からの再生』(共著、同友館)。

執筆者紹介

張　　茜（ちょう・あかね）
1978年、中国杭州に生まれる。中国浙江大学外国語学部日本語学科卒業、横浜国立大学大学院環境情報学府博士課程前期修了。現在、同大学院博士課程後期在学。
論文
『「中国小商品城」の形成と義烏市の発展経路』（修士論文）

《編著者紹介》

三井　逸友（みつい　いつとも）

　1947年、長野県に生まれる。慶應義塾大学経済学部卒業、同大学院経済学研究科博士課程修了。駒澤大学経済学部教授を経て、現在、横浜国立大学大学院環境情報研究院・同学府教授。

主な著書

『現代経済と中小企業』青木書店、1991年。
『EU欧州連合と中小企業政策』白桃書房、1995年。
『日本的生産システムの評価と展望』（編著）ミネルヴァ書房、1999年。
『現代中小企業の創業と革新』（編著）同友館、2001年。

分担執筆

『地域産業構造の変貌と労働市場の再編』（共著、黒川俊雄編著）法律文化社、1988年。
『東京——世界都市化の構図』（共著、井上・加藤・鈴木・橋本ほか）青木書店、1990年。
『21世紀、中小企業はどうなるか』（共著、佐藤芳雄編）慶應義塾大学出版会、1996年。
『日本の中小企業研究　1990-99』（共著、財団法人中小企業総合研究機構・小川英次編）同友館、2003年。

地域インキュベーションと産業集積・企業間連携
——起業家形成と地域イノベーションシステムの国際比較——

2005年11月15日　第1版第1刷発行
2007年4月12日　第1版第2刷発行

編著者　三井　逸友
発行者　橋本　盛作
発行所　株式会社　御茶の水書房

〒113-0033 東京都文京区本郷5-30-20
電話 03(5684)0751、FAX 03(5684)0753
組版：スタジオ・ウイング
印刷：平河工業社
製本：東洋経済印刷

定価はカバーに表示してあります
乱丁・落丁はお取替えいたします。

Printed in Japan
ISBN4-275-00394-2 C3033

土井教之・西田 稔編著
ベンチャービジネスと起業家教育 A5判／320頁／4000円
イノベーション・起業家活動のための教育・訓練に焦点を合わせ、米国、ドイツ、英国、日本の実態に言及しつつ、ベンチャービジネスの現在を議論。平成14年度中小企業研究奨励賞受賞！

J.オコンナー著／佐々木雅幸・青木郁夫他訳
経済危機とアメリカ社会 A5変判／370頁／2800円
現代アメリカ資本主義の危機を解剖！ 経済・社会・文化の危機を分析し、個人主義イデオロギー批判から企業文化や国家論の問題に至るまでを射程に入れ、壮大な構想で展開する。

J.オコンナー著／池上 惇・横尾邦夫監訳
現代国家の財政危機 A5判／360頁／3800円
税制危機を労働力の管理過程としてだけでなく、諸階級が資本蓄積過程で経験する利害対立の反映として把握し、政治的な衝突と妥協の過程を分析することによりその本質に迫る。

深山 明編著
ＥＵの経済と企業 A5判／270頁／3800円
マクロな国民経済学的な接近に基づき、株式市場統合、エネルギー自由化、鉄道政策、会計統合、経営組織法、ツーリズム産業、中小企業政策など個別の企業レベルの諸問題を考察する。

深津比佐夫編著
変革期の企業システム A5判／168頁／3400円
企業システムは変革すべきものであり、環境の変化に対応した企業システム構築は企業の経営者や行政、その他の利害関係者にとって絶え間の無い課題であるという視点に立って分析。

小西唯雄編著
産業と企業の経済学 A5判／270頁／3800円
経済学説史的なアプローチを主眼に、産業と企業に関わる経済的な諸問題を、政策論的アプローチと経営学的アプローチを含めて包括的に分析を試みる。

――（価格は本体表示）――

平田清明・山田鋭夫・加藤哲郎・黒沢惟昭・伊藤正純著
現代市民社会と企業国家　A5判／218頁／2500円
　　　日本は他の国と比べてどのような特徴をもつか。企業主義的な「社会国家」といわれる現代日本の特徴と内容を、経済学、政治学、教育学の諸側面から第一線の研究者が検証した今日的論集。

唐　燕霞著
中国の企業統治システム　A5判／314頁／6700円
　　　国有企業の統治機構の歴史的変遷から現在の株式会社化などの改革に至る変化を体系的に分析し、現在の国有企業の統治構造の実体を明らかにしたものである。（立教大学社会学部教授：笠原清志）

北村喜義著
旧東独の企業システムと鉄鋼業　A5判／300頁／5200円
――体制の崩壊と再建の政治経済過程――
　　　ドイツ信託庁による旧東独国有企業の民営化過程の検証。経済システムと企業構造の観点から旧東独の経済改革過程・構造を工業経済の支配的形態たるコンビナート分析から考察する。

武村昌介著
産業と競争の経済分析　A5判／232頁／2900円
――産業政策と通商政策の基礎理論――
　　　産業政策の意義とともに、理論と政策効果を今改めて問うこと、およびいくつかの派生する重要問題（競争と協調、産業行動、通商問題とゲーム）の考察を行う。

大野　威著
リーン生産方式の労働　A5判／224頁／2800円
――自動車工場の参与観察にもとづいて――
　　　自動車メーカーで行った参与観察にもとづき、リーン生産方式（＝トヨタ生産方式）における労働のあり方、技能形成の実体など、フォード・システムより数段厳しい労働環境を分析。

脇坂　明著
職場類型と女性のキャリア形成〈増補版〉　A5判／250頁／3200円
　　　男女雇用機会均等法施行以降、女性の労働に関する多くの本が出版された。本書は、現実に職場に立ち入って女性の生きざまを追って現実の姿をアカデミックに研究した。

――（価格は本体表示）――

高橋 衛著
「科学的管理法」と日本企業 A5判／300頁／4200円
当初「日本的経営」は日本経済の後進性を強調する言葉であった。それが後に日本経済の高度成長を解くキーワードとして使用されて以来研究の局面は一変し、多くの人の関心を引いた。

平地一郎著
労働過程の構造分析 A5判／260頁／5000円
——鉄鋼業の管理・労働・賃金——
製造スケジュールの作成という領域に踏み込むことによって、熟練労働と生産管理を〈労働の社会的結合〉という概念で関連づけ、現場労働の実相へと迫り得る新しい分析視角を提起する。

玄幡真美著
仕事における年齢差別 四六判／194頁／2500円
——アメリカの経験から学ぶ
終身雇用、年功型賃金「制度」がくずれ、リストラ、非正社員化、フリーター化が止めどもなく進行している。こうした日本の雇用状況を改善するために、米国雇用差別禁止法を検討する。

生活クラブ生協プロジェクトチーム著／石見 尚監修
いま、生活市民派からの提言 四六判／240頁／1500円
〔アクションプラン・協同組合21〕市民の時代・市民の資本・市民の政治へ。地域と市民の自立に向けて、第三世代型の協同組合へ活性化のシナリオを提示した新協同組合法案である。

奥村 宏著
法人資本主義 四六判／250頁／1800円
——「会社本位」の体系
今日の日本資本主義社会において誰が支配的な位置を占めているのか。株式会社・経営者・企業間関係の構造と相互連関の分析を通して、日本資本主義の実像を浮き彫りにする。

藤本鐵雄著
「明治期」の別子そして住友 A5変判／318頁／3200円
徳川幕府の庇護と干渉を受けてきた別子銅山が、幕府体制の崩壊に遭遇し、その壊滅から蘇生し再び発展して行く過程は第二の創業期といえる。同時期の他社と対比。愛媛出版文化賞受賞。

——（価格は本体表示）——